研究 汉语义位组合

袁世旭 著

商务印书馆
创于1897
The Commercial Press

本书为国家社科基金项目"汉语义位组合规则及变异研究"（17CYY038）的结项成果

序　言

　　世旭教授的《汉语义位组合研究》是他第一个国家社科基金项目"汉语义位组合规则及变异研究"（17CYY038）的结项成果，"义位组合"也是他博士后期间所关注的问题。2020年初参加其博士后出站报告会时，世旭希望我为这部将要出版的著作写个序，我愉快地答应了下来。

　　传统词汇学主要关注词义演变、词的理据、词义聚合等问题，对组合搭配的研究重视不够。张志毅先生在《词汇语义学》中明确指出："现代词汇学，特别是现代词汇语义学应该突破传统词汇学的研究范围，把组合问题作为自己的新课题。"世旭作为张先生的弟子，沿着老师的道路，在组合问题上进行了新的探索。这部《汉语义位组合研究》将研究单位锁定在义位层面，聚焦于组合的基本理论问题进行探讨，是发扬光大师说的有效实践。

　　该著主要通过对《现代汉语词典》《现代汉语搭配词典》和《现代汉语实词搭配词典》等经典语文辞书的统计和描写，考察相应义位在语料库中的实际运用，分析归纳了义位组合的规则与变异的类型，结合传统训诂学、结构语义学等理论，运用归纳与演绎相结合、传统统计法与语料库统计法相结合等方法，讨论了义位组合的类型和特点，研究了体点规则、同素规则、临摹序列规则三种规则以及对立异化、逆化两种变异现象，解释了规则及变异产生的原因。该著研究目标明确，理论框架较为完善，各部分逻辑关系明晰，相关统计、描写扎实而准确，分析大都中肯，令人信服，某些角度的切入和分析颇具新意，如"与其属性相反的组合""组合的体点规则""组合的对立异化"等。一些问题的研究能将汉语与其他语言相关现象做比较，以凸显汉语的特点，值得肯定。该著问世，必将会对义位组合研究向纵深发展起到一定的推动作用，同时可以为搭配词典、普通语文辞书的编纂提供组合的基础理论支撑。

义位组合问题比较复杂，我在一些论文中也做过一点相关的研究，对此有深切的体会。世旭教授的这部著作构建了一个较为完善的理论框架，未来可在内容的进一步充实方面做更多努力，如传统训诂学精华的汲取及民族性、普遍性方面的阐述尚需进一步下功夫；又如个别问题的研究可细化、延展，例如"前蕴含式"中的谈到"鲤鱼""松树"，可进一步考虑"泥鳅鱼""白杨树"，并与"带鱼""圣诞树"对比；"羡余组合"亦有进一步延展的余地。

河北师范大学和鲁东大学是辞书学、词汇学研究的重镇。河北师大有悠久的的辞书学、词汇学研究传统，齐佩瑢、朱星、孙崇义、王学奇等著名辞书学家、词汇学家曾在此工作。王学奇先生的《宋金元明清曲辞通释》于 2003 年获得第五届国家辞书奖一等奖。苏宝荣先生曾担任中国辞书学会副会长兼学术委员会主任、中国社会科学院辞书编纂研究中心学术咨询委员会委员、国家辞书奖评审委员会委员、《现代汉语词典》（第 6 版、第 7 版）审订委员会委员；郑振峰教授主持了辞书学的国家社科基金重大项目，目前为中国辞书学会副会长，两位先生为河北师大辞书学、词汇学研究的发展起到了进一步的带动作用。鲁东大学的张志毅先生不仅出版了《词汇语义学》《理论词典学》等理论专著，还亲自编纂了《简明同义词典》《反义词词林》《反义词大词典》《新华同义词词典》《新华反义词词典》《当代汉语学习词典》等辞书，参与编写了《汉语大词典》，并为学界培养了众多的辞书学人才，获得第二届"中国辞书事业终身成就奖"。世旭教授站在这些前辈肩上，一方面受益了；另一方面也承担了很重的责任。希望世旭能够以老师们为榜样，处理好管理和科研的关系，在词汇学、辞书学的研究道路上不断前进，取得更大的成绩。

徐正考

2024 年 7 月

目　录

绪 论

汉语中有很多有意思的现象，比如表示动物类的词或语素与表示其属性的可以组合为"蠢猪、猴精、狐媚、懒虫"，为何还可以与其属性相反的组合为"旱鸭子、笑面虎、软脚蟹"等？"骨头"的语义特征含有"硬"，"尸"的语义特征含有"死"，为何既可以组合为"硬骨头、死尸"，还可以组合为"软骨头、活尸"？组合的义位间从义素来看本不协调，如"白夜、可烧冰、未婚妻/夫、零增长、负增长、睁眼瞎、软刀子、软钉子、活死人、硬水、小大人儿、白煤"等矛盾组合为何却可以大量存在？表示褒义的"尊、忠、顶礼"为何进入"尊容、忠顺、顶礼膜拜"等组合后携带贬义？表示正式、典雅风格的"雅"为何进入"雅号"组合后还可以表示非正式、诙谐的绰号？理性意义上，"胜"为何在"胜国、胜朝"中指失败而灭亡的国家、朝代？两个相反意义的语素与另外一个同形语素相组合，一般会形成意义相反或相关的组合，例如"冷饮——热饮、胜诉——败诉"，为何也会形成语义关联不大的组合，例如"手气——脚气、天理——地理、主流——客流、先生——后生、生死——生活"等？而一对意义相反相对的语素与另一相同语素组合后，如"买好——卖好、救生——救死、纠正——纠偏、顾客——顾主"为何意义相同？为何跟"白眼"意义相对的不是"黑眼"，而是"青眼"[①]？为什么可以组合为"耳闻、目睹、目视、眼看、眼观、心想"，还可以组合成"耳

[①] "青眼"在《现代汉语词典》(以下简称《现汉》，未特别注明版本的均来自第7版)中释义为："眼睛正着看，黑色的眼珠在中间，是对人喜爱或重视的一种表情（跟'白眼'相对）。"详见第 1061 页。

食、眼馋、目击、目语、心酸"？[①]"相思"在《现汉》中是指"彼此思念，多指男女因互相爱慕而又无法接近所引起的思念"（第1429页），为何还可以组合为"单相思"呢？"单相思"指"指男女间仅一方对另一方爱慕"（第254页）。这些问题需要在义位历时组合研究的基础上，结合现代词汇语义学理论进行探讨。

"中国传统语言学本是以意义为研究中心的，但是后来意义被冷落，在汉语语言学的各个门类中，语义学是最薄弱的环节。"[②]当前，随着词汇学、语义学理论研究的深入及计算机语言信息处理、辞书编纂、对外汉语教学等应用的驱动，义位组合研究成为一个热点。"词汇学中这类带重大突破性的研究课题首推义位组合的研究。"[③]"词义组合分析是词义研究的前沿课题之一。"[④]现代词汇学已经着手研究义位组合的各种精细规则和组合后的变异问题。

与义位聚合关系的研究成果相比，义位组合关系的研究存在一定的滞后性，这导源于义位组合研究的复杂性。传统词汇学没有找到研究组合关系的意义单位范畴，现代词汇学不仅把组合问题纳入研究的范围，并已深入义位组合的各种精细规则的研究。

一　研究综述

（一）国外研究简史

词语搭配为表层现象，深层为义位的组合。有关词语搭配和义位组

---

① "耳食"释义为"指听到传闻不加审察就信以为真"，"目语"释义为"用眼睛传达意思"。详见《现汉》第346页、929页。

② 王宁：《训诂学原理》，中国国际广播出版社，1997年，第7页。

③ 张志毅、张庆云：《词汇语义学与词典编纂》，外语教学与研究出版社，2007年，第21页。

④ 王惠：《现代汉语名词词义组合分析》，北京大学出版社，2004年，第1页。

合的研究主要体现在以下方面。

　　鉴于研究的重要性，词语搭配问题成为逻辑学、分析哲学、语言学、心理学、统计学等学科共同关注的课题，我们着重于语言学视角，简要梳理关于组合（搭配）的思想、概念、类型、性质等理论研究以及与教学、词典编纂等应用研究的主要成果。

　　关于组合（搭配）的思想和理念，伴随传统哲学的现代化转向，20世纪初，戈特洛布·弗雷格（Gottlob Frege）从逻辑学角度萌发了建立意义组合原则的想法。30年代，波尔齐格（Walther Porzig）注意并触及了线性组合义场，赫伯特·帕尔默（Herbert Palmer）研究了动词结构组合模式类型，组合问题上升为结构语义学的主要课题。70年代，蒙塔古（Richard Montague）再次强调了意义组合原则。约翰·莱昂斯（John Lyons）注意到词的组合成分有可能转化为词义成分，认为"词的潜在搭配有理由看作词义的一部分"[①]。80年代，贾肯道夫（Raymond Jackendoff）更认为结合性是语义学的四性之一。杰弗里·利奇（Geoffrey Leech）提出了语言的七类意义，其中"搭配意义是由一个词所获得的各种联想构成的"[②]。

　　关于组合（搭配）的概念，弗迪南·德·索绪尔（Ferdinand de Saussure）在语言学范围内提出并非常重视语言中的句段关系（组合关系）和联想关系（聚合关系）。20世纪50年代弗斯（J. R. Firth）提出了"搭配"（collocation）的概念，主要指词在长期使用过程中逐步形成的习惯搭配。弗斯（J. R. Firth）的著名论断"you shall know a word by the company it keeps."（观其伴，知其义。）被学界广泛引用。韩礼德（M. A. K. Halliday）

①　Lyons, J., *Introduction to Theoretical Linguistics*, Cambridge: Cambridge University Press, 1977.

②　Leech, G. N., *Semantics*, London: Penguin Books, 1983.

发展了弗斯的搭配思想，把搭配看作词汇系统衔接的一种手段。

关于组合的类型和性质，迈克尔·本森（Michael Benson）（1985）把搭配分为语法搭配和词语搭配，较为重视搭配中的语法作用。生成语法学家讨论了词语搭配的性质，就其本质而言，多数人认为是语义和语用问题。克鲁斯（Douglas Cruse）（1989）把词语的组合关系分为选择限制（selectional restrictions）和搭配限制（collocational restrictions）两种。考伊（Anthony Paul Cowie）（1994）把组合分为自由组合、限制性组合、比喻性短语和成语四类。迈克尔·霍伊（Michael Hoey）（2005）认为词语搭配是心理词库的一种属性，主张搭配存在着统计现实和心理现实。

在理论研究的同时，编纂出一批搭配词典、配价词典。很多学者强调了语言教学中搭配的重要性，韩礼德（1976）认为语言学习中产生的错误可以从搭配的视角解释，约翰·辛克莱（John Sinclair）（1988）强调词语的典型组合是语言学习的焦点，大卫·豪沃斯（David Howarth）（1996，1998）、内塞尔豪夫（Nadja Nesselhauf）（2003）等学者分析了学习者词语搭配方面的偏误。

（二）国内研究简史

我国传统训诂学的随文释义注重词在具体语言环境中的意义，强调词义的具体性和灵活性。"这启发我们，词义存在于组合之中。严格地说，从上下文中确定词义主要是根据词义在这种组合关系中的表现进行的"[①]，这种思想与现代语义学中的组合理念是不谋而合的。

国内在追踪国外理论的同时，展开了对汉语组合自身的探讨。外语学界对英语、俄语等搭配的研究以及引进的语义成分分析法、配价理论、语义韵律、词汇函数、构式理论等理论方法，开阔了人们的研究视野，对汉语的词语组合研究和搭配词典编纂产生了重要影响。

---

① 苏宝荣：《词义研究与辞书释义》，商务印书馆，2000年，第141页。

　　关于词语组合的性质。主要有语法说（郭绍虞）、非语法说（吕叔湘、朱德熙）、阶段语法说（邢公畹）、词义和习惯说（黄成稳）、逻辑说（王力）、语义或逻辑说（常敬宇）、词汇语法说或语义语法说（林杏光、张寿康）等。关于词语组合的类型，宋玉柱（1990）、林杏光（1994）、贾彦德（1999）等进行了讨论。"词语的组合，必须考虑到语义上的选择、功能上的选择和语用上的选择。语义上的选择要做到'合理'，功能上的选择要做到'合法'，语用上的选择要做到'合用'。"①

　　关于义位组合关系对词义演变和语法化的影响。"组合感染"说（伍铁平，1984）、"语义溢出"说（张志毅，1999；张家骅等，2005）、"组合同化"说（张博，1999）等探讨了义位组合关系对词义系统的制约。江蓝生（2016）从语义超常组合角度重新审视了汉语的语法化现象，提出"语义羡余是语法化的又一诱因"。②

　　关于组合条件、组合能力及其在具体组合中的变异研究。孙常叙（1956），吕叔湘（1980），陆宗达、王宁（1983），刘叔新（1990，1993，2005），张志毅、张庆云（1994，2001，2012），符淮青（1996，1999，2007），苏宝荣（1999，2000，2011），张博（1999），葛本仪（2003，2006），周荐（2004，2016），苏新春（2005，2008），董秀芳（2011，2017）等分别从不同角度对汉语语素的组合能力，语素义和词义之间的关系，以及语素义组合后的变异和类型等问题进行了探讨。

　　关于汉语搭配词典的编纂。主要包括王砚农等主编的《汉语常用动

---

① 范晓：《谈词语组合的选择性》，《汉语学习》，1985 年第 3 期。
② 详见伍铁平：《词义的感染》，《语文研究》，1984 年第 3 期；张志毅、张庆云：《词汇语义学》，商务印书馆，2001 年；张家骅、彭玉海、孙淑芳、李红儒：《俄罗斯当代语义学》，商务印书馆，2005 年；张博：《组合同化：词义衍生的一种途径》，《中国语文》，1999 年第 2 期；江蓝生：《超常组合与语义羡余——汉语语法化诱因新探》，《中国语文》，2016 年第 5 期。

词搭配词典》(外语教学与研究出版社,1985 年)、周士琦编著的《实用解字组词词典》(上海辞书出版社,1986 年周祖谟先生通读、王力先生作序)、张寿康和林杏光主编的《现代汉语实词搭配词典》(商务印书馆,1996 年)、梅家驹主编的《现代汉语搭配词典》(汉语大词典出版社,1999 年)等。"这些词典都是在具体词语的层面上例举性地罗列动词和名词的搭配,没有上升到语义类的层面加以概括,不具有可扩展性。"①

鉴于学界关于词语搭配、组合的相关综述已有不少,我们重点介绍对本研究开展影响较大的几位学者的相关研究。符淮青(1985,1996),许德楠(1990),张志毅、张庆云(1994,2001,2012),苏宝荣(1999,2000),张博(1999),王惠(2004)等先生在吸收国外词汇语义学研究成果基础上,主要依据汉语自身特点对汉语词汇语义中组合问题进行了深入探讨。

符淮青(1985,1996)对现代汉语词义、语素义的组合分析进行了一系列探索,主要通过对语素"红"各个意义在构词方式和数量上的差异,以及"红""打"作为词时的各个意义在语法功能、词语搭配范围和出现在句式上的差别的分析,明确提出对于现代汉语的词和语素来说,词义的结合能力分析包括语素构词能力分析、词的语法性质分析和词在各个意义上的结合能力分析这三个方面,指出:"同属一个词类,不同意义的词结合能力不同,一个词在不同意义上结合能力也不同。"②

许德楠分析了词在具体的上下文中"偏离原义"的现象,指出倾斜表义是指"在一定半径内表示相关的意义",如"这孩子眼睛真尖"中的"眼睛"表示"眼力","我家的孩子没人照顾,想找个人"中的"人"具

---

① 吴云芳、段慧明、俞士汶:《动词对宾语的语义选择限制》,《语言文字应用》,2005 年第 2 期。

② 符淮青:《词义的分析和描写》,语文出版社,1996 年,第 277 页。

体特指保姆，许多名词在"有＋N"格式中可向褒贬义、积极消极义倾斜，如"这菜很有味儿"中的"味儿"表褒义，"这鱼有味儿"中的"味儿"表示贬义。

张志毅、张庆云（1994，2001，2005，2012）研究认为，义位组合的选择规则主要有同素规则、施事规则、受事规则、同系规则、形容规则、同向规则、同层规则、同类规则、分布规则、语体同一规则、态度同一规则、倾向同一规则、修辞规则、传统规则、习惯规则、音节协调规则等十六种，义位组合的序列规则主要有时间序列、空间序列、数量序列、地位序列、标记序列、正负序列、语法序列、声调序列、习惯序列、体点序列等十种。并探讨了同化、异化、特指化、虚化、强化、显化、广化、狭化、褒化、贬化等十种组合变异现象。对此，李润生认为："他们对义位组合系统的创造性研究尤其令人耳目一新。义位组合系统的研究，扩大了汉语词汇系统研究的视野，发掘出许多新的义位组合规律。"[①]

苏宝荣非常注重通过组合关系分析语素和义素，认为辞书义项的确立必须建立在组合关系上。苏先生指出："大量的词语'约定俗成'的语义特征，虽在聚合状态中可以在一定程度上得到显示，却只有在组合关系中其语义特征才能够最后得以说明和验证；至于词语的深层隐含义、语境变义，特别是语法语用特征的说明，聚合关系几乎是无能为力的。因此，就某种意义说，词的组合关系制约和决定着词的聚合关系，词义的全部区别特征最终是在词的组合关系（即话语）中形成、变化并得以显现的。""语言实践告诉人们，一个词的多种意义是在人们的语言活动中形成的。只有根据大量的语言事实，依据词在使用状态下的不同组合关系加以概括，才能建立辞书的义项（义位）；同样，揭示词义或义项

---

① 李润生：《二十世纪五十年代以来汉语词汇系统研究述评》，《燕山大学学报》（哲学社会科学版），2007年第2期。

（义位）的区别特征，也只有从语言的众多用例（即词的组合关系）中进行归纳、分析才能充分展示。"[①]

张博将词语由于组合关系产生的词义衍生现象称为"组合同化"，将由于聚合关系产生的词义衍生现象称为"聚合同化"，分析了这两种不同的同化类型在发生同化的条件、同化源的存在范围、同化的结果三方面的区别。并指出："组合同化是有方向的，制约同化方向的是组合体中两要素的语义地位。组合同化的深层原因是上古汉语同义连用在双音节组合中的强势地位。组合体中语义同化的实现是有过程的，有些语义同化在过程中中断，只在语言中留下了它的未实现形态。"[②]

王惠对现代汉语名词的词义组合能力进行了大规模研究，在充分吸收语法研究成果的基础上，探讨词义特征与词的组合能力之间复杂的制约关系。王惠"在4300余个名词义位的语法属性描写的基础上，明确定义了现代汉语名词自由义和非自由义的功能划分标准，并详细刻画了它们在组合中所受到的句法限制、词汇搭配限制的类型"，"深入多义名词内部，利用词义组合分析框架和一个简要的名词语义类体系，对多义词不同义位的组合能力进行细致分析"[③]。

可见，国内外运用了不同的理论方法，从不同的研究角度，讨论了词语组合的概念、性质、类型、组合对词义的影响等宏观和微观的理论问题，解决了搭配词典、语言教学和中文信息处理中的一些问题，取得很大成果。

"但词义组合分析仍处于较为零散的理论探讨和举例性分析阶段，取得的实际成果是有限的，具体分析方法也不成熟。"[④]最主要的是，组合的

---

①　苏宝荣:《词义研究与辞书释义》，商务印书馆，2000年，第198—199页。

②　张博:《组合同化：词义衍生的一种途径》，《中国语文》，1999年第2期。

③　王惠:《现代汉语名词词义组合分析》，北京大学出版社，2004年，第1页。

④　同上。

问题太过复杂，且已有研究主要集中在英语、俄语等外语上，汉语义位组合的研究仍有较大空间。有关组合的很多基础性的问题依然没有解决，如无限的组合数量有没有有限的组合规则（带有强烈倾向性，而非强制性的）？义位的某些语义特征是自身携带的还是进入组合体后被赋予的？组合后的变异哪些发生在理性义层面，哪些在附属义层面，等等。而且，描写可以更加细微、具体，解释可以更加充分、多样。只有从显微镜下且历时的视角中才可以看到"语义羡余从根本上说属于非典型性组合，也是一种组合变异"①。

宏观问题在于：第一，研究对象的零散性，多孤立、分散地研究个体。第二，研究单位的一元性，多局限于笼统的词义。"对语义的基本单位——词义，依然当作一个囫囵的整体进行研究。"②第三，研究方法上，汉语义位组合研究多为传统的内省式枚举法，未能充分运用语料库统计法。与此相对应，应该从原子主义指导的个体研究进入宏观整体指导的系统研究，从笼统的词语或词义搭配进入具体的义位组合研究，从传统方法进入内省式与语料库统计法相结合的研究。

因此，在研究单位上，我们突破传统的以词语或词义这一囫囵整体作为组合的单位，而是以义位为单位；在研究方法上，突破已有的少量举例式的简单枚举法，采用三部辞书封闭域范围内的全量统计分析与两大语料库范围内的足量测查；在研究重心上，不仅描写组合规则是什么、如何变异，而且在描写的基础上重点阐释组合成立的原因及组合后变异的原因。

---

① 江蓝生:《超常组合与语义羡余：汉语语法化诱因新探》,《中国语文》,2016年第5期。
② 苏宝荣:《词义研究与辞书释义》,商务印书馆,2000年,第13页。

二　研究价值

汉语义位组合规则及变异的研究，具有一定的理论价值和应用价值。

（一）理论价值

第一，丰富汉语义位组合类型、特点、规则及组合后的变异等组合的基础理论研究。义位组合的规律一直为语言学界所关注，但组合研究的成果与词汇语义学其他课题相比存在一定的滞后性，未能满足应用的需要；第二，带动相关理论研究的深化。"对义位组合系统的研究是聚合系统研究的回归式的深化"[①]，有利于丰富聚合研究、词义演变和词义系统等基础理论问题的进一步研究；第三，具有一定的语言类型学价值。组合的规律不仅存在于汉语中，在英语、俄语等语言中也广泛运用。组合既有民族性，又具普遍性，对于语言类型学的研究有所启示。

（二）应用价值

第一，为搭配词典、普通语文辞书的编纂提供组合的基础理论，构建组合模式与类型；第二，为计算机自然语言信息处理提供组合规则，有助于解决机器翻译、词义消歧、自动句法分析等问题；第三，对于普通语文教学和国际中文教育具有一定的价值。义位组合范围的大小、褒贬陪义组合的方向性等问题，都是教学中的难点。

三　研究对象与框架

"语义组合的微观世界是义位组合。义位组合包括：A. 义位内部组合，即素义之间的组合；B. 义位外部组合，即义位之间的组合。B 类也叫义位搭配。义位搭配是深层现象，词语搭配是表层现象。"[②] 本书既包括

---

① 张志毅、张庆云:《词汇语义学》(第三版)，商务印书馆，2012 年，第 173 页。
② 同上注，第 172 页。

A 类组合，表现为语素与语素的组合，比如"斗"（异化含"大"义）＋"胆"、"斗"（异化含"小"义）＋"室"，也包括 B 类组合，表现为词语与词语的组合，比如"传统"（异化含褒义、肯定义）＋"工艺"、"传统"（异化含贬义、否定义）＋"思想"。

本书系统探讨义位组合的类型、特点、规则、变异及应用研究五方面的问题。其中，义位组合的规则和变异是研究的主体部分，义位组合类型和特点的研究是展开主体研究的前提和基础，中小学语文教学和语文辞书编纂是义位组合理论研究的具体应用。

义位组合类型，按组合单位共性义素的显隐，可分为必需组合（如：空心球）和非必需组合（如：圆球）；按组合理据的强弱，可分为强理据组合（如：喝水）和弱理据组合（如：喝西北风）；按组合的频率，可分为中心类组合和边缘类组合；按组合自由度，可分为开放组合和封闭组合。

义位组合特点，探讨了组合的渐进性与层次性、民族性和普遍性、时代性和地域性、渗透性和不平衡性等。如，"忠"组合为"忠诚、忠良、忠义、忠勇"等含褒义，组合为"忠顺"含贬义。"尊"含敬重意，多用于敬辞，但"尊容"含讽刺意，体现了组合的不平衡性。"虎"在"豺狼虎豹"与"藏龙卧虎"中的差异体现了组合的渗透性。

义位组合规则，探讨了组合的体点规则、同素规则和临摹序列规则。义位组合的规则，既受语言外部因素的制约，也受语言内部因素的制约。在符合客观现实和逻辑可能的前提下，义位组合主要受语言内部语义、语用、语法和语音规则影响。本书着重探讨义位组合的语义、语用规则。如，同素规则指组合的义位间至少含有一个共同的义素，含有共同义素数量的多寡影响组合的紧密度，几乎完全一致的义素会形成羡余组合，增加"信息牢靠度"（库兹涅佐娃，1989）。

义位组合变异，探讨了组合的对立异化和逆化两种变异类型。"整体大于部分之和"，组合并不单纯是数量的变化，而是一种质变。"语义被置于言语的动态组合系列中时，其义素的交际结构较之在语言的静态聚合系统中，可能发生变异。"[①] 如，"斗"在"斗胆、斗印、斗碗"等组合中异化含"大"义，在"斗室、斗舍、斗船"等组合中异化含"小"义，我们把这种同一个义位在不同组合中异化为对立变体的现象称为"对立异化"，用公式表示为 $S+Y_1 \rightarrow S_+$；$S+Y_2 \rightarrow S_-$，即同一个义位 S，与不同的义位 Y_1 和 Y_2 组合，异化为两个对立的变体 S_+ 和 S_-。

义位组合应用，探讨了组合与辞书编纂、中学语文教学的关系。在中学语文教学中，"胜利凯旋""凯旋而归"的表述究竟是否规范？"七月流火"在《现汉》第 7 版中同时收录了"天气转凉"和"天气炎热"两个意义，到底应该怎么理解。这些问题其实都与义位组合有关，具体涉及义位组合的应用问题。

四　研究重点与难点

"搭配问题确实是一个非常引人瞩目而又十分困难的语言学问题。"[②]"语义问题和组合的法则问题特别复杂。所谓组合的法则，包含着进行组合的词的语义搭配问题，这在任何语言里都是十分麻烦的，因为既有比较客观的在各种语言中或多或少带有共同性的因素，例如，词所指称的客观事物能不能那样搭配，逻辑事理容许不容许那样搭配，又有特定语言社会中比较独特的因素。"并且，与其他语言相比，"汉语是一种非形态语言，组合法则中没有，或极少词形变化的约束，因而语义搭配问题

---

① 张家骅、彭玉海、孙淑芳、李红儒：《俄罗斯当代语义学》，商务印书馆，2005 年，第 3 页。

② 参见冯志伟先生为李斌《动宾搭配的语义分析和计算》所作的序，世界图书出版公司，2011 年，第 9 页。

就显得格外突出，实际上也的确格外复杂"[①]。

（一）研究重点

1. 详细考察汉语义位组合的类型和特点，尤其是组合的规则、规则内的小类及组合后的变异类型。

2. 在封闭域内统计组合规则及次类的数量与比率的基础上，阐释该优势规则产生的原因。

3. 在研究组合变异存在形式、探讨其类别的基础上，系统分析变异特点，阐释变异的原因。

（二）研究难点

1. 义位组合规则是隐性的，不易研究。"搭配规则是隐蔽的，很难归纳。"[②]组合数量庞大，难以计数，不能全量研究。

2. 义位组合受到特定语言社会中的社会风俗、文化背景、思维习惯、语言心理等制约，研究难度大。

3. 对组合规则和变异原因的阐释，不仅需要前沿的语言学理论，更需要传统训诂学功底，涉及词汇学、语义学、辞书学、语法学、语用学等学科。

五 研究思路与方法

（一）基本思路

1. 梳理国内外义位组合的研究现状，确定基本理论框架，提出初始的开放性假说。

2. 通过对真实语料的统计和描写，分析归纳出义位组合的规则与变

---

① 张志公：《词义分类的可喜成果：〈简明汉语义类词典〉序》，《汉语学习》，1987 年第 5 期。

② 钱军：《英语词的构成与搭配》，商务印书馆，2008 年，第 9 页。

异的类型。

3.结合传统训诂学、结构语义学、认知语义学和语言类型学等理论，解释规则及变异产生的原因。

4.对原有理论与初始的开放性假说进行修正、验证与补充，组合规则与变异类型是开放性的，随着语言理论对语言事实研究的深化，规则、次类及变异类型需不断细化、丰化。

5.将义位组合的理论研究与辞书编纂、汉语教学具体实践相衔接，落实理论研究的实用价值；从历时角度研究成语的理据重构问题，探讨组合因素对理据重构造成的影响。

6.总结课题研究成果，客观展现研究的不足，对未来研究加以展望。

（二）具体研究方法

1.归纳与演绎相结合

根据已有研究提出关于组合类型、组合规则与变异类型的开放性假说，从《现汉》第 6 版和第 7 版、《现代汉语搭配词典》（梅家驹等，1999）和《现代汉语实词搭配词典》（张寿康等，1992）中去验证、修订和补充。穷尽归纳三部辞书内每种类型和规则内的次类及成员（即义位组合体）的数量，分析优势组合规则与规则外成员（非系统性）数量差异的原因，探讨组合特点。

2.传统统计法与语料库统计法相结合

"义位组合规则研究的前景，应该在逻辑分析运算投射下，向各个研究群象辐射，运用元语言比自然语言所具有的更高的阶，使该项研究减少随意性、个别性、非公理性，增加系统性、普遍性、公理性。"[①] 义位组合变异的研究在以传统方法统计三部辞书的基础上，考察该义位在北京语言大学语料库中心（BLCU Corpus Center，简称 BCC）和北京大学中

---

① 张志毅、张庆云：《词汇语义学》（第三版），商务印书馆，2012 年，第 201 页。

国语言学研究中心（Center for Chinese Linguistics，简称 CCL）现代汉语语料库动态语境中的使用情况，统计分析变异的类型和数量。

3. 共时研究与历时考察相结合

对组合的类型、规则与变异的分析，尤其对组合原因的阐释、对特殊组合类型和特殊组合规则的探讨，以及对义位演变、成语等组合体的理据重构研究，不仅需要共时分析，更需要从组合体产生的源流、历时的演变角度考察。

4. 比较法

义位组合既有民族性和特殊性，也有普遍性和共性。运用语言类型学的理论与方法，比较同一种组合现象在不同语言中的分布，揭示异同、探讨原因。如英语的 proud、法语的 fier 和德语的 stolz 在不同组合中分别有"自豪的、自尊的"和"傲慢的、骄傲的"两种意义，汉语的"傲"在"傲慢、傲气、傲视"等组合中异化含"自高自大"义，在"傲骨、傲然、傲雪凌霜"等组合中异化含"坚强不屈"义。

第一章　义位组合的类型

义位组合类型是义位组合研究的基本问题之一，林杏光指出研究词语搭配的四项任务之一就是要"研究词语搭配的规律，要揭示词语搭配的类别，离开了搭配的类别，便无搭配的系统可言"[①]。

义位组合类型的已有研究主要从组合单位自由度方面分析，考伊（1981，1994）认为搭配是一种词语的组合，词语搭配是处于成语和自由组合之间的语言单位。根据组合的成分是否具有可替换性和组合的各成分是否保留了字面意义（即意义是否透明）这两个标准，他把组合分为四类：自由组合（free combinations），替换限制在某一特殊的语义场内（在某一语义范围内可随意替换），自由组合中所有成分都保持着字面意义（如：drink tea）；限制性搭配（restricted combinations），某些替换是可以的，但是存在着任意性替换限制，至少有一个成分不是字面意义，至少有一个成分使用的是字面意义（如：perform task）；比喻性（修辞性）短语（figurative idioms），一般成分不可替换，词组具有比喻义，但保留了字面的通用（current）解释（如：do a U-turn）；成语（pure idioms），不可替换，具有比喻意义，从字面意义上看不出来成语的意义（如：blow the gaff）。

义位组合性质的研究与义位组合类型的研究关系非常密切，吕叔湘和范晓认为需要区分语法组合与词汇组合。吕叔湘认为："必须区别语法

---

① 林杏光:《张寿康先生与词语搭配研究》,《首都师范大学学报》（社会科学版），1995 年第 1 期。

上的选择和语汇上的选择，比如'甜'所属的类和'星'所属的类是可以组合的，'吃'所属的类和'床'所属的类也是可以组合的，咱们不听见有人说'甜星'或者'吃床'，那是因为受语汇意义的限制。凡是合乎语法上的选择但是不合乎语汇上的选择，不是绝对没有意义，只是那种意义不近常情，甚至荒唐可笑罢了。只有不合乎语法上的选择，像'看见们''又星'之类，才是真正没有意义。"① 范晓指出："词语的组合，必须考虑到语义上的选择，功能上的选择和语用上的选择。语义上的选择要做到'合理'，功能上的选择要做到'合法'，语用上的选择要做到'合用'。"②

我们在借鉴已有研究尤其是张志毅先生研究成果的基础上，结合汉语义位自身的特点，主要探讨义位组合的以下几种类型：按组合单位数量的多寡，可分为简单的二项组合和复杂的多项组合等；按组合单位共性义素的显隐，可分为必需组合和非必需组合；按组合理据的强弱，可分为强理据组合和弱理据组合；按组合的频率，可分为中心类组合与边缘组合；按组合自由度，可分为开放组合（或称为"自由组合""非强制组合""非固定组合"）、半开放组合（或称为"半自由组合""半固定组合"）和封闭组合（或称为"黏着组合""强制组合""固定组合"）；按组合语义是否叠加、重复，可分为一般组合和羡余组合；按是否有超越现实的修辞手法的介入，可分为通常类型组合和超常类型组合；按照组合成分之间的距离远近、是否紧邻，可分为紧邻组合（或称为"直接组合"）和间隔组合（或称为"间接组合"）。

---

① 出自吕叔湘先生《语言和语言学》，原发表于《语文学习》1958 年第 2 期，后收录进《吕叔湘语文论集》，商务印书馆 1983 年 7 月出版。
② 范晓：《谈词语组合的选择性》，《汉语学习》，1985 年第 3 期。

第一节　二项组合和多项组合

按组合单位数量的多寡，可分为简单的二项组合和复杂的多项组合。

简单的二项组合，如"人民、洗手"等；复杂的多项组合，如"劳动人民的儿子、吃饭前先洗手"等。组合单位数量需要明确是从义位内部组合的角度还是义位外部组合的角度来看的，两者有所不同。义位内部组合是从语素义组合来看的，义位外部组合是从词义组合角度来看的。例如"人民英雄"从义位内部组合来看，属于（1+1）+（1+1）式的复杂多项组合，从义位外部组合来看，属于1+1式的简单二项组合。

简单的二项组合，如"家"组合为：家庭、家人、家口、家小、家眷、家属、家室、家族、家财、家产、家当、家私、家资、家业、家道、家境、家景、家底、家计、家规、家教、家法、家长、家父、家宴、家严、家母、家慈、家兄、家姐、家丁、家贼、家宅、家门、家园、家乡、家学、家塾、家馆、家务、家事、家政、家丑、家常、家累、家书、家信、家具、家世、家谱、家用、家禽、家畜、家鸽、家电、家访、家纺、家传；合家、阖家、通家、世家、老家、大家、良家、农家、丧家、亲家、男家、女家、娘家、婆家、外家、岳家、身家、想家、思家、安家、成家、起家、居家、在家、看家、分家、搬家、抄家、出家、回家、还家等等。

复杂的多项组合，如"夺取"组合为：无产阶级夺取政权、解放军夺取城市、起义军夺取了重要城镇、侵略军夺取了大片国土、夺取了桂冠、夺取了特级大师的头衔、夺取了优异的成绩、人民夺取了胜利、夺取了丰收的成果、排球队又一次夺取了冠军等等。

第二节　必需组合和非必需组合

按组合单位共性义素的显隐，可分为必需组合（如：空心球、奥运五环、白煤）和非必需组合（如：圆球、圆环、黑夜）。必需组合中的共性义素、共同语义特征为隐性的，非必需组合中的共性义素、共同语义特征为显性的。

非必需组合中组合的一方常具有或成为另一方的某一语义特征，二者的结合紧密度比较大，由于音节韵律的需要或者语义特征的凸显等而形成。例如：圆球、圆珠、白雪、白昼、黑夜、死尸、后退、飞鸟、游鱼、乌鸦、浮萍、鲤鱼、松树、淮河、芹菜、羚羊、马驹、目睹、妓女等。根据前后两个语素蕴含关系的不同，我们简单将非必需组合分为后蕴含式和前蕴含式两种，"圆球、死尸、后退"这一类为后蕴含式，"鲤鱼、松树"这一类为前蕴含式。

"球"的语义特征多含有"圆形"或"椭圆形"，"球"蕴含"圆"，语素"圆"与"球"的组合即为非必需组合。"尸"在《现汉》第7版中释义为"尸体"，"尸体"释义为"人或动物死后的身体"。"尸"的语义特征包括［＋人，＋动物，＋死后，＋身体］，"尸"蕴含"死"，语素"死"与"尸"的组合为非必需组合，而且两者组合后仅指"人的尸体"，"尸"的语义狭化。"退"在《现汉》第7版中释义为"向后移动"，"退"的语义特征包括［＋向后，＋移动］，"退"蕴含"后"，语素"后"与"退"的组合为非必需组合。同样，"鲤"的语义特征中蕴含"鱼"，"松"的语义特征中蕴含"树"，这一类为前蕴含式，"鲤鱼、松树"等的组合为非必需组合。

必需组合中双方的结合紧密度相对较为松散，二者在语义特征上没有显性的共同点。例如：空心球、干尸等。相比非必需组合，必需组合的数量更多，更为常见一些。

第三节　强理据组合和弱理据组合

我们从组合理据强弱的角度，将组合分为强理据组合（如：喝水、拍手）和弱理据组合（如：喝西北风、拍马屁）。本书初稿中曾命名为有理据组合和无理据组合，王宁先生在笔者出站时指出："完全从逻辑语义学角度将组合理据分为有无两类，不太合适，调整为强理据组合和弱理据组合更合适。"按照王宁先生建议，此处修改为强理据组合和弱理据组合。

强理据组合从组合义位的语义特征来看比较和谐，多用本义、常用义，而弱理据组合多通过隐喻、换喻或其他方式产生组合的整体义。强理据组合词义透明度较高，弱理据组合词义透明度较低。完全的无理据组合非常罕见，或者只是目前未找到组合的理据，因此我们从组合理据强弱的角度分为强理据组合与弱理据组合。弱理据组合在组合伊始会引起人们的惊异反应，在人们大脑中的反应时间比一般组合和强理据组合略长。弱理据组合中的义位在独立时的意义与在组合体中的意义差别较大，强理据组合中的较为一致。很多弱理据组合形成的时间也很早，很早就被语言共同体接受和使用。

义位间组合的理据存在强弱之分，组合的理据从一端到另一端是渐进的，组合的理据是个连续统。例如从"拍球"到"拍胸脯（表示没有问题，可以担保）、拍脑袋（指没有经过仔细考虑或认真论证，单凭主观想象或一时冲动，就轻率地做决策或出主意）、拍桌子（表示强烈的愤怒、惊异、赞赏等感情）"，到"拍砖"（指在网络上发表否定或批评意见），再到"拍马屁"（指谄媚奉承），组合的理据由强到弱。从"打击、打鼓、打苍蝇"到"打雷、打枪、打电话"，再到"打毛衣、打鱼网、打领带""打饭、打水""打伞、打灯""打腰带、打铺盖"，再到"打尖""打道回府""打坐""打情骂俏"，组合的理据由强到弱。

能否组合及组合好坏的问题主要涉及组合单位间组合理据的有无或强弱，组合后意义发生较大变化或在共时、泛时系统中具有相反相对的意义主要涉及组合意义变异与组合理据重构，这些都与义位组合的理据有关。汉语义位在组合能力、组合单位、组合意义等方面整体表现出系统性的一面，符合组合的规则，具有较强的组合规律性、可推导性。弱理据组合、组合单位语义失谐、组合意义变异以及组合理据重构，既体现了义位组合的系统性特点，也体现了与常规组合不同的差异性特点。

强理据组合、羡余组合等比较好分析，而弱理据组合甚至"正反对比（照）的组合"或叫"矛盾组合"，分析起来有一定的困难。矛盾组合的成分之间在词义、语素义或义素层面存在着形式上的矛盾冲突与相反相对，例如：干洗、下浮、老小孩、小大人、零增长、负增长、睁眼瞎、软刀子、软钉子、软骨头、硬水等。动物类语素大多与其属性相同的语素相组合，例如：蠢猪、猴精、猴急、狐媚、狐疑、懒虫等，也有与其属性相反的语素组合为无理据组合类型，例如：纸老虎、旱鸭子、笑面虎、软脚蟹等。有的是"在对立中突出主旨，增强个性。有些矛盾组合是特殊表意的必然组合"①。

在矛盾组合中，可首先粗略分为两种。一种是外在语义相反，例如：晨昏、高低、进退、软钉子、软骨头、硬水等；一种是内在语义相反，例如小拇指、后襟等。其中，外在语义相反具体又分为两种，一种是组合成分意义相反或相对，如"晨"与"昏"、"高"与"低"、"进"与

---

① 张志毅、张庆云：《词汇语义学》（第三版），商务印书馆，2012 年，第 191 页。

"退"；一种是组合成分的整体意义（词义或语素义）与另外成分的语义特征（义素）相反或相对，对立的两者不在同一个层面，如"软"与"钉子""骨头"意义不相反、"硬"与"水"意义不相反，但"软"与"钉子""骨头"的语义特征、事物属性"硬"相反，"硬"与"水"的语义特征、事物属性"软"相反。内在语义相反的组合成分之间也是某个组合成分的整体意义（词义或语素义）与另外成分的语义特征（义素）相反或相对，对立的两者不在同一个层面，与前者不同的是发生对立的语义特征（义素）类型不同。

因此，这种组合理据稍弱，或组合失谐的问题，表面上相同，实际上发生的层次不同、形成的原因多样、分布的环境有异。具体来看，有的发生在词义或语素义层面，有的发生在个性义素、共性义素等理性义素层面，有的发生在属性义素、褒贬义素等附属义素层面，有的发生在源义素（核义素）层面，这会促使我们进一步思考义位层次和义素类别、功能等问题；形成的原因多样，有的是义位初次组合表意的需要，有的是类比造词强制性类推或同场逆推造词对新词命名二次形成的；分布的环境有异，有的是在古今、普方、方方、雅俗等不同义位系统中形成的。先来分析类比造词强制性类推和同场逆推造词对新词命名这两类情况。

第一类，类比造词强制性类推，会产生语义不和谐现象。例如，类比"家庭妇女"造出"家庭妇男"，类比"阴谋"造出"阳谋"，类比"处女"造出"处男"，类比"促进"造出"促退"，类比"新闻"造出"旧闻"，后者的两个组合成分往往会在意义上相冲突。

第二类，同场逆推造词对新词命名，有的会产生语义不和谐现象。例如：

"洗"——"干洗""水洗"。在现代汉语中，将洗衣服等的动作行为称为"洗"，后出现了用汽油或其他溶剂去掉衣服上污垢的现象，称为"干洗"，从区别的角度再将之前的用水洗衣物等的"洗"称为"水洗"，

"洗"上升为上位概念，非对举情况下一般不使用"水洗"。"干洗"为必需组合，"水洗"为非必需组合、羡余组合。

"唱"——"假唱""真唱"。先将传统意义上的唱歌称为"唱"，后出来了播放事先录好的歌曲而现场直接对口型的现象，称为"假唱"，从区别的角度再将之前的"唱"称为"真唱"，"唱"上升为上位概念，非对举情况下一般不使用"真唱"。"假唱"为必需组合，"真唱"为非必需组合、羡余组合。

"武器"——"软武器""硬武器"。先将在战场上使用的直接杀伤敌人或摧毁敌人目标的武器称为"武器"，后将在电子战中用电子干扰等方式破坏敌人无线电设备的装备称为"软武器"，从区别的角度再将之前的"武器"称为"硬武器"，"武器"上升为上位概念，非对举情况下一般不使用"硬武器"。"软武器"为必需组合，"硬武器"为非必需组合、羡余组合。

随着新事物、新现象的产生，相关的意义会产生变化。从组合的角度来看，义位的意义会对组合体意义产生影响，反过来，组合体意义也会对义位的意义产生作用。以上述的"洗"为例，"洗"在1960年出版的《现汉》（试印本）中的释义为"用水去掉物体上的脏东西"，试用本继承了试印本的释义，随着"干洗"组合的出现，到1979年印刷的《现汉》第1版中已经收录了"干洗"，并将"洗"的释义修改为"用水或汽油、煤油等去掉物体上面的脏东西"，"洗"的义域扩大，该释义一直使用到目前的第7版。

与原词相比，类比造词和逆推造词的理据会比较弱。不仅体现在目前的新词语上，有些产生历史比较长的词语，从初始组合理据角度来看，也比较弱，产生临时语义失谐现象。张博谈到由"大拇指"到"小拇指"，由"前襟"到"后襟"语素间的语义关系和谐度不对应的问题。《说文》："拇，将指也。"《字汇》："拇，莫口切，谋上声，足大指也，《说文》将指也，将指者为诸指之帅也。""拇"的本义为手足的大指。清代朱骏声《说文通训定声》："手足大指皆曰拇。"由"拇"后来产生复合词"拇指"，为进一步凸显"大"的特征，组合产生"大拇指"，再后来类比"大拇指"产生了"小拇指"。"小"与"拇"中隐含的"大"义互相矛盾。"襟"本指衣服的交领，后指衣的前幅。《释名·释衣服》："襟，禁也，交于前所以禁御风寒也。"《广韵·侵韵》："襟，袍襦前袂。"类比"前襟"产生的"后襟"，"后"与"襟"暗含的"前"义互相矛盾。"相对于类比词来说，不少原词反映了事物的得名理由或根据，理据性较强，因而可以通过语素义（即字面意义）大致推出词义；而有些类比词的理据性则较弱，需经由原词间接地探求词义，如果直接从语素义推求词义，可能会曲解词义，或难以求得词义。例如'征夫'指出征的男子，语素义相加即为词义，但'征妇'不是出征的妻子，也不是出征的妇人。"[1] 而是指出征军人的妻子，明代刘绩《征妇词》："征妇语征夫，有身当殉国。君为塞下土，妾作山头石。""征夫"中的"夫""在词内的意思是成年男子。后来人们借用'夫'的丈夫义，类比'征夫'造出'征妇'，指出征男子之妻，其中的'妇'与征夫之'夫'语义不对应"[2]。

第四节　中心类组合和边缘类组合

按组合的频率和组合的价值，可分为中心类组合（如：暗中勾结、勾结汉奸）与边缘类组合（如：勾结的时间、开始勾结）。

---

① 张博：《反义类比构词中的语义不对应及其成因》，《语言教学与研究》，2007 年第 1 期。

② 同上。

中心类组合为经常性组合，两者的选择性共现较强。对普通语文辞书释义义项的归纳和例证的择取，以及汉语教学中常用搭配来说，中心类组合的价值比较大，边缘类组合的价值稍小。组合规则会影响义位组合价值的大小。

例如，"勾结"中最有价值的组合为"勾结汉奸、勾结流氓、勾结反动势力、暗中勾结"，最能体现出它的意义："为了进行不正当的活动暗中互相串通、结合"（《现汉》第 459 页）。《现汉》的例证为"暗中勾结、勾结官府"。勾结的目的、勾结的对象，价值较大。勾结的方式，价值稍弱，可以有"暗中勾结、秘密地勾结、卑鄙地勾结"，还有"公开勾结、明目张胆地勾结"等。从勾结对象上看，"勾结"也可以和"官府"组合，此处的"官府"已经狭化，专指腐朽黑暗的官府，但并不是非常典型，因此所出例证可以进行修改。"勾结"组合中价值较小的，例如"勾结两次、勾结一番、勾结三回、能勾结、要勾结、开始勾结、继续勾结、慢慢勾结、停止勾结、准备勾结、预备勾结、妄图勾结、突然勾结、广泛地勾结、加以勾结、勾结的时间、勾结的地点、勾结的原因、勾结的结果、勾结的手段、勾结的活动、勾结的对象、勾结的诡计"等组合为边缘组合。边缘类组合并不意味着毫无价值，对于详解描写类的大型搭配词典的编纂来说（尤其是电子词典），需要给出该义位尽可能完整的组合框架和语义搭配，详细列出每一种组合类型并给出若干例子。

第五节　开放组合、半开放组合和封闭组合

按组合自由度，可分为开放组合（或称为"自由组合""非强制组合""非固定组合"，如：往东走、去南面）、半开放组合（或称为"半自由组合""半固定组合"，如：洗澡、洗个澡）和封闭组合（或称为"黏

着组合""强制组合""固定组合",如"福如东海,寿比南山"不可更改为"福如北海,寿比南山"或"福如东海,寿比西山")。

不同学者按照组合自由度划分的层次多寡有所不同,多数分两层,即开放与封闭的两端;个别分为三层,即像本书的处理方式一样,取两端和中间;极少数分为五层,例如钱军分为"自由组合、弱搭配、中度搭配、强搭配、固定组合",并举例为:"按照《牛津英语搭配词典》的说法,to see a film(看电影)是弱搭配,to see a doctor(看医生)是中度搭配,to see the point(理解要点)是强搭配。就这些例子而言,弱搭配、强搭配与动词 see 的意义发生变化的幅度有关系。"[①]

开放组合受限制较小,封闭组合受限制较大。开放组合,如:男人、女人、大人、古人、前人、个人、亲人、凡人、雪花、雪片、雪山、雪景、雪球、大雪、下雪、滑雪、下雪天、厚厚的雪、入冬以来的初雪等。封闭组合,如:人强马壮、人仰马翻、人面桃花、人山人海、耐人寻味、骇人听闻、政通人和、惨绝人寰、先声夺人、明人不做暗事、人不可貌相、众人拾柴火焰高、解铃还须系铃人、以其人之道,还治其人之身、雪上加霜、雪中送炭、冰天雪地、阳春白雪、瑞雪兆丰年等。

"自由类首先跟好坏有关,黏着类跟对错有关。"[②] 自由类的好坏是指开放组合的组合自由度较大,语言表达时在几个同义词之间可以选择某一个最得体的,其他的同义词可能也可以使用,但表达的效果不如该词理想。例如,"衬托、烘托、陪衬"都是动词,表示用次要事物做背景或对照,以便突出主要事物。在下列三个句子中,依次使用"衬托、烘托、陪衬"最为合适。"自然环境里有整饬的规划,野生的动植物～出人工饲养和栽培的巧夺天工。"(吴伯萧《猎户》)"傍晚时候,上灯了,一点点

① 钱军:《英语词的构成与搭配》,商务印书馆,2008 年,第 24 页。
② 张志毅、张庆云:《词汇语义学》(第三版),商务印书馆,2012 年,第 174 页。

黄晕的光，～出一片安静而和平的夜。"（朱自清《春》）"花朵和叶片的相互～在这一刻达到了珠联璧合的境界，再合适不过了。"（赵琪《告别花都》）如若混用也可以表达出相应的意义。"衬托"多用于以次衬主，有时用于对照，用在书面语和口语中均可；"烘托"强调次要事物的从旁渲染或背景作用，有形象色彩，多用在书面语特别是文学语体中；"陪衬"一般用于以次衬主，偶尔用于对照，多用于人，口语和书面语中都可以使用。

黏着类的对错是指封闭组合的组合自由度较小，组合体之间一般不允许插入其他成分或者颠倒组合顺序，封闭组合是强制性组合，当插入、颠倒或更换某一组合成分时就会出现表达错误。例如，"福如东海，寿比南山"的组合是正确的，"福如北海，寿比南山""福如东海，寿比西山"或者"寿如东海，福比南山"的组合是错误的。很多学者已经对成语等熟语的特点进行了详细分析，结构的凝固性、意义的整体性等，而且分析了成语在产生过程中会有一些变体，有一些甚至会保留至今。对此，我们不再赘述。

汉语中有一类介于开放组合和黏着组合之间的组合类型，被称为"半开放组合"，主要包括离合词和类固定短语两大类。离合词不再举例，类固定短语例如"半睡半醒、半信半疑、半公半私、半说半唱、半推半就、半买半送、半文半商、半人半仙、半对半错、半真半假、半生半熟、半洋半土、半新半旧、半深半浅、半明半暗、半虚半实、半红半白、半白半黑、半咸半淡、半走半跑、半工半读、半开半合、半阴半晴、半男半女、半死半活、有才无德、有勇无谋、有头无尾、有祸无福、有情无意、有山无林、有形无体、有国无家、有气无力、有官无职、有一无二、有前无后、有输无陪、有说无唱、有攻无守、有备无患、不折不扣、不慌不忙、不明不白、不干不净、不大不小、不多不少、不松不紧、不胖不瘦、不急不躁、不伦不类、不眠不休、不声不响、不吭不声、不理不眯、不输不赢、不男不女、不南不北、不年不节、不温不火、不君不臣、不官不民、不中不洋、不前不后、不上不下、不遮不掩、不三不四、不仁不义"等类似的组合。在这些组合中，结构上既有相对固定的模式部分，如"半……半……，有……无……、不……不……"等，还有相对自由的替换成分，例如"睡、醒、信、疑、公、私、说、唱、推、就、买、送、文、商、人、仙、对、错、真、假、生、熟、洋、土"等同义、近义、类义或反义等组合成分。"意义上，固定部分规定整个短语的格式义和关系义，可变部分表示整个短语的具体义和实用义，两者配合互补，相辅相成；音节上，节奏紧凑，以四音节为主体。"①

我们主要梳理一下中外学界与开放组合、封闭组合关联较大的关于自由义和非自由义的讨论。

20 世纪 50 年代苏联著名语言学家维诺格拉多夫在研究词汇意义类型时，从词义搭配能力的角度，将其分为自由义和非自由义，习用范围受限制的词义、句法作用受限制的词义、搭配方式受限制的词义均为非自由义。②受维诺格拉多夫的影响，苏联学者伏敏娜也指出，根据词搭配的可能性和方法，将其分为自由义和非自由义，自由义指按照它所属的词类而自由充当句子成分的意义，非自由义包括：同熟语联系的意义（作者按：指熟语中成词语素的意义）、受句法制约的意义、受结构限制的意义。③

武占坤、王勤先生和张志毅先生都用自由义和非自由义来分析多义词的不同义位。武占坤和王勤先生分析了汉语多义词的自由义和非自由义。"多义词的自由意义，是指该词用于这种意义时，不受特定的结构格

---

① 陈昌来、李传军等：《现代汉语类固定短语研究》，学林出版社，2012 年，第 3 页。
② 〔苏〕B. B. 维诺格拉多夫：《词的词汇意义的主要类型》（上、下），发表于《俄语教学和研究》，1958 年第 2—3 期。
③ 转引自符淮青：《词义的分析和描写》，语文出版社，1996 年，第 36—39 页。

式或与特定词语组合的约束的那种意义";"非自由意义则与此相反，当该词用于这种意义时必须依靠一定的条件，即只有和为数有限的词结合或执行一定的句法职务才能实现"。比如，"钉子"有两个意义：① 用来钉器物的由金属制成的东西；② 被拒绝、抢白。① 义的应用非常自由，因而是自由意义；而 ② 义只有跟"碰""撞"等几个词结合才能实现，因而是非自由意义。①

张志毅先生不仅用自由义与非自由义来分析多义词内部不同义位的选择限制，也用其来分析不同词位中同一义位的情况。"在组合规则制约下，义位被分成两个系统：自由意义（维诺格拉多夫，1953）系统，即第一性义位系统（本义或基本义）；非自由意义系统，即第二性义位系统（派生义）。前者选择限制较少，后者选择限制较多。"② 自由意义和非自由意义的选择限制，一种体现在一个词位内部自由义位和非自由义位的选择限制多少不同。例如"车"的自由义位是"车子"，不仅常单用，而且能构成常用词语 80 多个，占各义位构成词语总数的 90% 以上，非自由义位是"水车"的"车"、"车床"的"车"，这些义位构成的词语只有 10 多个。另一种体现在两个词位之间的一个义位的自由和非自由的选择限制多少不同。例如"车"和"舆"都有"车子"这一义位，但对"车"而言，"车子"是自由义位，对"舆"而言，"车子"是非自由义位（因为"舆"的本义是"车厢"），只能用于几个有限的词语里。

戚雨村等主编的《语言学百科词典》（上海辞书出版社，1993）缩小了非自由义的范围，认为自由义是"能在自由词组中使用，不依赖相邻的词而独立体现出来的词义"；非自由义"指需依赖相邻的词才能体现出来的词义，只在固定词组中使用"。

---

① 武占坤、王勤:《现代汉语词汇概要》，内蒙古人民出版社，1983 年，第 45 页。

② 张志毅、张庆云:《词汇语义学》（第三版），商务印书馆，2012 年，第 173 页。

第六节　一般组合和羡余组合

按组合语义是否叠加、重复，可分为一般组合（如：凯旋）和羡余组合（如：胜利凯旋、凯旋而归）。

语言的羡余性（redundancy）被认为是语言的本质属性之一。伍铁平指出："模糊性可视为自然语言区别于人造语言的一种属性。自然语言的这一特征和语言的生成性特征和羡余性（redundancy）特征不妨说是近数十年间语言学家新揭示的语言的三个本质特征（生成性并不是自然语言所固有的特征，人造的各种符号系统也有生成性）。"①与此相关的术语包括羡余规则（redundancy rules）、羡余成分（redundant elements）、羡余机制（redundant mechanisms）、羡余原则（redundancy principle）等。戴维·克里斯特尔的《现代语言学词典》解释羡余为："原为信息论术语，现用来分析造成语言学中对立的各种特征。一个特征（语音的、语法的等）如果为识别一个语言单位所不必出现的，就是羡余的。"②

汉语羡余在语音、语法、词汇各语言单位都有应用。最早对汉语羡余现象进行研究的是赵元任先生的《汉语结构各层次间形态与意义的脱节现象》（1956 年发表于台湾《"中央研究院"历史语言研究所集刊》），赵元任先生提到的羡余现象有：～然（虽然、既然、固然、当然），"然"因为本义"如此"已经枯竭，所以在使用中会出现"～然如此／这样"等羡余现象，还会出现"既然已经这样"的双重羡余。原本它们都是短语，在词汇化过程中结合日趋紧密，最终成为一个词而衍生出羡余成分。

---

① 伍铁平：《读三本新出版的语言学概论教科书》，《中国语文》，1983 年第 2 期。

② 〔英〕戴维·克里斯特尔编：《现代语言学词典》（第四版），沈家煊译，商务印书馆，2000 年，第 300—301 页。

汉语复合词中的偏义词是一种典型的羡余现象，偏义词中不表示意义的语素为羡余成分，在词汇化过程中，该语素的意义逐渐虚化脱落，也有的在一开始添加时就是羡余成分。偏义词数量较多，例如：国家、兄弟、动静、忘记等。"国家"中的"国"本指"天子统治的地方"，"家"指"诸侯统治的地方"。例如《左传·桓公二年》："吾闻国家之立也，本大而末小，是以能固。故天子建国，诸侯立家……"此处"国家"为并列短语，并非复合词。后来"国家"的凝固程度逐渐增强，"家"只起到陪衬作用，成为羡余成分。

"正因为羡余成分在语言中有'明确''强调''调节'的三种主要的积极作用，所以羡余成分也是语言中客观存在的一种词汇现象，因为所有的语言中都存在着羡余现象，语言中不能没有羡余成分，语言的本质之一就是利用羡余信息。"[①]

已有的羡余研究比较多，此不赘述。简要介绍一下在固定短语这种组合中由虚词性语素充当羡余成分，"载驰载驱、载歌载舞"中的"载"是语气助词，只起加强语气或协调音节的作用。如《诗·鄘风·载驰》："载驰载驱，归唁卫侯。"毛传："载，辞也。"陈奂传疏："假借之为语词，《传》为全诗载字发凡也。"另外还有"载飞载扬、载欢载笑、载瞻载思、载浮载沉"等。再如"下车伊始、惟妙惟肖、进退维谷、语焉不详"中的"伊、惟、维、焉"等。

第七节　通常类型组合和超常类型组合

按是否有超越现实的修辞手法的介入，义位组合可分为通常类型组

---

① 徐国庆：《现代汉语词汇系统论》，北京大学出版社，1999 年，第 299 页。

合（如：使劲钻）和超常类型组合（如：削尖了脑袋往里钻）。

组合类型中的超常组合，常常从修辞学角度提出和研究。例如，比喻类超常组合：铁石心肠、群情鼎沸、读沧海、思想感情的潮水等；借代类超常组合：固若金汤、路有冻死骨、绿肥红瘦、乘坚策肥、吃火锅、喝龙井等；比拟类超常组合：高山低头、青山起舞、鱼翔浅底等；移就类超常组合：情书、怒发、寂寞的梧桐树等；夸张类超常组合：眼睛长在头顶上、高兴死了、寸步难行、万向轮等。

王德春认为："词语与词语之间的搭配，有其内在的联系和规律，除了在句法结构上要符合组合原则外，重要的是要受语义内容和逻辑范畴的制约。言语交际中有这么一种特殊现象，即词语与词语之间的搭配符合语法规则，但又超出了词语之间语义内容和逻辑范畴的常规，这种现象即词语搭配变异，亦即人们通常说的'超常搭配'。"冯广艺采用了搭配变异的概念，将词语搭配变异的模式分为两种：转移搭配项的语义，形成变异的组合；搭配项的语义未改变，但组合后整体语义特别。[1]修辞学对此已有较多论述，此不赘述。

第八节　紧邻组合和间隔组合

按照组合成分之间的距离远近、是否紧邻，可分为紧邻组合（或称为"直接组合"）和间隔组合（或称为"间接组合"）。由于是从组合成分位置关系角度进行的分类，对于同一对组合成分来说，它们的组合关系是相同的，互为紧邻组合或间隔组合。

对于简单的二项组合来说，均为紧邻组合，如"人民、洗手"等；

---

[1]　冯广艺：《词语超常搭配的语义特征》，《绥化师专学报》，1990 年第 1 期。

对于多项组合来说才涉及间隔组合的问题，如"建设双一流高校"中"建设"和"高校"为间隔组合。义位组合既包括义位外部组合，即义位与义位之间的组合，也包括义位内部组合。紧邻组合和间隔组合的分类，仅仅从组合成分所处位置、是否直接相邻的角度展开，不仅适用于词组、句子等语言单位，也适用于词语、成语等语言单位。如成语"指鹿为马"，不仅"指"和"鹿"、"为"和"马"属于紧邻组合，"鹿"和"为"也属于紧邻组合，只是不同结构单位的紧邻组合研究的价值是不同的。"指"不仅和"为"属于间隔组合，和"马"也属于间隔组合；"鹿"和"马"也互为间隔组合。

　　这两种组合类型对于义位组合的共时研究和历时研究都具有一定的价值。对于共时研究来说，经常性紧邻组合是辞书释义、义项划分、词目设立、配例选取、搭配词典编纂、中小学语文教学及国际中文教育关注的价值较大的组合，间隔组合的价值会打些折扣。如，普通语文辞书对于义项的划分需要在语料库中将该词语的经常性紧邻组合找到，经过概括总结，在该词语意义链条的薄弱处切分出一个个义项；搭配词典在编纂的时候需要悉数将经常性的紧邻组合搜集殆尽，如"建"的经常性紧邻组合"建立、建设、建议、建交、建国、建党、建档、建制、建造、建筑、建材、改建、扩建、修建、兴建、营建、筹建、创建、搭建"等。对于历时研究来说，经常性紧邻组合的义位会发生词义浸染、组合同化，词义之间互相影响，A义位的意义成分会流淌进紧邻组合的B义位中，而间隔组合的义位之间相互作用力就会弱一些，发生组合同化的概率小一些。

第二章　义位组合的特点

本章主要讨论了义位组合的特点，主要包括渐进性、层次性、不平衡性、普遍性、特殊性、流淌性、不对称性等几大特点。前几大特点主要以发生对立异化的义位或义位变体为例，不对称性主要从反义义位和同义义位的角度切入。

第一节　渐进性与层次性

发生对立异化的义位或义位变体间多为极性对立关系，完全的互补对立较少。渐进性与层次性主要体现在两个方面。第一，从包括发生对立异化义位所在的同类词群或同义词群来看。以含有动物类语素的词语、成语为例，在整体考察完这类词和语后，我们发现从"龙、凤"到"虎、牛、犬"，再到"狐、狼"，我们民族对其价值、情感上的评价基本上从肯定逐渐走向否定。其中"凤"在组合"凤雏麟子、凤毛麟角、凤冠霞帔、凤鸣朝阳、凤友鸾交、凤靡鸾吪、百鸟朝凤、丹凤朝阳、龙驹凤雏、龙眉凤目、龙章凤姿、龙飞凤舞、龙盘凤逸"等中比喻贤良的人才、不凡的风采、珍稀的事物等；"龙"在组合"龙腾虎跃、龙马精神、望子成龙"等中也多以肯定义出现；"狼"在组合"狼子野心、狼心狗肺、狼狈为奸、狼奔豕突、狼奔鼠窜、豺狼当道、引狼入室、如狼牧羊"等中基本是被否定的。中间的"虎、牛、犬（狗）、羊"，包括"狐"都是肯定否定参半，只是倾向于肯定类多一些或否定类多一些的问题。第四章第一节义位组合的对立异化部分将讲述"虎、牛、狐"等例子。

我们从本民族价值评价的角度出发，从理论上将其分为"肯定"与"否定"的两端，其中完全肯定与完全否定的义位没有发生对立异化的可能性；距离"肯定"或"否定"较近的义位能够发生对立异化，但是对立的数量上呈现不平衡性，距离"肯定"较近的义位"褒性"组合数量多，距离"否定"较近的义位"贬性"组合数量多；距离"肯定"或"否定"远近基本一致的义位，有两种极端的可能，一种不含肯定否定的判断，没有发生对立异化；另一种是满含肯定否定的判断，将对立统一关系发挥至极致，并且两种相反的组合数量基本均衡。

第二，从发生对立异化组合内部来看。以"闲情逸致"类为例。

逸1：安闲

闲情逸致 | 豪情逸致 | 幽情逸韵 | 高情逸志 | 超然自逸 | 以逸待劳

逸2：放任

贪图安逸 | 骄奢淫逸 | 逸豫亡身 | 好逸恶劳

以上组合，依程度轻重、深浅，分布在以"劳逸"为中间项的两端。

闲情逸致→以逸待劳→劳逸→好逸恶劳→骄奢淫逸

先看《现汉》释义。

【闲情逸致】闲适的情志。

【以逸待劳】指作战的时候采取守势，养精蓄锐，等待来攻的敌人疲劳后再出击。

【劳逸】劳动和休息：～结合。

【好逸恶劳】贪图安逸，厌恶劳动。

【骄奢淫逸】骄横奢侈，荒淫无度。

"闲情逸致"和"骄奢淫逸"位于该连续统的两端，"劳逸"作为中间的过渡项，不属于任何一方。[①] 从"劳逸"到"以逸待劳"，就从一般的休息转为养精蓄锐、适时出击的计略，"劳逸"是中性的，"以逸待劳"就具有肯定性的褒性陪义。再到"闲情逸致""幽情逸韵"等已经转为一种闲适、恬静的生活态度，褒义色彩浓厚。从"劳逸"到"好逸恶劳"，就从一般的休息转为只想休息、不想劳作的贪图安逸的心态，"劳逸"是中性的，"好逸恶劳"就具有否定性的贬性陪义。再到"骄奢淫逸"等已经转为生活糜烂、荒淫无度的生活态度，贬义色彩浓厚。可以看出，从"闲情逸致"类到"骄奢淫逸"类，中间是渐进的。以客观、中性的过渡项为界，人们从价值观出发，将其分为肯定的与否定的两项。义位距离中间过渡项越远的，其陪义的褒贬越加明显；距离中间过渡项越近的，其陪义的褒贬越加模糊。某些义位的褒贬不易判断，尤其是陪义的褒贬，常源于此。

渐进性衍生出层次性，即从对立义项的一端到另一端，有的需要跨越多个层次，有的层次较为单一，这是人们交际、认知的需要在词语编码方面的反应。例如"诱"，"诱1"（往好的方面）诱导与"诱2"（往坏的方面）引诱，中间仅有"诱敌深入、诱杀害虫"等作为中间的过渡项，层次简单。

从"闲情逸致"到"骄奢淫逸"，中间有多个层次，该聚合的所有义位分布在这两者中间的节点上。作为端点或中间过渡项的义位有时是从

---

① 其中"劳逸结合"略带褒义色彩。

一束义位集中选取出来的，例如以"闲情逸致"为代表的义位集中至少包括"闲情逸致、豪情逸致、幽情逸韵、高情逸志"等。

第二节　不平衡性

王宁先生在古汉语反义同词存在的原因和条件的研究中指出："共词的两个反向意义，在使用上必定有较明显的差别。"[①] 这些差别体现在三个方面：第一，不共境。例如"副"的"分"义一般作及物动词，"副"的"合"义一般作形容词，这是语法环境的区别；"落"当"终了"讲，一般与人和植物的衰老、死亡有关，"落"当"始"讲，一般仅用于建筑物开始使用，这是语义环境的区别。第二，使用频率不平衡。例如，"置"在先秦典籍中当"设置"讲是常用义，当"弃置"讲比较少见。第三，反义共词在使用上往往与另一同义词连用，以示区别。例如"韧"常以"柔韧""坚韧"连用而区别。

在现代汉语中，这种不平衡性首先体现在使用频率不平衡，其次体现在语法环境与语义环境的互补分布，具体表现在以下四个方面：常用、罕用不平衡，组内数量不平衡，组间数量不平衡，语法环境分布不平衡。这大多与泛时的古今对立与普方对立有关，其中古义一般残留在普通词语、成语及使动用法中。数量上的不平衡性还与义位变体在渐进性中非常靠近褒义或贬义的（多数靠近贬义）一端有关，例如"狐"的组合多表现其狡猾、不务正业、迷惑人等不端的品行，仅有"狐死首丘"比喻不忘本或怀念故乡。具体情况如下。

"劝"与"去"等在现代汉语使用中表现出常用、罕用的不平衡性。

---

① 王宁：《训诂学原理》，中国国际广播出版社，1997年，第124页。

劝 1：劝止做某事

劝说｜劝告｜劝阻｜劝止｜苦劝｜相劝｜规劝

劝 2：劝勉要做某事

劝学｜劝勉｜劝善惩（戒）恶｜劝善黜恶

劝 2 在《现汉》中标有〈书〉，是古汉语用法在现代汉语中的遗留。劝 1 的用法比较常用，劝 2 的用法比较罕用，下同。

去 1：前往

去处｜去路｜去北京｜去家乡｜从成都去重庆

去 2：离开

去国｜去职｜去任｜去世｜扬长而去｜绝裾而去

"狐"组 1、2 和"魔"组 1、2 分别在使用数量的多寡上表现出不平衡性，即组内不平衡。

狐 1：狐朋狗友｜狐朋狗党｜狐群狗党｜狐狸尾巴｜狐狸精｜狐假虎威

狐 2：狐死首丘

魔 1：魔鬼｜魔王｜魔爪｜魔掌｜魔窟｜妖魔｜邪魔｜恶魔

魔 2：魔鬼身材

魔鬼：① 宗教或神话中指迷惑人、害人性命的鬼怪。② 比喻邪恶的人或势力。（《现汉》）

魔鬼身材：指女性使人着迷的完美身材：这位女歌星生就一副～。（《现汉》）

"妖"组整体与下文中的"媚"组整体在对立项的数量上体现出多寡的不平衡性，即组间不平衡。

妖1：作风不正派

妖里妖气｜妖冶｜妖媚

妖2：妩媚多姿

妖娆

《现汉》将"妖冶"与"妖娆"划为一组，同时作为义项④的例证，见第1521页"妖"③装束奇特，作风不正派（多指女性）：～里～气。④〈书〉艳丽；妩媚：～娆｜～冶。但是从释义来看应把"妖冶"归入义项③中。【妖娆】〈书〉娇艳美好；妩媚多姿。【妖冶】艳丽而不正派。《现代汉语搭配词典》中将"妖冶"与"妖里妖气、妖媚"划为一组，我们认为比较合适。

以下为语法环境的对立。

显耀①形（声誉、权势等）显赫荣耀：家世～｜～一时。（《现汉》）

显耀②动夸耀；炫示：～自己能干。（《现汉》）

媚1：讨好；巴结

媚悦｜媚世｜媚俗｜媚态①｜媚外｜媚颜｜媚骨｜狐媚｜献媚｜谄媚｜媚世之作｜媚悦流俗｜谄媚上司｜媚上欺下｜献媚取宠｜趋时媚俗｜狐媚魇道｜狐媚猿攀｜奴颜媚骨｜崇洋媚外

媚2：美好；可爱

妩媚｜明媚｜媚态②｜媚眼｜秀媚｜娇媚｜柔媚｜柔情媚态｜烟视媚行｜千娇百媚｜春光明媚

媚态①：讨好别人的姿态：种种～，一副奴才相。(《现汉》)

媚态②：妖媚的姿态。(《现汉》)

第三节　普遍性与特殊性

对立异化的现象在古今中外各语言系统中都存在，甚至异化的规律、特点，中外也比较相似，这是其普遍性的表现。另外，其民族性特点也比较突出，例如文中有关动物类例子就具有民族性、特殊性，此处我们重点分析普遍性。

伍铁平先生指出乌克兰语的 слава 既指肯定的含义"光荣、名声"，又指"坏名声、流言蜚语"。[①]汉语的"名"在"名不虚传、名满天下、名垂青史、驰名、扬名、慕名、声名鹊起"中指"好名声"，在"声名狼藉、沽名钓誉、名利思想、邀名射利、蜗名蝇利、有名无实"中指"坏名声"。

英语 sapience 指"智慧、贤明"，当俗人凡夫用这种词时，由于他们实际上没有如此大的智慧，于是这个词的词义向其反面转化，指"装出来的聪明、自以为聪明"。[②]汉语中的"聪明"在"聪颖、聪明伶俐、冰雪聪明、聪慧、聪悟、聪颖、聪敏"等组合中是真"聪明"，在"聪明反被聪明误、卖弄聪明、小聪明、耍聪明、自作聪明"等组合中是假"聪明"，但是需要分清词义层面的反义和语用层面的反义。

英语 gay 的本义是"快乐的、愉快的"，同时这个词还指"淫荡的"，

---

① 伍铁平：《再论词义向其反面转化和一个词兼有相反的两个意义》(上)，《外国语》，1991 年第 3 期。

② 伍铁平：《再论词义向其反面转化和一个词兼有相反的两个意义》(下)，《外国语》，1991 年第 4 期。

特别是指"同性恋爱的"意义。① 汉语中的"乐"也与此相同，既有"快乐、欢乐、助人为乐、与民同乐"等组合，也有"淫乐、享乐、贪图安乐、及时行乐、寻欢作乐"等组合。

俄语的、英语的 proud，法语的 fier 和德语的 stolz 都有"自豪的、自尊的"和"傲慢的、骄傲的"两种意义。汉语中的"骄傲"也同样有两个相对立的形容词义项，《现汉》释义为"① 形 自以为了不起，看不起别人：～自满｜虚心使人进步，～使人落后。② 形 自豪：我们都以是炎黄子孙而感到～"。"傲"在"傲岸、傲慢、傲气、傲视、傲物"等组合中异化为"自高自大"，在"傲骨、傲然、傲雪凌霜"等组合中异化为"高傲、坚强不屈"。

第四节　流淌性

流淌性是指相邻的组合义位间发生词义流淌（渗透、感染），词义由 A 单位溢出至 B 单位，使 B 受影响。弗斯有句名言："观其伴，知其义。"本书中的"伴"既包括动词、形容词的搭配伙伴，也包括名词的并列伙伴。这个特点在含动物类语素的词语、成语中体现得较为明显。例如：

鸣 1：鸡、狐、驴等＋鸣＝否定

鸡鸣狗盗｜狐鸣狗盗｜狐鸣枭噪｜驴鸣狗吠

鸣 2：鸾、凤等＋鸣＝肯定（吉祥、和美）

凤鸣朝阳｜鸾凤和鸣｜龙跃凤鸣

---

① 伍铁平：《再论词义向其反面转化和一个词兼有相反的两个意义》（下），《外国语》，1991 年第 4 期。

　　　猛 1：猛 + 动物 = 凶猛

　　　猛兽｜猛禽｜猛鸷｜凶猛的野兽｜张牙舞爪的猛兽｜振翅高飞的猛禽｜狼猛蜂毒｜毒蛇猛兽｜洪水猛兽

　　　猛 2：猛 + 人 = 勇敢

　　　猛士｜猛将｜猛劲｜勇猛

　　　虎 1：虎 + 豺、狼 = 残忍、凶狠

　　　如狼似虎｜投畀豺虎｜豺狼虎豹｜为虎作伥｜虎入羊群

　　　虎 2：虎 + 龙 = 威武勇猛

　　　虎踞龙盘｜藏龙卧虎｜如虎添翼｜龙吟虎啸｜龙腾虎跃｜虎略龙韬｜龙行虎步｜龙骧虎步｜龙骧虎视｜虎背熊腰

　　"虎"与"豺、狼"并列时，"豺、狼"的陪义流淌进"虎"，凸显出"虎"残忍、凶狠的一面；"虎"与"龙"并列时，"龙"的陪义流淌进"虎"，凸显出其威武勇猛、气宇轩昂的雄姿（"龙争虎斗、降龙伏虎"除外）。另外，"虎"与"羊"对举时，用羊的温顺和善良，衬托出虎的残暴，如"羊落虎口、虎入羊群"等。

第五节　不对称性

　　学界方家关于语言中的不对称现象多有论述。吕叔湘先生指出："语言里有好多不对称现象。"[①]沈家煊先生指出："只要留意观察，就会发现不对称现象存在于语言的各个层面，包括语音、构词、句法、语义和语用。这种现象不是个别的，而是普遍的。""我们不知道语言学什么时候开始应

① 吕叔湘：《语文杂记》，生活·读书·新知三联书店，2008 年，第 131 页。

用对称和不对称的概念，但可以肯定语言中的对称和不对称现象一定很早已被人们所注意到，因为这种现象在语言中是大量地、普遍地存在着。"①

沈家煊先生指出："凡是有一一对应关系的就是'对称'。""凡不是一一对应关系的就是'不对称'。""正因为讲不对称时总是预示着对称，因此出于行文的方便，我们允许用'不对称'来兼指'对称和不对称'。"本书中的"不对称"虽然也同时包括"对称"和"不对称"两种情况，但主要分析组合中的不对称现象。②

汉语里有"深呼吸"，没有"浅呼吸"；有"浅滩"，没有"深滩"。英语里有"deep breathing"没有"shallow breathing"，有"shallow beach"没有"deep beach"，不对称和标记论等理论可以对此做出很好的阐释。

"语言系统的不对称又可分为组配的不对称和功能的不对称。组配上对称不一定功能上也对称，而功能上的不对称总是跟组配上的不对称联系在一起的。"③"从完型心理学来看，对称是一种完型结构，是一个整体，是人们的一种认知期待，是一种美的满足，然而对称是相对的、暂时的，是形式的、表面的，非对称则是绝对的、永恒的、深层的，因为语言始终处于动态变化中，具有语境性、功能性和依附性。"④从组合功能、组合意义角度来看，"前"可以指过去（组合如：前天、前人、前事不忘），也可以指未来（组合如：前程远大、前途无量、前景光明）。"后"不能指过去，只能指未来（组合如：后天、后人、后患无穷）。⑤

从义位组合的角度来看，主要表现在组合能力、组合对象、组合意

① 沈家煊：《不对称和标记论》，商务印书馆，2015 年，第 1—4 页。

② 同上注，第 1 页。

③ 同上注，第 5 页。

④ 刘华丽：《近代汉语双音节情态副词"X 好"历时生成分析》，《清华大学学报》（哲学社会科学版），2010 年第 S2 期。

⑤ 吕叔湘：《语文杂记》，上海教育出版社，1984 年，第 72 页。

义等方面，大多数义位具有不对称性，只有极少数义位具有对称性。本章主要从组合能力、组合对象、组合意义角度阐述组合的不对称性。

一　组合能力的不对称性

以往研究中，关于反义词的不对称性现象研究较多。吕叔湘先生从义位组合对象和组合能力不对称的角度概括了"大"和"小"组合的不对称现象，他在《有"大"无"小"和有"小"无"大"》中指出："世间事物名称，一般说，有'大'必有'小'，如'大麦、小麦'，'大脑、小脑'，'大人物、小人物'，'大年夜、小年夜'。可是也有不少名称是只有'大'没有'小'的，也有只有'小'没有'大'的。"[①] 有"大"无"小"的，例如"大地、大陆、大海、大殿、大厅、大门、大战、大炮、大饼、大汉、大众、大鼓、大纲、大红（颜色）、大黄（药）、大雁、大虫、大蒜、大烟、大粪、大赦、大使、大师傅、大少爷、大自然、大气层、大杂院、大革命、大本营、大后方、大团圆、大扫除、大杂烩、大锅饭、大合唱、大舌头、（说）大话、（发）大水、（一场）大火、…大楼、…大厦、…大院、…大典、…大庆、…大家"。有"小"无"大"的，例如"小贩、小吃、小费、小菜、小子、小鬼、小偷、小工、小丑、小生、小时、小数、小传、小引、小说、小令、小结、小调、小伙子、小市民、小百货、小两口、小动作、小意思、（开）小差、（穿）小鞋"。

"对义位组合系统的研究是聚合系统研究的回归式的深化，从而显示出语义组合系统。"[②] 同样，对义位组合系统的深入研究需要在聚合系统的视域下回归式深化，两者互为支撑。在这一理念指导下，我们分别从反义义位、同义义位角度研究单音节词语组合能力的不对称性，为了同时

---

① 吕叔湘：《语文杂记》，生活·读书·新知三联书店，2008年，第142页。
② 张志毅、张庆云：《词汇语义学》（第三版），商务印书馆，2012年，第173页。

将开放组合、半开放组合和封闭组合几种类型都包括在内，也为了研究的可操作性、研究开展的现实性，我们对反义义位、同义义位选择了不同的材料来源。反义义位主要依靠《现汉》和《倒序现代汉语词典》，多为组合成的词语和成语，以封闭组合和半开放组合为主；同义义位主要依靠《现代汉语搭配词典》（梅家驹等，1999），多数为松散型的经常性组合，少数为成语，以开放组合和半开放组合为主。

（一）反义义位组合能力的不对称

张志毅、张庆云先生指出："在现代汉语中反义词群（即最小的反义子场）至少有 4000 个。因为大多数的反义词群所包含的成员都少于同义词群所包含的成员，所以反义系统涵盖的词或义位数最多只占现代汉语词或义位的 1/3。"[①] 为了较为充分地研究反义义位组合能力的不对称性，我们以《现汉》和《倒序现代汉语词典》为封闭域，对最为常见的 45 组反义词 96 个单音节词语的组词进行整理，制作了《部分常见单音节反义单位组合能力表》[②]，详见附一。《现汉》体现了这些词居前时的组合能力，《倒序现代汉语词典》体现了这些词居后时的组合能力。这 45 组反义词 96 个单音节词具体包括：

大——小、多——少、有——无、好——坏、黑——白、早——晚、快——慢、深——浅、冷——热、长——短、美——丑、正——反（负）、高——低、新（幼）——老、对——错、公——私、动——静、开——关、男——女、曲——直、夫——妻、阴——阳、真——假、贫（穷）——富、上——下、方——圆、天——地、呼——吸、始——终、横——竖（纵）、内——外、东——西、南——北、左——右、买——卖、安——危、褒——贬、成（胜）——败、死——活（生）、升——降、

---

① 张志毅、张庆云：《词汇语义学》（第三版），商务印书馆，2012 年，第 136 页。
② 因个别成员为语素，故将该表命名为《部分常见单音节反义单位组合能力表》。

甘——苦、粗——细、前——后、手——脚、软——硬

　　我们据此对这 45 组反义词 96 个单音节词的组合能力进行了统计，数据如下表所示（注：比例均四舍五入后保留小数点后一位）。

表 1　部分常见反义词组合能力统计表

序号	反义词	单音节词	居前组合数量	居前组合比例	居后组合数量	居后组合比例	组合数量共计	反义之间比例
1	大——小	大	423	90.8%	43	9.2%	466	466:280≈1.7:1
		小	248	88.6%	32	11.4%	280	280:466≈1:1.7
2	多——少	多	63	81.8%	14	18.2%	77	77:19≈4.1:1
		少	13	68.4%	6	31.6%	19	19:77≈1:4.1
3	有——无	有	143	86.1%	23	13.9%	166	166:238≈1:1.4
		无	232	97.5%	6	2.5%	238	238:166≈1.4:1
4	好——坏	好	57	67.1%	28	32.9%	85	85:15≈5.7:1
		坏	9	60.0%	6	40.0%	15	15:85≈1:5.7
5	黑——白	黑	96	84.2%	18	15.8%	114	114:254≈1:2.2
		白	189	74.4%	65	25.6%	254	254:114≈2.2:1
6	早——晚	早	35	77.8%	10	22.2%	45	45:42≈1.1:1
		晚	36	85.7%	6	14.3%	42	42:45≈1:1.1
7	快——慢	快	44	64.7%	24	35.3%	68	68:36≈1.9:1
		慢	25	69.4%	11	30.6%	36	36:68≈1:1.9
8	深——浅	深	54	81.8%	12	18.2%	66	66:28≈2.4:1
		浅	18	64.3%	10	35.7%	28	28:66≈1:2.4
9	冷——热	冷	83	90.2%	9	9.8%	92	92:153≈1:1.7
		热	104	68.0%	49	32.0%	153	153:92≈1.7:1
10	长——短	长	91	80.5%	22	19.5%	113	113:57≈2:1
		短	43	75.4%	14	24.6%	57	57:113≈1:2
11	美——丑	美	55	71.4%	22	28.6%	77	77:28≈2.8:1
		丑	20	71.4%	8	28.6%	28	28:77≈1:2.8

续表

序号	反义词	单音节词	居前组合数量	居前组合比例	居后组合数量	居后组合比例	组合数量共计	反义之间比例
12	正——反（负）	正	120	75.5%	39	24.5%	159	159:161≈1:1
		反	104	88.1%	14	11.9%	118	118:159≈1:1.3
		负	29	67.4%	14	32.6%	43	43:159≈1:3.7
13	高——低	高	173	92.0%	15	8.0%	188	188:66≈2.8:1
		低	57	86.4%	9	13.6%	66	66:188≈1:2.8
14	新（幼）——老	新	78	72.9%	29	27.1%	107	107:213≈1:2
		幼	16	94.1%	1	5.9%	17	17:213≈1:12.5
		老	191	89.7%	22	10.3%	213	213:124≈1.7:1
15	对——错	对	101	81.5%	23	18.5%	124	124:48≈2.6:1
		错	31	64.6%	17	35.4%	48	48:124≈1:2.6
16	公——私	公	152	83.5%	30	16.5%	182	182:80≈2.3:1
		私	65	81.3%	15	18.7%	80	80:182≈1:2.3
17	动——静	动	68	33.2%	137	66.8%	205	205:37≈5.5:1
		静	19	51.4%	18	48.6%	37	37:205≈1:5.5
18	开——关	开	195	88.6%	25	11.4%	220	220:74≈3:1
		关	46	62.2%	28	37.8%	74	74:220≈1:3
19	男——女	男	18	100.0%	0	0.0%	18	18:76≈1:4.2
		女	36	47.4%	40	52.6%	76	76:18≈4.2:1
20	曲——直	曲	21	55.3%	17	44.7%	38	38:89≈1:2.3
		直	69	77.5%	20	22.5%	89	89:38≈2.3:1
21	夫——妻	夫	12	21.4%	44	78.6%	56	56:13≈4.3:1
		妻	8	61.5%	5	38.5%	13	13:56≈1:4.3
22	阴——阳	阴	71	89.9%	8	10.1%	79	79:46≈1.7:1
		阳	32	69.6%	14	30.4%	46	46:79≈1:1.7
23	真——假	真	37	67.3%	18	32.7%	55	55:58≈1:1.1
		假	51	87.9%	7	12.1%	58	58:55≈1.1:1

续表

序号	反义词	单音节词	居前组合数量	居前组合比例	居后组合数量	居后组合比例	组合数量共计	反义之间比例
24	贫（穷）——富	贫	25	83.3%	5	16.7%	30	30:32≈1:1.1
		穷	31	77.5%	9	22.5%	40	40:32≈1.3:1
		富	27	84.4%	5	15.6%	32	32:70≈1:2.2
25	上——下	上	184	80.3%	45	19.7%	229	229:224≈1:1
		下	159	71.0%	65	29.0%	224	224:229≈1:1
26	方——圆	方	58	45.7%	69	54.3%	127	127:68≈1.9:1
		圆	42	61.8%	26	38.2%	68	68:127≈1:1.9
27	天——地	天	191	69.5%	84	30.5%	275	275:296≈1:1.1
		地	144	48.6%	152	51.4%	296	296:275≈1.1:1
28	呼——吸	呼	31	60.8%	20	39.2%	51	51:25≈2:1
		吸	19	76.0%	6	24%	25	25:51≈1:2
29	始——终	始	10	52.6%	9	47.4%	19	19:41≈1:2.2
		终	28	68.3%	13	31.7%	41	41:19≈2.2:1
30	横——竖（纵）	横	42	95.5%	2	4.5%	44	44:36≈1.2:1
		竖	4	80.0%	1	20.0%	5	5:44≈1:8.8
		纵	24	77.4%	7	22.6%	31	31:44≈1:1.4
31	内——外	内	128	92.8%	10	7.2%	138	138:209≈1:1.5
		外	166	79.4%	43	20.6%	209	209:138≈1.5:1
32	东——西	东	45	73.8%	16	26.2%	61	61:71≈1:1.2
		西	56	78.9%	15	21.1%	71	71:61≈1.2:1
33	南——北	南	47	85.5%	8	14.5%	55	55:49≈1.1:1
		北	38	77.6%	11	22.4%	49	49:55≈1:1.1
34	左——右	左	30	93.8%	2	6.2%	32	32:10=3.2:1
		右	8	80.0%	2	20.0%	10	10:32=1:3.2
35	买——卖	买	24	88.9%	3	11.1%	27	27:58≈1:2.1
		卖	38	65.5%	20	34.5%	58	58:27≈2.1:1

续表

序号	反义词	单音节词	居前组合数量	居前组合比例	居后组合数量	居后组合比例	组合数量共计	反义之间比例
36	安——危	安	93	81.6%	21	18.4%	114	114:27≈4.2:1
		危	21	77.8%	6	22.2%	27	27:114≈1:4.2
37	褒——贬	褒	8	100.0%	0	0.0%	8	8:16=1:2
		贬	14	87.5%	2	12.5%	16	16:8=2:1
38	成（胜）——败	成	91	68.9%	41	31.1%	132	132:46≈2.9:1
		胜	24	58.5%	17	41.5%	41	41:46≈1:1.1
		败	31	67.4%	15	32.6%	46	46:173≈1:3.8
39	死——活（生）	死	72	71.3%	29	28.7%	101	101:432≈1:4.3
		活	66	63.5%	38	36.5%	104	104:101≈1:1
		生	171	52.1%	157	47.9%	328	328:101≈3.2:1
40	升——降	升	28	77.8%	8	22.2%	36	36:25≈1.4:1
		降	21	84.0%	4	16.0%	25	25:36≈1:1.4
41	甘——苦	甘	22	95.7%	1	4.3%	23	23:74≈1:3.2
		苦	47	63.5%	27	36.5%	74	74:23≈3.2:1
42	粗——细	粗	47	94.0%	3	6.0%	50	50:63≈1:1.3
		细	49	77.8%	14	22.2%	63	63:50≈1.3:1
43	前——后	前	80	72.7%	30	27.3%	110	110:145≈1:1.3
		后	98	67.6%	47	32.4%	145	145:110≈1.3:1
44	手——脚	手	122	44.4%	153	55.6%	275	275:120≈2.3:1
		脚	47	39.2%	73	60.8%	120	120:275≈1:2.3
45	软——硬	软	54	81.8%	12	18.2%	66	66:63≈1:1
		硬	54	85.7%	9	14.3%	63	63:66≈1:1

我们依次统计了这45组反义词96个单音节词的"居前组合数量、居前组合比例、居后组合数量、居后组合比例、组合数量共计、反义之间比例"六项数据。其中，"居前组合数量"是该单音节词在《现汉》中

的组合数量，"居前组合比例"是该单音节词居前组合数量在居前和居后组合总量中所占的比例，"居后组合数量"是该单音节词在《倒序现代汉语词典》中的组合数量，"居后组合比例"是该单音节词居后组合数量在居前和居后组合总量中所占的比例，"组合数量共计"是该单音节词在《现汉》和《倒序现代汉语词典》中的组合总量（即居前组合数量和居后组合数量的总量），"反义之间比例"是该单音节词与其意义相反的单音节词之间的数量对比关系，其中有的反义词组包含 3 个词语，如"成（胜）——败"，反义之间比例的数字分别为"成"与"败"、"胜"与"败"、"败"与"成""胜"，将数量少的一方计为 1，以数量多的一方除以数量少的一方得出相应比例。

从"居前组合数量、居前组合比例、居后组合数量、居后组合比例"这四项数据情况来看，体现出了严重的不对称性，统计范围内的 96 个单音节词中居前组合占比远高于居后组合。居前组合占比为 100.0% 的包括"男、褒"，高于 90.0%（含）且低于 100.0% 的包括"大、无、冷、高、幼、横、内、左、甘、粗"，高于 80.0%（含）且低于 90.0% 的包括"小、多、有、黑、晚、深、长、反、低、老、对、公、私、开、阴、假、贫、富、上、竖、南、右、买、安、贬、降、软、硬"，高于 70.0%（含）且低于 80.0% 的包括"白、早、短、美、丑、正、新、直、穷、下、吸、纵、外、东、西、北、危、死、升、细、前"，高于 60.0%（含）且低于 70.0% 的包括"少、好、坏、快、慢、浅、热、负、错、关、妻、阳、真、圆、天、呼、终、卖、成、败、活、苦、后"，高于 50.0%（含）且低于 60.0% 的包括"静、曲、始、胜、生"，低于 50.0% 的分别是："地"为 48.6%、"女"为 47.4%、"方"45.7%、"手"为 44.4%、"脚"为 39.2%、"动"为 33.2%、"夫"为 21.4%。居前组合为 100.0% 的共计 2 个，占总数的 2.1%；高于 90.0%（含）且低于 100.0% 的共计 10 个，占总数的 10.4%；高于 80.0%（含）且低于 90.0% 的共计 28 个，占总数的

29.2%；高于 70.0%（含）且低于 80.0% 的共计 21 个，占总数的 21.8%；高于 60.0%（含）且低于 70.0% 的共计 23 个，占总数的 23.9%；高于 50.0%（含）且低于 60.0% 的共计 5 个，占总数的 5.2%；低于 50.0% 的共计 7 个，占总数的 7.3%。居前组合占比高于 50.0%（含）以上的共 88 个，占总数的 91.7%。可见，居前组合占比远高于居后组合。

从"组合数量共计、反义之间比例"这两项数据来看，也体现出了严重的不对称性，我们先从这 96 个单音节组合的绝对数量看一下每个词组合能力的不对称性。组合数量最少的是"竖"（数量为 5），组合数量最多的是"大"（数量为 466），后者数量为前者数量的近百倍。组合数量低于 10 个的包括"竖、褒"，组合数量高于 10 个（含）且低于 20 个的包括"少、坏、幼、男、妻、始、右、贬"，组合数量高于 20 个（含）且低于 30 个的包括"浅、丑、吸、买、危、降、甘"，组合数量高于 30 个（含）且低于 40 个的包括"慢、静、曲、贫、富、纵、左、升"，组合数量高于 40 个（含）且低于 50 个的包括"早、晚、负、错、阳、穷、终、横、北、胜、败"，组合数量高于 50 个（含）且低于 100 个的包括"多、好、快、深、冷、短、美、低、私、关、女、直、夫、阴、真、假、圆、呼、东、西、男、卖、苦、粗、细、软、硬"，组合数量高于 100 个（含）且低于 200 个的包括"有、黑、热、长、正、反、高、新、对、公、方、内、安、成、死、活、前、后、脚"，组合数量高于 200 个（含）且低于 300 个的包括"小、无、白、老、动、开、上、下、天、地、外、手"，组合数量高于 300 个（含）且低于 400 个的有"生"，组合数量高于 400 个（含）的有"大"。

组合数量低于 10 个的共计 2 个，占总数的 2.1%；组合数量高于 10 个（含）且低于 20 个的共计 8 个，占总数的 8.3%；组合数量高于 20 个（含）且低于 30 个的共计 6 个，占总数的 6.3%；组合数量高于 30 个（含）且低于 40 个的共计 10 个，占总数的 10.4%；组合数量高于 40 个（含）

且低于 50 个的共计 11 个，占总数的 11.5%；组合数量高于 50 个（含）且低于 100 个的共计 26 个，占总数的 27.1%；组合数量高于 100 个（含）且低于 200 个的共计 19 个，占总数的 19.8%；组合数量高于 200 个（含）且低于 300 个的共计 12 个，占总数的 12.5%；组合数量高于 300 个（含）且低于 400 个的共计 1 个，占总数的 1.0%；组合数量高于 400 个（含）的共计 1 个，占总数的 1.0%。

　　所选择的 45 组 96 个单音节词均是较为常见且使用频率较高的词，组合能力一般都是比较强的。但是从各个单音词的组合数量、反义聚合组内组合数量对比和组间组合数量对比来看，都体现出来不对称性。我们从"组合数量共计"数据来看一下组间的不对称性。反义词群内各成员组合数量超过 100 的包括（注：各词后括号内为组合的数量）"大（466）、小（280）""有（166）、无（238）""黑（114）、白（254）""上（229）、下（224）""天（275）、地（296）""内（138）、外（209）""死（101）、活（104）、生（328）""前（110）、后（145）""手（275）、脚（120）"，共计 9 组；反义词群内只有部分成员组合数量超过 100 的包括"冷（92）、热（153）""长（113）、短（57）""正（159）、反（118）、负（43）""高（188）、低（66）""新（107）、幼（17）、老（213）""对（124）、错（48）""公（182）、私（80）""动（205）、静（37）""开（220）、关（74）""方（127）、圆（68）""安（114）、危（27）""成（132）、胜（41）、败（46）"，共计 12 组；反义词群内各成员组合数量均超过 50（含）且低于 100 的包括"真（55）、假（58）""东（61）、西（71）""粗（50）、细（63）""软（66）、硬（63）"，共计 4 组；反义词群内只有部分成员组合数量超过 50 且低于 100 的包括"多（77）、少（19）""好（85）、坏（15）""快（68）、慢（36）""深（66）、浅（28）""美（77）、丑（28）""男（18）、女（76）""曲（38）、直（89）""夫（56）、妻（13）""阴（79）、阳（46）""呼（51）、吸（25）""南（55）、北（49）""买（27）、卖

（58）""甘（23）、苦（74）"，共计 13 组；反义词群内各成员组合数量均低于 50 的包括"早（45）、晚（42）""贫（30）、穷（40）、富（32）""始（19）、终（41）""横（44）、竖（5）、纵（31）""左（32）、右（10）""褒（8）、贬（16）""升（36）、降（25）"，共计 7 组。

最后从"反义之间比例"数据来看一下组内相对数量和比例的不对称性。个别反义词群内的比例接近 1:1，如"上（229）、下（224）""软（66）、硬（63）"，多数高于这个比例，差别最大的"老（213）、幼（17）"比例约为 12.5:1，体现出了严重的不平衡性。因反义词群内含有三个成员的，不同反义成员之间的比例差异较大，此处根据具体比例数字分别进行处理。比例在 1.5:1 以下的包括（注：数量多者居破折号前），"无——有""早——晚""正——负""反——正""假——真""富——贫""穷——富""上——下""地——天""横——竖""横——纵""西——东""南——北""败——胜""活——死""升——降""细——粗""后——前""软——硬"，共计 19 组；比例高于 1.5:1（含）且低于 2:1 的包括，"大——小""快——慢""热——冷""老——新/幼""阴——阳""方——圆""外——内"，共计 7 组；比例高于 2:1（含）且低于 3:1 的包括，"白——黑""深——浅""长——短""美——丑""高——低""老——新""对——错""公——私""直——曲""贫（穷）——富""呼——吸""终——始""卖——买""贬——褒""成——败""手——脚"，共计 16 组；比例高于 3:1（含）且低于 4:1 的包括，"负——正""开——关""左——右""成/胜——败""生——死""苦——甘"，共计 6 组；比例高于 4:1（含）的包括，"多——少""好——坏""老——幼""动——静""女——男""夫——妻""横——竖""安——危""活/生——死"，共计 9 组。对于反义词群内包含 3 个成员的来说，多数词群内比例差异较大，例如"横——纵"组合数量分别为 44 和 31，比例约为 1.4:1，"横——竖"组合数量分别为 44 和 5，比例约为 8.8:1。

反义词群组内相对数量和比例的不对称性是学界一直以来较为关心的问题，"反义形容词'大'和'小'、'长'和'短'、'深'和'浅'的对立也是无标记和有标记的对立"[1]。整体来看，无标记义位的组合能力高于有标记的义位。"好（85）——坏（15）"组合数量的比例约为5.7:1，多（77）——少（19）"组合数量的比例约为4.1:1，"美（77）——丑（28）"组合数量的比例约为2.8:1，"高（188）——低（66）"组合数量的比例约为2.8:1，"深（66）——浅（28）"组合数量的比例约为2.4:1，"长（113）——短（57）"组合数量的比例约为2:1，"快（68）——慢（36）"组合数量的比例约为1.9:1，"大（466）——小（280）"组合数量的比例约为1.7:1。

（二）同义义位组合能力的不对称性

张志毅、张庆云先生指出："在现代汉语中同义词群（即最小的同义子场）至少有6000个，这个同义系统涵盖了现代汉语词或义位的大部分（约2/3）。"[2] 为了充分地研究同义词组合能力的不对称性，我们主要依靠《现代汉语搭配词典》（梅家驹等，1999）为材料来源，对82组常见同义词群202个单音节词或语素的组合情况进行整理，制作了《部分常见单音节同义单位组合能力表》[3]，详见附二。这82组同义词群202个单音节词或语素分别为：

珍、宝｜言、语｜道、路、径｜世、代｜拿、取｜赠、送｜纵、竖｜犬、狗｜丢、失｜输、败｜看、望、见、观、视、睹｜绳、索｜岁、年｜亡、死、故｜舟、船｜眼、目｜泣、泪、涕｜房、室、屋、宇｜关、闭｜帮、助｜停、止｜教、授｜声、音｜植、种｜泥、土、尘、灰｜波、浪｜朋、友｜治、理｜议、论｜叫、喊｜贫、穷｜法、律｜人、民｜变、化｜

---

① 沈家煊：《不对称和标记论》，商务印书馆，2015年，第25页。

② 张志毅、张庆云：《词汇语义学》（第三版），商务印书馆，2012年，第136页。

③ 因部分成员为语素，故将该表命名为《部分常见单音节同义单位组合能力表》。

放、置｜寒、冷｜美、好｜端、正｜鲜、艳｜仇、恨｜罪、过｜遥、远｜
饥、饿｜晚、夜、宵｜甜、甘｜鞋、履｜疾、病｜夕、暮｜黑、暗、昏、
阴、幽｜安、平、静｜明、亮、耀、辉、光｜返、回｜烂、腐、朽、败｜
白、皓、素｜朱、红、赤｜细、小、微、毫｜神、仙｜钝、痴、愚｜快、
迅、疾、速｜疲、倦、劳、困｜嘴、口｜吉、祥、瑞｜乳、奶｜亲、近｜
坟、墓｜焚、烧｜树、木｜追、逐、逐、驱｜容、貌、姿｜身、躯、体、
形｜自、己｜贤、能、才｜客、宾｜形、状｜灾、祸、疫｜书、籍、册｜
闲、暇｜皇、帝、君、王｜富、足、丰｜宏、巨、博、大｜洞、穴、窟

多数同义词群包括 2 个成员，少数包含 3 至 6 个成员，详见附二。

我们据此对这 82 组常见同义词群 202 个单音节词或语素的组合情况、组合能力进行了统计，数据如下表所示（注：比例均四舍五入后保留小数点后一位）。

表 2 部分常见同义单位组合能力统计表

序号	同义词/语素群	成员	组合数量	组合总量	所占比例
1	珍、宝（宝贵的）	珍	11	21	52.4%
		宝	10		47.6%
	珍、宝（宝贵的东西）	珍	6	39	15.4%
		宝	33		84.6%
2	言、语（所说的话）	言	217	367	59.1%
		语	150		40.9%
	言、语（说）	言	84	107	78.5%
		语	23		21.5%
3	道、路、径	道	96	252	38.1%
		路	144		57.1%
		径	12		4.8%

续表

序号	同义词／语素群	成员	组合数量	组合总量	所占比例
4	世、代	世	65	105	61.9%
		代	40		38.1%
5	拿、取	拿	14	89	15.7%
		取	75		84.3%
6	赠、送	赠	14	44	31.8%
		送	30		68.2%
7	纵、竖	纵	9	15	60.0%
		竖	6		40.0%
8	犬、狗	犬	55	120	45.8%
		狗	65		54.2%
9	丢、失	丢	16	92	17.4%
		失	76		82.6%
10	输、败	输	14	70	20.0%
		败	56		80.0%
11	看、望、见、观、视、睹	看	51	381	13.4%
		望	51		13.4%
		见	88		23.1%
		观	61		16.0%
		视	114		29.9%
		睹	16		4.2%
12	绳、索	绳	29	48	60.4%
		索	19		39.6%
13	岁、年	岁	44	118	37.3%
		年	74		62.7%
14	亡、死、故	亡	41	236	17.4%
		死	187		79.2%
		故	8		3.4%

续表

序号	同义词/语素群	成员	组合数量	组合总量	所占比例
15	舟、船	舟	21	120	17.5%
		船	99		82.5%
16	眼、目	眼	182	306	59.5%
		目	124		40.5%
17	泣、泪、涕	泣	8	52	15.4%
		泪	38		73.1%
		涕	6		11.5%
18	房、室、屋、宇	房	75	145	51.7%
		室	30		20.7%
		屋	35		24.1%
		宇	5		3.5%
19	关、闭	关	5	32	15.6%
		闭	27		84.4%
20	帮、助	帮	17	62	27.4%
		助	45		72.6%
21	停、止	停	26	61	42.6%
		止	35		57.4%
22	教、授	教	13	24	54.2%
		授	11		45.8%
23	声、音	声	144	287	50.2%
		音	143		49.8%
24	植、种	植	11	27	40.7%
		种	16		59.3%
25	泥、土、尘、灰	泥	48	175	27.4%
		土	75		42.9%
		尘	47		26.9%
		灰	5		2.8%

续表

序号	同义词/语素群	成员	组合数量	组合总量	所占比例
26	波、浪	波	41	69	59.4%
		浪	28		40.6%
27	朋、友	朋	10	59	16.9%
		友	49		83.1%
28	治、理	治	29	37	78.4%
		理	8		21.6%
29	议、论	议	62	117	53.0%
		论	55		47.0%
30	叫、喊	叫	34	56	60.7%
		喊	22		39.3%
31	贫、穷	贫	43	78	55.1%
		穷	35		44.9%
32	法、律	法	102	123	82.9%
		律	21		17.1%
33	人、民	人	548	666	82.3%
		民	118		17.7%
34	变、化	变	63	152	41.4%
		化	89		58.6%
35	放、置	放	17	46	37.0%
		置	29		63.0%
36	寒、冷	寒	47	99	47.5%
		冷	52		52.5%
37	美、好	美	107	156	68.6%
		好	49		31.4%
38	端、正	端	28	51	54.9%
		正	23		45.1%

续表

序号	同义词/语素群	成员	组合数量	组合总量	所占比例
39	鲜、艳	鲜	6	29	20.7%
		艳	23		79.3%
40	仇、恨	仇	51	80	63.8%
		恨	29		36.2%
41	罪、过	罪	75	93	80.6%
		过	18		19.4%
42	遥、远	遥	14	111	12.6%
		远	97		87.4%
43	饥、饿	饥	32	45	71.1%
		饿	13		28.9%
44	晚、夜、宵	晚	20	146	13.7%
		夜	106		72.6%
		宵	20		13.7%
45	甜、甘	甜	15	41	36.6%
		甘	26		63.4%
46	鞋、履	鞋	66	77	85.7%
		履	11		14.3%
47	疾、病	疾	16	189	8.5%
		病	173		91.5%
48	夕、暮	夕	23	54	42.6%
		暮	31		57.4%
49	黑、暗、昏、阴、幽	黑	30	93	32.2%
		暗	28		30.1%
		昏	14		15.1%
		阴	18		19.4%
		幽	3		3.2%

序号	同义词 / 语素群	成员	组合数量	组合总量	所占比例
50	安、平、静	安	128	174	73.6%
		平	31		17.8%
		静	15		8.6%
51	明、亮、耀、辉、光	明	69	209	33.0%
		亮	41		19.6%
		耀	6		2.9%
		辉	9		4.3%
		光	84		40.2%
52	返、回	返	47	143	32.9%
		回	96		67.1%
53	烂、腐、朽、败	烂	9	53	17.0%
		腐	15		28.3%
		朽	18		34.0%
		败	11		20.7%
54	白、皓、素	白	128	150	85.3%
		皓	9		6.0%
		素	13		8.7%
55	朱、红、赤	朱	32	162	19.8%
		红	119		73.4%
		赤	11		6.8%
56	细、小、微、毫	细	36	269	13.4%
		小	153		56.9%
		微	48		17.8%
		毫	32		11.9%
57	神、仙	神	83	117	70.9%
		仙	34		29.1%

序号	同义词/语素群	成员	组合数量	组合总量	所占比例
58	钝、痴、愚	钝	17	47	36.2%
		痴	12		25.5%
		愚	18		38.3%
59	快、迅、疾、速	快	22	85	25.9%
		迅	17		20.0%
		疾	16		18.8%
		速	30		35.3%
60	疲、倦、劳、困	疲	19	85	22.4%
		倦	10		11.8%
		劳	45		52.9%
		困	11		12.9%
61	嘴、口	嘴	23	197	11.7%
		口	174		88.3%
62	吉、祥、瑞	吉	28	37	75.7%
		祥	5		13.5%
		瑞	4		10.8%
63	乳、奶	乳	25	66	37.9%
		奶	41		62.1%
64	亲、近	亲	23	26	88.5%
		近	3		11.5%
65	坟、墓	坟	11	33	33.3%
		墓	22		66.7%
66	焚、烧	焚	17	62	27.4%
		烧	45		72.6%
67	树、木	树	98	133	73.7%
		木	35		26.3%

续表

序号	同义词／语素群	成员	组合数量	组合总量	所占比例
68	追、逐	追	34	45	75.6%
		逐	11		24.4%
69	逐、驱	逐	10	26	38.5%
		驱	16		61.5%
70	容、貌、姿	容	29	85	34.1%
		貌	32		37.7%
		姿	24		28.2%
71	身、躯、体、形	身	135	258	52.3%
		躯	13		5.0%
		体	83		32.2%
		形	27		10.5%
72	自、己	自	224	259	86.5%
		己	35		13.5%
73	贤、能、才	贤	43	78	55.1%
		能	7		9.0%
		才	28		35.9%
74	客、宾	客	56	79	70.9%
		宾	23		29.1%
75	形、状	形	60	75	80.0%
		状	15		20.0%
76	灾、祸、疫	灾	58	157	37.0%
		祸	79		50.3%
		疫	20		12.7%
77	书、籍、册	书	177	219	80.8%
		籍	10		4.6%
		册	32		14.6%

续表

序号	同义词/语素群	成员	组合数量	组合总量	所占比例
78	闲、暇	闲	53	71	74.6%
		暇	18		25.4%
79	皇、帝、君、王	皇	31	151	20.5%
		帝	28		18.5%
		君	21		14.0%
		王	71		47.0%
80	富、足、丰	富	15	114	13.2%
		足	51		44.7%
		丰	48		42.1%
81	宏、巨、博、大	宏	26	332	7.7%
		巨	43		13.0%
		博	48		14.5%
		大	215		64.8%
82	洞、穴、窟	洞	67	91	73.6%
		穴	17		18.7%
		窟	7		7.7%

从上表中可以较为直观地看到同义词/语素群内不同成员的组合能力差异较大。我们依次统计了这82组常见同义词群202个单音节词或语素的"组合数量、组合总量、所占比例"这三项数据。其中"组合数量"为该单音节词或语素的组合数量情况，"组合总量"为该同义词/语素群内所有成员的组合总量，"所占比例"为该单音节词或语素在所属同义词/语素群内所占的比例。《现代汉语搭配词典》不同于《现汉》和《倒序现代汉语词典》，组合搭配多数为松散型的经常性组合，少数为成语，以开放组合和半开放组合为主，既含有共时性组合，也包括部分成语在历史发展中的变式，类型较为丰富，数量也更为充足，可以较为充分地展现出组合能力，组

合的数量及所占的比例虽然具有一定的代表性，但并非该词语或语素组合的绝对数据，更非组合的全部，因此我们仅通过数据分析其一定的组合倾向性和组合能力问题。

"组合数量"体现出不同的单音节词或语素组合能力的差异和不平衡性。数量最少的为"近"和"幽"，组合数量均为 3 个；数量最多的是"人"，数量达到了 548 个。具体统计如下，在 10 个以内的包括"珍2、纵、竖、故、泣、涕、宇、关、灰、理、鲜、幽、耀、辉、烂、皓、祥、瑞、近、能、窟"，共计 21 个；超过 10 个（含）且低于 20 个的包括"珍1、宝1、径、拿、赠、丢、输、睹、索、帮、教、授、植、种、朋、放、过、遥、饿、甜、履、疾、昏、阴、静、腐、朽、败、素、赤、钝、痴、愚、迅、疾、疲、倦、困、坟、焚、逐（与'追'同义）、逐（与'驱'同义）、驱、躯、状、籍、暇、富、穴"，共计 49 个；超过 20 个（含）且低于 30 个的包括"语2、绳、舟、闭、停、浪、治、喊、律、置、端、正、艳、恨、晚、宵、甘、夕、暗、快、嘴、吉、乳、亲、墓、容、姿、形、才、宾、疫、帝、君、宏"，共计 34 个；超过 30 个（含）且低于 40 个的包括"宝2、送、泪、室、屋、止、叫、穷、饥、暮、黑、平、朱、细、毫、仙、速、木、追、貌、己、册、皇"，共计 23 个；超过 40 个（含）且低于 50 个的包括"代、岁、亡、助、泥、尘、波、友、贫、寒、好、亮、返、微、劳、奶、烧、贤、丰、巨、博"，共计 21 个；超过 50 个（含）且低于 100 个的包括"言2、道、世、取、犬、狗、失、败、看、望、见、观、年、船、房、土、议、论、变、化、冷、仇、罪、远、鞋、明、光、回、神、树、体、客、形、灾、祸、闲、王、足、洞"，共计 39 个；超过 100 个（含）且低于 150 个的包括"路、视、目、声、音、法、民、美、夜、安、白、红、身"，共计 13 个；超过 150 个（含）且低于 200 个的包括"语1、死、眼、病、小、口、书"，共计 7 个；超过 200 个（含）的包括"自、大、言1、人"，共计 4 个。

　　"组合总量"体现出不同的同义词群在组合数量、组合能力方面的差异和不平衡性。组合总量最少的为"纵、竖"，共计 15 个；组合数量最多的为"人、民"，共计 666 个。具体统计如下，"组合总量"超过 10 个（含）且低于 20 个的包括"纵、竖"，共计 1 组；超过 20 个（含）且低于 30 个的包括"珍、宝（宝贵的）""教、授""植、种""鲜、艳""亲、近""逐、驱"，共计 6 组；超过 30 个（含）且低于 40 个的包括"珍、宝（宝贵的东西）""关、闭""治、理""吉、祥、瑞""坟、墓"，共计 5 组；超过 40 个（含）且低于 50 个的包括"赠、送""绳、索""放、置""饥、饿""甜、甘""钝、痴、愚""追、逐"，共计 7 组；超过 50 个（含）且低于 100 个的包括"拿、取""丢、失""输、败""泣、泪、涕""帮、助""停、止""波、浪""朋、友""叫、喊""贫、穷""寒、冷""端、正""仇、恨""罪、过""鞋、履""夕、暮""黑、暗、昏、阴、幽""烂、腐、朽、败""快、迅、疾、速""疲、倦、劳、困""乳、奶""焚、烧""容、貌、姿""贤、能、才""客、宾""形、状""闲、暇""洞、穴、窟"，共计 28 组；超过 100 个（含）且低于 150 个的包括"言、语（说）""世、代""犬、狗""岁、年""舟、船""房、室、屋、宇""议、论""法、律""遥、远""晚、夜、宵""返、回""神、仙""树、木""富、足、丰"，共计 14 组；超过 150 个（含）且低于 200 个的包括"泥、土、尘、灰""变、化""美、好""疾、病""安、平、静""白、皓、素""朱、红、赤""嘴、口""灾、祸、疫""皇、帝、君、王"，共计 10 组；超过 200 个（含）且低于 250 个的包括"亡、死、故""明、亮、耀、辉、光""书、籍、册"，共计 3 组；超过 250 个（含）且低于 300 个的包括"道、路、径""看、望、见、观、视、睹""声、音""细、小、微、毫""身、躯、体、形""自、己"，共计 6 组；超过 300 个（含）的包括"言、语（所说的话）""眼、目""人、民""宏、巨、博、大"，共计 4 组。

　　"所占比例"可以看出该单音节词或语素在所属同义词群内的占比情

况。占比最高的是"病"，为 91.5%；占比最低的是"灰"，为 2.8%，体现出同义词在组合数量、组合能力方面的不平衡性。从上表中"所占比例"的具体数字可以看出，只有部分同义词在组合数量、组合能力方面基本均衡，差距不明显，体现出一定范围内的平衡性，但绝大多数同义词体现出较为显著的不平衡性。因不同的同义词群内所含成员数量存在一定的差异性，从 2 个到 6 个不等，我们不再逐一统计"所占比例"的具体分布情况，只举例性描写一下这种不平衡性、不对称性的现象，尝试性阐述一下形成这种不平衡性、不对称性的原因。例如：

"拿、取"组共有 89 个组合，其中"拿"为 14 个，"取"为 75 个。"拿"的 14 个组合中，主要包括两大类，一类是"拿"与"笔""枪""碗""书包""行李""苹果"等形成的开放组合、自由组合，语义透明度较高；另一类是"拿云握雾""拿云捉月""拿粗挟细""捕影拿风"等成语，为黏着组合、固定组合。"取"的 75 个组合中，只有少数的"取款""取书""取票""取报""取信""取邮包""取照片"等开放组合，少数的"杀鸡取卵""探囊取物""哗众取宠""咎由自取"等成语，除这种黏着组合、固定组合外，多数为双音节组合，如"取"前置的"取得""取给""取决""取悦"等，"取"后置的"获取""轻取""妄取""博取""争取""谋取""牟取"等，其中双音节前置型组合数量为 11 个，双音节后置型组合数量为 29 个。"取"为动词性语素，前置型多为"动＋补""动＋名"等组合，少数为"动＋动"；后置型多为"状＋动"（状语性成分表示"取"的方式）、"动＋动"（并列式）。

"拿"和"取"都是表示用手或其他方式拿到、取得，从语体角度来看，"拿"的口语语体更为突出一些，"取"的书面语语体更为突出一些，"取"的组合数量更多，组合能力更强一些。王宁先生指出："大量的语言事实证明，口语词的构词能量，往往低于来自先秦文献语言的文言词。""这种情况所以普遍，一方面是因为口语的单音词尚能独立活动，可以临时组成词组，不必凝固成词；另一方面则是因为口语词是随着白话文进入书面语的，历史的积蕴程度较浅，构词的能量也就相对较低。这里蕴藏着本源词的历史形成的规律。"①

"嘴、口"组共有 197 个组合，详见附二，其中"嘴"为 23 个，"口"为 174 个。"嘴"的 23 个组合中，除了"嘴角""嘴巴""嘴唇""嘴皮子""嘴脸"几个外，主要包括两大类，一类是"动作性语素＋嘴"形成的"动＋名"动宾式组合，如"打嘴""掌嘴""抿嘴""张嘴""闭嘴""堵嘴""噘嘴""亲嘴"，另外一类是"尖嘴猴腮""驴唇马嘴""龇牙咧嘴""磕牙料嘴""牛头不对马嘴"等成语或俗语。"口"的 174 个组合中，多数为双音节和四音节，只有个别为三音节或五音节及以上组合，例如"绕口令""顺口溜""对口词""开口饭""一口气""口服心不服""空口说白话""口惠而实不至""宁为鸡口，毋为牛后"等。双音节共 77 个，其中前置型共 49 个、后置型共 28 个。前置型主要包括"口"＋"名词性语素"、"口"＋"动词性语素"及"口"＋"形容词性语素"，第一种如"口腔""口器""口角""口舌""口齿""口腹""口形"等，第二种如"口谈""口述""口译""口称""口传""口授""口试""口算"等，第三种如"口紧""口松""口讷""口臭"；后置型主要包括"动词性语素"＋"口"及"形容词性语素"＋"口"，前者如"开口""张口""松口""改口""住口""闭口""缄口"等，后者如"海口""苦口"等。四音节共有 84 个组合，多为"口碑载道""口若悬河""口是心非""口说无凭""口诛笔伐""口中雌黄"等成语。

"嘴"和"口"是人或动物进饮食的器官，有的也是发音器官的一部分。从语体角度来看，"嘴"的口语语体色彩更突出一些，"口"的书面语语体色彩更突出一些，"口"的组合数量更多，组合能力更强一些。古时

---

① 王宁：《汉语语言学与语文教学》，《中国社会科学》，2000 年第 3 期。

的"口"等于现在的"嘴",作为人或动物饮食、发声的器官,"口"是人或动物体内与外沟通的孔道,所以常用"口"来比喻,例如"洞口""山口""关口"等,它与"孔""库"等同源。"嘴"在"唐以前多指鸟的嘴",后来词义范围进一步扩大,义域增大,并逐渐在口语表达中占据优势。王凤阳先生指出:"'嘴'原来是鸟的嘴,鸟的嘴一般都是从头部凸出来,因此意见东西凸出来的部分往往也叫'嘴'。"[①] 所以,"山嘴"指山凸出在江心的部分,"沙嘴"指江中沙滩凸出的部分,这种组合是"口"所没有的。

"鞋、履"组共有 77 个组合,其中"鞋"为 66 个,"履"为 11 个。"鞋"的 66 个组合中,主要包括两大类,"鞋"+"名词性语素"构成"鞋"的各个组成部分,例如"鞋帮""鞋脸""鞋底""鞋跟""鞋掌""鞋带",另一类是"名词性语素"、"动词性语素"或"形容词性语素"+"鞋"构成"鞋"的各种类型。从语义来看,后一种的前位语素类型较为丰富,有的是性别类、年龄阶段类语素,如"男鞋""女鞋""坤鞋""童鞋"等;有的是材料类语素,如"布鞋""草鞋""棉鞋""皮鞋""胶鞋""棉胶鞋""塑料鞋"等;有的是外形具有某种特点的语素或词语,如"弓鞋""船鞋""高帮鞋""高跟鞋""平跟鞋""坡跟鞋""绣花鞋""钉鞋"等;有的是某种场合、某种作用类词或语素,如"球鞋""旅游鞋""足球鞋""网球鞋""田径鞋""溜冰鞋""滑雪鞋""射击鞋""拳击鞋""芭蕾舞鞋"等。有的"动词性语素"+"鞋"构成定中式,前面的"动词性语素"充当修饰性成分,如"跑鞋""拖鞋""靰鞡鞋"等;有的"动词性语素"+"鞋"构成动宾式,前面的"动词性语素"充当支配性成分,如"上鞋""编鞋""楦鞋""穿鞋""穿小鞋""脱鞋"等。"履"的 11 个组合中,主要为四音节的成语,例如"冠履倒置""屣履造门""削足适履""正冠纳履""不衫不履""郑人买履"等。

---

① 王凤阳:《古辞辨》,中华书局,2011 年,第 130 页。

"鞋"和"履"都是指穿在脚上、走路时着地的东西,两者的主要区别在于语体,"鞋"的口语语体色彩更突出一些,"履"的书面语语体色彩更突出一些,但是与上所述"拿、取""嘴、口"不同,"鞋"的组合数量更多,组合能力更强一些。

为什么有的口语语体词组合能力强,有的文言书面语词组合能力强?语体因素究竟在哪些范围内、在多大程度上影响着词语的组合能力?从整体来看,应该是文言书面语词组合能力更强一些。带着这个疑问,我们整理了所搜集材料范围内因语体差异而形成的同义词词群的组合数据,最后一列"强势语体"是指哪种语体的同义词组合数量多,书面语语体组合数量多时注为"书",口语语体组合数量多时注为"口"。具体情况如下表。

表3 部分语体差异同义单位组合能力统计表

序号	同义词/语素群	成员	组合数量	组合总量	所占比例	强势语体
1	道、路、径	道	96	252	38.1%	口
		路	144		57.1%	
		径	12		4.8%	
2	拿、取	拿	14	89	15.7%	书
		取	75		84.3%	
3	赠、送	赠	14	44	31.8%	口
		送	30		68.2%	
4	纵、竖	纵	9	15	60.0%	书
		竖	6		40.0%	
5	犬、狗	犬	55	120	45.8%	口
		狗	65		54.2%	
6	丢、失	丢	16	92	17.4%	书
		失	76		82.6%	
7	输、败	输	14	70	20.0%	书
		败	56		80.0%	

续表

序号	同义词／语素群	成员	组合数量	组合总量	所占比例	强势语体
8	看、望、见、观、视、睹	看	51	381	13.4%	书
		望	51		13.4%	
		见	88		23.1%	
		观	61		16.0%	
		视	114		29.9%	
		睹	16		4.2%	
9	绳、索	绳	29	48	60.4%	口
		索	19		39.6%	
10	亡、死、故	亡	41	236	17.4%	口
		死	187		79.2%	
		故	8		3.4%	
11	舟、船	舟	21	120	17.5%	口
		船	99		82.5%	
12	眼、目	眼	182	306	59.5%	口
		目	124		40.5%	
13	泣、泪、涕	泣	8	52	15.4%	口
		泪	38		73.1%	
		涕	6		11.5%	
14	关、闭	关	5	32	15.6%	书
		闭	27		84.4%	
15	帮、助	帮	17	62	27.4%	书
		助	45		72.6%	
16	停、止	停	26	61	42.6%	书
		止	35		57.4%	
17	教、授	教	13	24	54.2%	口
		授	11		45.8%	

续表

序号	同义词／语素群	成员	组合数量	组合总量	所占比例	强势语体
18	植、种	植	11	27	40.7%	口
		种	16		59.3%	
19	人、民	人	548	666	82.3%	口
		民	118		17.7%	
20	放、置	放	17	46	37.0%	书
		置	29		63.0%	
21	甜、甘	甜	15	41	36.6%	书
		甘	26		63.4%	
22	鞋、履	鞋	66	77	85.7%	口
		履	11		14.3%	
23	疾、病	疾	16	189	8.5%	口
		病	173		91.5%	
24	返、回	返	47	143	32.9%	口
		回	96		67.1%	
25	嘴、口	嘴	23	197	11.7%	书
		口	174		88.3%	
26	乳、奶	乳	25	66	37.9%	口
		奶	41		62.1%	
27	坟、墓	坟	11	33	33.3%	书
		墓	22		66.7%	
28	焚、烧	焚	17	62	27.4%	口
		烧	45		72.6%	
29	树、木	树	98	133	73.7%	口
		木	35		26.3%	
30	追、逐	追	34	45	75.6%	口
		逐	11		24.4%	

　　在以上 30 组同义词 / 语素群中，"强势语体"为"书"的共 12 组，"强势语体"为"口"的共 18 组。其中，"教"与"授"的组合数量相差不大，"教"为 13 个，"授"为 11 个。首先需要指出，这里统计得出的组合数量并不等同于该词或语素的构词能力，因为同义词材料来自《现代汉语搭配词典》，与《现汉》《倒序现代汉语词典》不同，《现代汉语搭配词典》中的组合搭配整体不仅包括词语、成语，还包括一些临时性的常用组合，所以取材范围的不同对数据有一定的影响。从上述表格可以看到，书面语词在组合数量、组合能力方面并不占有绝对的压倒性优势，但体现出书面语词和口语词在组合对象上各有自己的特色。书面语词产生历史较长，历史积蕴程度较深，在古语词、成语等的组构方面具有一定的优势，但有些单音节书面语词在历史演变过程中，逐渐丧失独立性，成为语素，组构能力、组构对象体现出较强的时代性、历史性，而同语义场的其他口语词成员表现较为活跃，不仅可以组成临时的词组，在后来各时期的词语产生（新词语）时也积极参与，从而使得这部分口语词的组合数量、组合能力并不低于书面语词。个别书面语词因其历史积蕴程度较深，在词义、词源或某方面具有自身独特的表现力，被人们重新启用构成新词。并且，就大多数同义的并列式复合词来说，在前成分往往组合能力更强、更活跃，居后的成分往往要弱一些。

　　关于语体对构词或组合能力的影响的研究，应该在语言发展的不同阶段，依靠信息化、技术化手段，对语料进行封闭统计，依据其新旧质变化、口书调整等因素，统计清楚各个相对共时阶段的数据后，再来探讨这个问题更为合适。这里面的问题主要在于，口、书究竟如何界定？不同时期本身差异较大。语料如何筛选？范围到底有多大？现阶段，我们只能在某一时期、某一范围内讨论口语语体和书面语语体哪个组合数量更多一些、构词能力更强一些，不宜笼统讨论此问题。

二　组合对象的不对称性

张志毅、张庆云先生指出："同一义场，具有互补关系的 a、b 两个或 a、b、c、d 几个义位 / 义素，在相互制约的规则下，以互补分布的形式同其他义位 / 义素组合。这也就是人们常说的同义系统或同一义场中的义位互相制约关系。"[①] 从"穿"和"戴"各自组合对象的角度，阐述了两者的互补分布情况。

　　穿：① （上身）～衣服 | ～大衣 | ～军装 | ～警服 | ～西服 | ～上衣 | ～夹克 | ～褂子 | ～坎肩 | ～红着绿。

　　② （下身）～裤子 | ～裙子 | ～连裆裤。

　　③ （脚）～鞋子 | ～靴子 | ～袜子 | ～小鞋。

　　戴：① （头）～帽子 | ～首饰。

　　② （面）～面纱 | ～眼镜 | ～口罩 | ～耳环。

　　③ （颈）～领巾 | ～围巾 | ～领带 | ～项链 | ～领章。

　　④ （胸）～勋章 | ～奖章 | ～胸章 | ～胸花。

　　⑤ （臂）～套袖 | ～袖章 | ～袖标。

　　⑥ （手）～手套 | ～戒指 | ～手镯 | ～手铐。

　　⑦ （脚）～脚镣 | ～脚链。

　　郝瑜鑫从经常性组合对象的角度分析了"穿"和"戴"的区别，指出："'穿'类动词的宾语成分都跟衣物、首饰有关，但是又有比较明确的分工，词项'穿'的宾语成分多为衣物，'戴'以帽子、首饰类为主。"[②]

---

① 张志毅、张庆云：《词汇语义学》（第三版），商务印书馆，2012 年，第 186 页。
② 郝瑜鑫：《汉语同语义类动词搭配研究——第二语言教学视角》，社会科学文献出版社，2017 年，第 126 页。

具体来看，"穿"主要组合对象为衣物概称、上衣类、裤裙类、鞋袜类及其他类，"戴"主要组合对象为帽子类、首饰类、眼镜类、花类、袖章类及其他类。

王新、崔希亮从"房"和"屋"组合对象的角度发现，竹房、冰房、石房、木房、土房、草房、房顶等组合中的"房"均可以替换为同义词"屋"，但是同房、茅房、练歌房、健身房、卧房、偏房等组合中的"房"不可以替换为"屋"，居酒屋、咖啡屋、拉面屋等组合中的"屋"不可以替换为"房"，主要"从本义语义特征滞留、词源义滞留、所指空间范围差异三个方面，辅以使用频率的差异，分析了'房'和'屋'在组词方面的不对称现象"。①

义位组合能力问题，一定程度上表现出了组合的对象问题。组合能力较强、组合数量较多的义位，组合对象也较多；组合能力较弱、组合数量较少的义位，组合对象也较少。但是，两者并不完全等同，以同义和反义义位为例，组合数量较多的义位，其组合对象并不能完全涵盖组合数量较少的义位的组合对象，组合数量较少的义位，其组合对象也有特殊之处。鉴于组合对象与组合能力问题具有一定的关联性，为使研究具有较强的操作性，我们仍然从同义义位和反义义位两个角度阐述组合对象的不对称问题。

（一）同义义位组合对象的不对称性

具体以"犬——狗""声——音"两组为例，简要探讨同义义位组合对象的不对称问题。

1. 犬——狗

"犬"和"狗"的组合共有 120 个，其中"犬"的组合 55 个，"狗"的组合 65 个，两者组合数量相差并不是很大。具体组合情况如下：

---

① 王新、崔希亮：《"房"和"屋"组词不对称研究》，《语文研究》，2021 年第 3 期。

A. 犬（55个）

犬牙｜犬齿｜犬马｜犬儒｜犬子｜狼犬｜猎犬｜牧犬｜警犬｜军犬｜军用犬｜狂犬病｜犬马齿穷｜犬马齿索｜犬马恋主｜犬马之劳｜犬马之力｜犬马之命｜犬马之疾｜犬马之年｜犬马之齿｜犬马之心｜犬马之诚｜犬马之恋｜犬马之报｜犬马之养｜犬牙鹰爪｜犬牙交错｜犬牙相错｜犬牙相制｜犬牙相临｜犬牙盘石｜牧羊犬｜犬不夜吠｜犬吠之警｜犬吠驴鸣｜犬兔俱毙｜鸡犬桑麻｜顾犬补牢｜粤犬吠雪｜蜀犬吠日｜桀犬吠尧｜鸡犬不宁｜鸡犬不留｜鸡犬不惊｜声色犬马｜鸡鸣犬吠｜东门黄犬｜丧家之犬｜放鹰逐犬｜画虎类犬｜画虎不成反类犬｜虎落平川被犬欺｜一人得道，鸡犬升天｜鸡犬之声相闻，老死不相往来

B. 狗（65个）

狗窝｜狗窦｜狗舍｜狗洞｜狗吠｜狗叫｜狗命｜狗屁｜狗屎堆｜狗腿子｜雄狗｜雌狗｜公狗｜母狗｜小狗｜家狗｜野狗｜疯狗｜狼狗｜猎狗｜巴儿狗｜哈巴狗｜狮子狗｜走狗｜看家狗｜落水狗｜癞皮狗｜狗头军师｜狗皮膏药｜狗吠之惊｜狗吠之警｜狗吠非主｜狗仗人势｜狗运亨通｜狗胆包天｜狗血喷头｜狗尾续貂｜狗急跳墙｜狗拿耗子｜狗追耗子｜狗屁不通｜狗彘不食｜猪狗不如｜狼心狗肺｜狐群狗党｜鸡鸣狗盗｜鼠窃狗盗｜鼠窃狗偷｜兔死狗烹｜蝇营狗苟｜行同狗彘｜鸡飞狗走｜鸡零狗碎｜泥猪瓦狗｜偷鸡摸狗｜指鸡骂狗｜画虎类狗｜画虎成狗｜狗眼看人低｜狗咬吕洞宾｜打狗看主人｜狗嘴里长不出象牙｜挂羊头，卖狗肉｜狡兔死，良狗烹｜嫁鸡随鸡，嫁狗随狗

对比后，我们可以发现，两者可以共同组合的对象非常少，例如"猎犬""猎狗"。虽然在词典中只收录了"犬牙"，未收录"狗牙"；只收

录了"狗吠",未收录"犬吠",但"狗牙"和"狗吠"是可以组合的。整体来看,"犬"和"狗"组合对象基本不交叉,而是呈现出互补分布的状况。如,可以组合为"犬马、犬儒、犬子",不能组合为"狗马*、狗儒*、狗子*";可以组合为"狗窝、狗叫、狗命、狗屁",不能组合为"犬窝*、犬叫*、犬命*、犬屁*"。

除个别双音节、三音节词语外,"犬"和"狗"大多数为四音节及以上的成语或惯用语,含"犬"的多来自古典诗文、古典文学作品,整体的典雅性略高,其中又以"犬马"和"犬牙"的组合占大多数;含"狗"的来自口头俗语或民间新的创造,整体的通俗性、鲜活生动性略高。同样是表示不同的类别,两者也有一定的差异。"犬"多从表示功能的角度划分类别,如"猎犬、牧犬、警犬、军犬、军用犬";"狗"的组合更为自由,既有表示功能角度划分的"猎狗",也有雌雄角度的"雄狗、雌狗、公狗、母狗"等,也有体型、生长范围的"小狗、家狗、野狗、疯狗"等,还有表示感情色彩的"巴儿狗、哈巴狗、狮子狗、走狗、看家狗、落水狗、癞皮狗"等,具有较强的表现力,这方面"犬"没有"狗"的组合对象广。

王凤阳先生详细考察并梳理了"犬"和"狗"在文献中的使用情况,指出:"春秋以前的作品中,只见'犬'字,不见'狗'字。""战国的典籍中则'犬''狗'同用,而且'狗'的应用量逐渐超过了'犬'的应用量。""在战国时代,'狗'已经成为'犬'的别名,而且已经开始取代'犬'了。"[①]

2. 声——音

"声"和"音"的组合共有 287 个,其中"声"的组合 144 个,"音"的组合 143 个,两者组合数量基本相当。具体组合情况如下:

---

① 王凤阳:《古辞辨》,中华书局,2011 年,第 109 页。

A. 声（144 个）

声音｜声响｜声息｜声气｜声波｜声浪｜声场｜声速｜声障｜声频｜声幅｜声谱｜声部｜声乐｜声调｜声腔｜声情｜声色｜声学｜声韵学｜声门｜声带｜声控｜响声｜欢声｜厉声｜曼声｜粗声｜浊声｜大声｜高声｜轻声｜细声｜悄声｜立体声｜呼声｜叫声｜喊声｜笑声｜哭声｜杀声｜回声｜和声｜掌声｜鼾声｜枪声｜炮声｜风声｜雨声｜钟声｜谬声｜鼓声｜木鱼声｜鸟声｜虫声｜人声｜男声｜女声｜童声｜心声｜相声｜先声｜尾声｜连声｜应（yīng）声｜出声｜作声｜吭声｜应（yìng）声｜失声｜吞声｜嚷声｜有声｜无声｜留声机｜有声片｜无声片｜原声带｜传声筒｜扬声器｜消声器｜超声波｜象声词｜应声虫｜百舌之声｜靡靡之声｜郑卫之声｜粗声粗气｜瓮声瓮气｜细声细气｜闷声闷气｜怯声怯气｜失声痛哭｜厉声斥责｜连声称赞｜应声而至｜不动声色｜悄无声息｜寂然无声｜诺诺连声｜不敢吭声｜声音笑貌｜声情并茂｜声如洪钟｜声气相投｜声气相求｜声应气求｜声泪俱下｜声嘶力竭｜声色俱厉｜声色犬马｜声色狗马｜先声夺人｜有声有色｜绘声绘色｜无声无臭｜无声无息｜唉声叹气｜低声下气｜死声活气｜随声附和｜人声鼎沸｜欢声雷动｜鼾声如雷｜风声鹤唳｜大声疾呼｜怨声载道｜销声匿迹｜屏声息气｜沉湎声色｜不动声色｜燕语莺声｜鸦雀无声｜异口同声｜饮恨吞声｜忍气吞声｜泣不成声｜吠形吠声｜吠影吠声｜走漏风声｜空谷传声｜掷地有声｜同声相应｜鸡犬之声相闻，老死不相往来

B. 音（143 个）

音系｜音级｜音列｜音区｜音域｜音位｜音值｜音波｜音速｜音响｜音程｜音阶｜音频｜音强｜音势｜音高｜音长｜音量｜音色｜音品｜音质｜音名｜音准｜音变｜音韵｜音韵学｜音标｜音缀｜音素｜音节｜音读｜音序｜音组｜音律｜音乐｜音符｜音带｜

音叉｜音容｜音译｜音义｜音像｜声音｜标准音｜国音｜字音｜语音｜方音｜乡音｜土音｜读音｜重音｜口音｜单音｜复音｜元音｜介音｜辅音｜母音｜子音｜尾音｜谐音｜同音｜高音｜中音｜低音｜古音｜今音｜直音｜切音｜基音｜纯音｜泛音｜陪音｜颜音｜擦音｜摩擦音｜塞音｜滑音｜尖音｜团音｜响音｜清音｜池音｜沙音｜杂音｜噪音｜全音｜半音｜伴音｜回音｜余音｜乐音｜嗓音｜喉音｜鼻音｜唇音｜心音｜知音｜正音｜失隔音｜译音｜注音｜拼音｜正音法｜译音表｜回音壁｜播音员｜收音机｜录音机｜录音带｜扩音机｜拾音器｜微音器｜超音速｜八音盒｜定音鼓｜同音词｜语音学｜发音｜播音｜配音｜灌音｜录音｜收音｜绕梁之音｜靡靡之音｜亡国之音｜郑卫之音｜濮上之音｜弦外之音｜山谷回音｜音容笑貌｜音容宛在｜音容凄断｜音声如钟｜余音袅袅｜余音缭绕｜余音绕梁｜足音跫然｜知音识曲｜空谷足音｜鹿死不择音

对比后发现，"声"和"音"共有的组合对象也不是很多，如"声波""音波"，"靡靡之声""靡靡之音"，"郑卫之声""郑卫之音"，"声韵学""音韵学"，"声频""音频"，"声调""音调"等，而且在这几个组合中，也有使用频率多少的差异。另外，"声色"（不动声色、声色犬马）不同于"音色"，"声乐"不同于"音乐"，"高声"不同于"高音"，"声响"不同于"音响"，有的是语素不同，有的是语素相同但语素义不同，有的是语素义也相同但侧重点不同。整体来看，"声"和"音"组合对象极少交叉，基本呈现出互补分布的状况。如，可以组合为"呼声、叫声、喊声、笑声、哭声、杀声、掌声、鼾声、枪声、炮声、风声、雨声"等，不能或不宜组合为"呼音＊、叫音＊、喊音＊、笑音＊、哭音＊、杀音＊、掌音＊、鼾音＊、枪音＊、炮音＊、风音＊、雨音＊"等；可以组合为"音标、音缀、音素、音节、音译、音义、音像、标准音、国音、字音、语音、方音、乡音、土音、读音、重音、口音、单音、复音、元音、介音、辅音、母音、子音、尾音、同音、古音、今音、直音、切音",不能或不宜组合为"声标*、声缀*、声素*、声节*、声译*、声义*、标准声*、国声*、字声*、语声*、方声*、乡声*、土声*、读声*、重声*、口声*、单声*、复声*、元声*、介声*、辅声*、母声*、子声*、尾声*、今声*、直声*、切声*"。

"声"类的组合中,双音节与四音节的基本等同;"音"类的组合中,双音节远远高于四音节。"声"类的组合中,除成语外,双音节中居后组合高于居前组合,"声"前可以加名词性语素、形容词性语素、动词性语素、区别词性语素等,组合成"细声、悄声、呼声、叫声、喊声、掌声、鼾声、枪声、鼓声、木鱼声、鸟声、虫声、人声、男声、女声、童声、心声、应声、出声、作声、吭声、失声、吞声、嚷声"等。"音"类的组合中,双音节占优势,主要是新创造的、与发音部位和发音方法等有关的语音学术语,如"音强、音势、音高、音长、音量、音色、单音、复音、元音、介音、辅音"等。在古文献中,"声"的意义范围较广,凡是物体撞击、振动产生的声音都可以叫"声",使用范围、组合对象较为广泛;"音"的意义范围较窄,只有那些有旋律、有节奏的乐音才叫"音",使用范围、组合对象较窄。进入现代汉语中,随着语音学的发展,产生了一批相关术语,"音"的组合对象逐渐增多。

（二）反义义位组合对象的不对称性

具体以"早——晚""南——北"两组为例,简要探讨反义义位组合对象的不对称问题。

1. 早——晚

"早"在《现汉》中居前组合共有 35 个,在《倒序现代汉语词典》中居后组合共有 10 个;"晚"在《现汉》中居前组合共有 36 个,在《倒序现代汉语词典》中居后组合共有 6 个,两者的整体组合数量差别不大。

"早""晚"可以同时组合的对象包括：

> 早安——晚安、早班——晚班、早半晌儿——晚半晌儿、早半天儿——晚半天儿、早餐——晚餐、早场——晚场、早车——晚车、早春——晚春、早稻——晚稻、早饭——晚饭、早年——晚年、早期——晚期、早秋——晚秋、早上——晚上、早熟——晚熟、早霜——晚霜[1]、早霞——晚霞、早育——晚育

具有共同组合对象的包括 18 个，另有"早晚"是由两者所组成。可以看到，可以同时与某一对象同时组合，主要是居前组合，作为首字时出现，居后组合暂无。即前一语素相反相对，后一语素相同。前面语素相同，后面语素相反相对，暂无。

"早点——晚点"在形式上对称，意义上并不不对称。"早点"是指"早晨吃的点心；早饭"。"晚点"是指"（车、船、飞机）开出、运行或到达迟于规定时间"。"早点"和"晚点"的"点"并非同一个语素。

在《现汉》和《倒序现代汉语词典》中无共同组合对象的包括：

> 早：早操、早茶、早产、早晨、早出晚归、早慧、早恋、早期白话、早日、早市、早衰、早退、早先、早已、早早、趁早、迟早、及早、绝早、明早、清早、提早、一早、一清早、早早儿
>
> 晚：晚报、晚辈、晚会、晚婚、晚间、晚节、晚近、晚景、晚境、晚练、晚娘、晚生、晚世、晚霜[2]、晚宴、晚造、晚妆、傍晚、多早晚、下晚儿、夜晚、一天到晚

其中，"早"共 25 个，"晚"共 22 个，这体现出了反义义位的独特组合对象。但同时应该看到，个别词语的收录也与辞书的选词立目有关，例

如收录了"早恋"，没有收录"晚恋"；收录了"晚婚"，没有收录"早婚"；收录了"早产"，没有收录"晚产"；收录了"晚报"，没有收录"早报"等。同时，《倒序现代汉语词典》因为年代的关系，收录了一些今天不多见的词语。再如，与"晚辈"对应的是"前辈"，而不是"早辈*"，与"前辈"对应的既有"晚辈"，也有"后辈"，"后辈"在《现汉》中释义为"①后一代或后几代的人，指子孙。②同行中年轻的或资历浅的人"，与"前辈"的义项、释义对应较为工整。

2. 南——北

"南"在《现汉》中居前组合共有 47 个，在《倒序现代汉语词典》中居后组合共有 8 个；"北"在《现汉》中居前组合共有 38 个，在《倒序现代汉语词典》中居后组合共有 11 个，两者的整体组合数量差别也不是很大。"南""北"可以同时组合的对象包括：

> 南半球——北半球、南边——北边、南朝——北朝、南方——北方、南非——北非、南瓜——北瓜、南国——北国、南寒带——北寒带、南回归线——北回归线、南货——北货、南极——北极、南极圈——北极圈、南温带——北温带、南面——北面、南欧——北欧、南齐——北齐、南曲——北曲、南宋——北宋、南纬——北纬、东南——东北、华南——华北、淮南——淮北、江南——江北、西南——西北

具有共同组合对象的包括 24 个，另有"南北"是由两者所组成。可以看到，可以同时与某一对象组合，既有居前组合，作为首字时出现的，也有居后组合。即前一语素相反相对、后面成分相同的有 19 个。前面语素相同、后面语素相反相对的有 5 个。整体对应形式较为工整。

在《现汉》和《倒序现代汉语词典》中无共同组合对象的包括：

南：南梆子、南北朝、南昌起义、南斗、南豆腐、南宫、南管、南郭、南胡、南京大屠杀、南柯一梦、南门、南明、南腔北调、南式、南糖、南味、南戏、南下、南亚、南洋、南音、南辕北辙、南乐、南针、南征北战、南竹、岭南、司南、指南

北：北辰、北斗星、北豆腐、北伐战争、北方话、北极光、北极星、北极熊、北京人、北京时间、北京猿人、北漂、北山羊、北上、北魏、北洋、北洋军阀、北野、北周、败北、口北、山南海北、天南地北、追奔逐北

其中，"南"共30个，"晚"共24个，多为专有名词及成语。

三　组合意义的不对称性

吕叔湘先生对"前"和"后"与其他成分组合后的意义进行了分析，指出其不对称性，"'前'可以指过去，也可以指未来；'后'只能指未来，不能指过去"[1]。"前"指过去的，例如"前天、前年、前人、前辈、前事不忘、前车之鉴"；"前"指未来的，例如"前程远大、前途无量、前景光明"；"后"指未来的，例如"后天、后年、后人、后辈、后顾茫茫、后患无穷"。

与"白眼"意义相对的不是"黑眼"，而是"青眼"。"青眼"在《现汉》中释义为："眼睛正着看，黑色的眼珠在中间，是对人喜爱或重视的一种表情（跟"白眼"相对）。"

组合意义的不对称性，可以分别从不同类型组合意义的中性及褒贬色彩不对称性、语体不对称性以及组合意义数量多寡的不对称性等角度进行讨论。从不同类型组合意义的中性及褒贬色彩不对称性、语体不对称性角

---

① 　吕叔湘:《语文杂记》，生活·读书·新知三联书店，2008年，第132页。

度来看，又体现在本义的不对称性、一般引申义的不对称性、比喻义的不对称性、借代义的不对称性等角度。从组合意义数量多寡的不对称性角度来看，则更为普遍，同义义位或反义义位只有少数体现出整齐的对应性，绝大多数不对应，这类在语言现象中普遍存在。只就比喻义褒贬的不对称性举一例进行说明，如"近视"和"远视"的义项：

　　【近视】 形 ❶ 视力缺陷的一种，能看清近处的东西，看不清远处的东西。近视是由于眼球的晶状体和视网膜的距离过长或晶状体屈光力过强，使进入眼球的影像不能正落在视网膜上而落在视网膜的前面造成的。❷ 比喻眼光短浅。（《现汉》）

　　【远视】 形 ❶ 视力缺陷的一种，能看清远处的东西，看不清近处的东西。远视是由于眼球的晶状体和视网膜间的距离过短或晶状体屈光力过弱，使进入眼球中的影像不能落在视网膜上而落在视网膜的后面造成的。❷ 比喻眼光远大：她在生活中保持了平和～的乐观态度。（《现汉》）

　　可以看到，两者的义项对应比较整齐，但是本义均为视力缺陷的一种，"远视"的比喻义含褒义，"近视"的比喻义含贬义。组合意义的不对称性在语言中较为普遍地存在，不再一一论述。

　　除以上论述的义位组合能力、组合对象、组合意义的不对称性外，义位组合的缩略简化也存在不对称性，如"白种人""黑种人"可以简称为"白人""黑人"，而"黄种人"不能简称为"黄人"，我们另撰文阐述。

第三章　义位组合的规则

贾彦德先生在研究义位搭配的现实依据时指出:"义位之间是否可以搭配,固然要受语义上的制约,但归根结底是受社会、现实情况的制约。"[①]例如:"我们从北京乘火车直达华盛顿""这根冰棍刚煮熟,趁热吃吧""现在是三点七十四分"等表述,符合句义结构的要求,但如果不是出现在童话、神话等特殊作品中,它们是无法成立的,因为这些搭配是违背现实、情理的。

张志毅、张庆云先生指出:"语义规则的核心,是义位协调组合的可接受性(acceptability),它是指受过教育的操母语的人所说的话有条理性,不会引起'奇异反应'。(蒯因)"[②]因此,本书是在符合现实依据、不会引起人们奇异反应的前提下,讨论义位组合的规则问题。需要指出的是,汉语义位组合的规则是在多种因素共同作用下形成的,用一种组合规则只能解释一部分语言事实。组合规则带有强烈的倾向性,而非强制性。

第一节　体点规则

本节我们详细阐述了语素间组合的体点规则这一新范畴,体点规则

[①]　贾彦德:《汉语语义学》,北京大学出版社,1999 年,第 267 页。

[②]　张志毅、张庆云:《词汇语义学》(第三版),商务印书馆,2012 年,第 176 页。

即"基体"+"焦点"的认知组合。我们以《现汉》[①]为封闭域进行全量统计分析，共得到体点规则的 1304 个义位，广泛分布在人体场、动物场、植物场、建筑场、空间场等十一个语义场内。从前后两个语素的语义关系上来看，体点规则可分为"整体 + 部分""主体 + 附件""上位 + 下位"三个次范畴。

我们注意到，现代汉语中有这样一类组合，双音的如"手指、果肉、车把"，三音节的如"市中心、指头肚、省市县"，四音节的如"首都北京、港城烟台、白圭之砧"等。从前后语素间的语义关系上来看，前一个语素的义域大、多、广，后一个语素的义域小、少、狭，形成"义域大 + 义域小""义域多 + 义域少""义域广 + 义域狭"的组合。这样的组合是一种偶然的约定俗成，还是具有一定的规则性、倾向性？如果是后者，那么有没有与其相反的例子？

认知语言学的"焦点 / 背景"（Figure-Ground）理论是以凸显（prominence）原则为基础的，该理论认为"'焦点'是一个格式塔，是突出的实体，是我们感知到的事物；'背景'则是尚未分化的、衬托焦点的东西"[②]。当我们观察身边某一个物体时，比如山头上的一座塔或桌子上的一本书，我们通常会把塔或书作为注意的中心焦点（figure），把山或桌子作为认知的背景（ground）。因此，相对于"背景"，"焦点"具有凸显性，是认知域中最显著的中心实体，而"背景"则是围绕"焦点"的，并为"焦点"的存在提供一个环境。

义位间及义位内的组合中也存在基体与焦点组合的情况，正如上面所举的例子一样。我们在焦点 / 背景理论启发下，分析研究了汉语义位组

---

① 本节初稿发表于 2014 年第 3 期的《汉语学习》，在恩师张志毅先生指导下完成，材料依据《现汉》第 6 版，收录进本书时进行了修改，重新根据《现汉》第 7 版处理了材料，部分数据较之前有所变动。

② 李福印编著：《认知语言学概论》，北京大学出版社，2008 年，第 307 页。

合情况。义位组合中的前一个语素多为认知的背景、基体，后一个语素多为注意的焦点、中心，即"基体"+"焦点"的认知组合，张志毅先生将这一规则进一步概括为义位组合的"体点规则"。"体，指认知基体（base），包括整体、群体，就是认知背景或认知辖域，尤其是跟'点'相关度较大的直接辖域。点，指认知中注意的焦点，常被突显为侧面（profile），包括部分、个体。""体辖点，就是大辖小。"[①]

而在过去的研究中，体点规则的有关研究对象被笼统地称为语素间的总分关系、上下位关系、种属关系，还有的归为语素间的类义、同义、近义或相关关系中。值得注意的是廖秋忠、张博、董秀芳、方清明、张志毅等学者的研究。

廖秋忠归纳出汉语名词性并列结构排列顺序的10条原则，即重要性原则、时间先后原则、熟悉程度原则、显著性原则、积极态度原则、立足点原则、单一方向原则、同类原则、对应原则、其他原则（礼貌原则、由简至繁原则）。[②]张博考察了调序和意义对先秦并列式连用词序的制约作用，对于名加名组合，认为"词义范围广的、出现频率高的词在前，这一排列词序大概是受上古汉语'大名冠小名'结构形式的影响"[③]。

董秀芳探讨了汉语词汇系统及句法层面存在的整体与部分关系，认为在词汇与句法上都得到了显著编码。"在'整体＋部分'式复合词中，整个复合词的意思指的是部分，所以表示部分的词语或语素是焦点或语义上的主要成分，表示整体的词或语素只是修饰成分。由此看出，在汉语句法结构和词汇组织中所反映的整体部分语义关系中，部分都是焦

---

① 张志毅、张庆云：《词汇语义学》（第三版），商务印书馆，2012年，第196页。

② 廖秋忠：《现代汉语并列名词性成分的顺序》，载《廖秋忠文集》，北京语言学院出版社，1992年，第209页。

③ 张博：《先秦并列式连用词序的制约机制》，《语言研究》，1996年第2期。

点。"^①方清明和王葆华（2012）也专文探讨了汉语整体部分关系的判断标准、类型以及与其他语义关系的纠葛、分界等问题。

张志毅、张庆云（1994，2011，2012）较早并系统地研究、概括出了义位组合的规则，包括选择规则和序列规则两类。"语义组合的微观世界是义位组合。义位组合包括：A. 位位内部组合，即素义之间的组合；B. 义位外部组合，即义位之间的组合。"^②本节主要讨论 A 类组合，即义位内部素义之间的组合，组合整体的形式上以双音节为主。"义位组合规则研究的前景，应该在数理逻辑帮助下，向各个研究群象辐射，运用元语言（比自然语言具有的更高的阶 /scale，即等级），使该项研究减少随意性、个别性、非公理性，增加系统性、普遍性、公理性。"^③在这一研究思想的指导下，我们运用归纳、演绎相结合的方法，以《现汉》为封闭域进行全量统计分析。由于数量较多，我们将研究对象锁定于《现汉》名词性语素组成的双音节词语。与其他词类相比，名词具有显著的空间义特征，体点规则表现最为明显。

我们按语义场将义位归类并统计，分析义位内部素义之间的关系后，分为"整体＋部分""主体＋附件""上位＋下位"三个次范畴。

一　语义场分类

《现汉》中符合体点规则的义位共计 1304 个，^④分布在人体场、动物场、植物场、建筑场、空间场、机具场、用品场、衣物场、文教场、时

---

① 董秀芳：《整体与部分关系在汉语词汇系统中的表现及在汉语句法中的突显性》，《世界汉语教学》，2009 年第 4 期。
② 张志毅、张庆云：《词汇语义学》（第三版），商务印书馆，2012 年，第 172 页。
③ 同上注，第 201 页。
④ 由于采用人工统计方法，统计结果可能略有遗漏。

间场及其他共十一个语义场内。[①]

人体场：主要包括表示人体及各器官（人身、脚掌等）、人的排泄物分泌物（耳垢、牙石等）、人的疾病（口疮、脚癣等）等义位，人与动物共有的（骨髓、脑浆等）归入人体场。包括"鼻翅、鼻孔、鼻梁、鼻翼、肚脐、耳垂、耳廓、肛门、骨干①、骨鲠①、骨骺、骨节、脚背、脚跟、脚面、脚心、脚掌、脚趾、眉梢、脑干、脑膜、脑髓、人体、人头①、乳头①、手背、手心①、手掌、手指、头发、头皮①、血清、血脂、牙根、牙垢、牙龈、眼白、眼袋、眼睑、眼角、眼皮、眼球、眼珠、掌心、指骨、指甲、指头、指纹、趾骨、趾甲"等215个义位。

动物场：主要包括表示动物器官（翅脉、鸡冠等）、动物皮毛（马鬃、羊绒等）及其他动物产品等义位，它们大多对动物自身有特殊功用（驼峰、尾鳍等），或对人类有食用（蛋黄、鱼翅等）、药用（鹿角、鹿茸等）或纺织（驼绒、羊毛等）等价值。包括"贝壳、背鳍、鳖边、鳖裙、翅脉、蛋白①、蛋黄、蛋清、鹅毛、鹅绒、腹鳍、龟板、龟甲、鸡冠、鸡肋、脊鳍、龙骨①、鹿角①、鹿茸、卵白、卵黄、马蹄①、马掌①、马鬃、貉绒、牛犊、牛毛、牛腩、牛皮①、犬牙②、蛇胆、蛇足、蹄筋、驼峰①、驼绒①、驼绒②、尾鳍、象牙、蟹黄、胸鳍、鸭绒、羊羔①、羊毛、羊绒、鱼鳔、鱼翅、鱼刺、鱼肚、鱼鳞、鱼子"等67个义位。

植物场：主要表示植物的花、茎、叶、果实等器官，大多是人类食用、药用、日用或工业等用品。包括"茶花、茶叶、豆荚、豆秸、根毛、瓜子①、桂皮②、果皮、果肉、花瓣、花苞、花萼、花粉、花梗、花蕊、花丝、花托、花轴、花柱、莲心①、莲子、莲座①、柳条、柳絮、麦糠、麦芒、麦莛、棉铃、棉桃、棉絮①、棉籽、蒲绒、桑葚、树干、树冠、树梢、树身、松球、松仁、松针、松脂、松子①、桃仁①、桃仁②、杏

---

① 篇幅所限，例子数量超过50个的，仅举50个；少于50个的，全部列出。

仁、叶柄、叶脉、叶鞘、叶肉、竹笋"等 95 个义位。

建筑场：主要包括由人工建造的房屋、道路、桥梁等及其组成部分。包括"碑额、碑首、碑头、碑座、城垛①、城根、城墙、道口、房基、房柁、房檐、闺门、街心、井台、楼板、楼道、楼梯、路肩①、路口、路面、门墩、门额、门槛①、门框、门楣①、门扇、门闩、墓碑、墓室、墓穴、墙根、墙角、墙脚①、墙裙、墙头①、桥洞、桥墩、桥孔、桥头、田垄②、屋脊、屋架、屋檐、校舍、校园、闸口、闸门、宅基、宅门①、柱头①"等 188 个义位。

空间场：包括山川、海洋、河流、地区、方位等。由于建筑物也占有一定的空间，建筑场与空间场存在着交叉关系，我们划分的标准依据《同义词词林》，"《词林》是以是否须由人力建筑为划分'建筑物'与'空间'的界线，如'水路''旱路'列入'空间'类，而'公路''铁路'则列入'建筑物'类"①。因此，有人类活动参与的建筑归入建筑类，其余方位、地区以及自然界未加人化的山河湖海等归入空间类。包括"边塞、边寨、城镇、地表、地极、地幔、地壳、地轴、国道、国都、国家、国土、海岛、海沟、海岭、海盆、海滩、海涂、海湾、海峡、河槽、河床、河道、河段、河谷、河口、河曲、河身、河滩、河沿、山城、山村、山巅、山顶、山峰、山根、山谷、山脊、山涧、山脚、山口、山麓、山头①、山洼、山坞、山峡、山崖、山腰、山嘴、乡村"等 195 个义位。

机具场：主要包括表示各类生产工具、交通工具、武器及其他用具、机器等的义位。包括"靶心、车把、车帮、车筐、车轮、车门①、车牌、车篷、车皮、车圈、车身、车胎、车条、车头、车厢、车辕、车轴、船帮[1]、船舱、船篷、船艄、船舷、刀背、刀锋、刀口①、刀片、刀刃、机舱①、

---

① 梅家驹、竺一鸣、高蕴琦、殷鸿翔：《同义词词林》，上海辞书出版社，1983 年，第 7 页。

机舱②、箭头①、箭镞、犁铧、犁镜、龙头①、龙头②、轮带、轮辐、轮毂、轮机、轮胎、轮辋、炮膛、炮眼①、枪机、枪口、枪栓、枪膛、膛线、舷窗、钻头"等87个义位。

用品场：主要包括表示生活用品、装饰品、家具等义位。包括"贝雕、笔锋①、笔尖①、笔帽、笔头①、笔芯、壁画、秤锤、秤杆、秤钩、秤毫、秤花、秤纽、秤砣、秤星、窗棂、窗扇、窗台、窗沿、床沿、蛋雕、灯苗、灯伞、灯丝、灯头③、灯芯、钉帽、鼎足、根雕、镜框、镜片、锯齿、锯条、炉衬、炉台、炉膛、炉条、炉瓦、墨线①、磨扇、木雕、瓶胆、瓶颈①、扇骨、扇面、箱底①、烟头、椰雕、针眼①、竹刻"等155个义位。

衣物场：主要包括表示衣服、鞋帽、被褥等义位。包括"被里、被面、被套①、被头①、被罩、窗帘、窗幔、窗纱、床单、床帏、床罩、冠冕①、裤裆、裤兜、裤管、裤脚①、裤脚②、裤口、裤腿、裤线、裤腰、领带、领钩、领花①、领花②、领结、领口①、领口②、领章、帽翅、帽耳、帽花、帽徽、帽舌、帽檐、门帘、鞋帮、鞋底、鞋脸、袖标、袖管②、袖口、袖章、衣摆、衣袋、衣兜、衣襟、衣衫、枕套、枕芯"等73个义位。

文体场：主要包括文教体育用品。衣物场和文体场的义位本可归入用品场，由于数量较多，我们单独列出分析研究。包括"版画、版口、版心①、版心②、榜额、榜首、榜尾、榜文、边款、匾文、地脚 dìjiǎo、地头[2]、封底、封口③、封面、封皮①、刊头、篮板①、篮圈、眉端②、眉批、门对、门联、门神、篇目①、篇目②、片头、片尾、棋盘、棋子、钱眼、书背、书脊、书口、书眉、书目①、书皮①、书页、题花、天头、尾花、崖画、崖刻、岩画、页码、页心、印纽、章节、章句①、账目"等82个义位。

时间场：包括"年根、年岁、年尾、年夜、年月、年中、年终、时代、时点、时段、时期、岁初、岁末、岁暮①、岁首、岁月、旬日、月初、月末、月中、月终"21 个义位。

其他场：例如，自然物类的"火苗、日斑、日珥、日光、日冕、日晕、霞光、星光、阳光①、月光、月色、月晕、震源、震中、天轴、天宇"等；语言、文字单位类的"韵头、韵腹、韵尾、词素、语素、笔画、笔划、笔形、词头、词尾、词缀"等；宗教及空无类"魔掌、魔爪、巫婆、巫师"等，以及"尺寸、百十、圆心、基础、基本"等共计 126 个义位。

汉语中符合体点规则的属同一语义场的词汇在构词上往往具有大体一致的编码模式，即"本语义场语素 + 其他语素"，词语中的后一个"其他语素"常由表人体类语素或本语义场语素充当。我们将前一个语素即"本语义场语素"标记为 A 语素，后一个"其他语素"标记为 B 语素。在一个语义场内，A 语素经常是有限的若干个，而每一个 A 语素又与不同的 B 语素组合，A 语素进而"统领"若干个词语。例如，在植物场中，A 语素主要是由"茶、豆、根、瓜、果、花、莲、柳、麦、棉、树、松、桃、叶"等有限的植物场语素充当，B 语素除植物场语素外还由"皮、肉、心、脉、头、毛"等表人体类语素充当，组合成"草皮、果肉、莲心①、叶脉、柱头②、棕毛"等义位。在机具场中，A 语素多由"车、船、刀、箭、枪、炮"等充当，它们与表人体类语素"眼、口"等组合为"针脚、山脚、针眼、泉眼、炮眼、枪眼"等，"眼、口"等语素常常容易成为背景上的焦点，属于典型的体点规则成员语素。

刘叔新在研究汉语词汇的组织性、系统性时，从词语构造上的异同着眼，将现代汉语的分割对象组分为三类：第一类，各成员含有同样意义的相同语素的；第二类，各成员之间没有相同语素的；第三类，介于上面两类之间，部分成员有相同语素，或者某部分成员有语素甲，而另一部分成员又共有语素乙的。刘叔新的分割对象组主要着眼于一个 / 类事物或现象的各个成员共同把该整体加以分割，各成员/部分在意义上存在制约、对立的关系，如"树根——树干——树枝——树叶"等。[①]

表示建筑物、地貌、空间、用品等语义场的词语中的后一个语素常由表人体类语素充当，这是将人体与建筑物、自然物、用品等在空间位置、功能地位、形貌或性状方面类比的结果。可以将建筑物人性化，例如"碑额、门鼻儿"等；可以将自然物拟人化，例如"山腰、山嘴"等；可以将衣物和用品形象化，"鞋脸、针眼"等；可以将抽象概念具体化，例如"韵头、年尾"等。

"近取诸身"被视为伏羲创八卦、仓颉造字的基本原则，它同样也是人类认知事物、命名事物的原则。人类认知遵循这样的规律，用熟悉的、已知的、有形的、具体的概念域来认知陌生的、未知的、无形的、抽象的概念域。"从结构上说，隐喻是将始源域（source domain）的框架投射到目标域（target domain）之上。"[②] 人类对自己的身体是最熟悉不过的了，"把整个人体作为始源域，把客观世界的其他事物作为目标域，往往是对事物进行想象空间的类比后，依次对事物分割出如同人体一样的空间结构块来，于是形成这一事物的各个冠以人体器官部位名称的概念系统"[③]。把"人"作为始源域，人的部位"头、口、背、脚"等，被投射到"山"上就会形成"山头、山腰、山脚"等概念系统，投射到"书"上会形成"书背、书脊、书口、书眉、书皮"等概念系统。

二　体点规则的次范畴

体点规则从前后两个语素的语义关系上分析，可以分为"整体＋部

---

① 刘叔新：《汉语描写词汇学》，商务印书馆，2005年，第360页。

② 蓝纯：《从认知角度看汉语的空间隐喻》，《外语教学与研究》，1999年第4期。

③ 冯凌宇：《汉语人体词汇研究》，中国广播电视出版社，2008年，第210页。

分""主体＋附件""上位＋下位"三个次范畴。

关于义位之间存在的整体——部分关系、主体——附件关系及上位——下位关系，学界讨论较多。例如，"人体"之于"头、颈、手、腹、背、胸"存在整体——部分关系，"门"之于"门铃"、"耳朵"之于"耳环"存在着主体——附件关系，"羊"之于"羊羔"、"草"之于"草芥"存在着上位——下位关系（群体——成员关系）。但在义位内部，立足义位内部组合即构成组合的素义之间关系进行探讨的不多。例如，义位"人体"中的素义"人"之于"体"，"手指"中的素义"手"之于"指"存在着"整体＋部分"的组合关系；[①]"门铃"中的素义"门"之于其上的"铃"，"耳环"中的素义"耳"之于其上的"环"存在着"主体＋附件"的组合关系；"羊羔"中的素义"羊"之于"羔"，"草芥"中的素义"草"之于"芥"存在着"上位＋下位"（群体＋成员）的关系。义位"手指""门铃""羊羔"等中的前后两个素义的义域存在着"大＋小""广＋狭"的关系，这是人类认知习惯"基体"＋"焦点"在语言中编码的结果。

（一）整体＋部分

"客体世界、主体世界和语言世界可以总称为'物'（有时称'事物'）。这样可以简而言之，词义来源于物。"[②]"物"的整体是由部分组成的，反映"物"的词义，也具有整体、部分关系，这种关系也是人类认知中较容易理解的。

整体的义域范围较大，经常充当认知的背景；部分的义域范围较小，经常是认知的焦点。"整体＋部分"最易表现"义域大、多、广＋义域小、少、狭"关系，是义位组合体点规则的核心成员。"整体＋部分"关系广

---

①　这里的素义是针对该义位而言的，例如"手心"中的"心"是指素义"中心；中央的部分"而非"人和高等动物身体内推动血液循环的器官"。

②　张志毅、张庆云：《词汇语义学》（第三版），商务印书馆，2012年，第97页。

泛存在于人体场、动物场、植物场、建筑场、空间场、机具场、用品场、衣物场等几乎所有的语义场中。人体场中，例如"手背、手心①、手掌、手指"等；动物场中，例如"鱼鳔、鱼翅、鱼刺、鱼肚、鱼鳞"等；植物场中，例如"花瓣、花苞、花萼、花粉、花梗、花蕊、花丝、花托、花轴、花柱"等；建筑场中，例如"门墩、门额、门槛①、门框、门楣①、门扇、门闩"等；空间场中，例如"山巅、山顶、山峰、山根、山谷、山脊、山涧、山脚、山口、山头①、山崖、山腰、山嘴"等；机具场中，例如"车把、车帮、车筐、车轮、车门①、车篷、车皮、车圈、车身、车胎、车条、车头、车厢、车辕、车轴"等；用品场中，例如"秤锤、秤杆、秤钩、秤毫、秤花、秤纽、秤砣、秤星"等；衣物场中，例如"裤裆、裤兜、裤管、裤脚①、裤口、裤腿、裤线、裤腰"等；文教场中，例如"书背、书脊、书口、书眉、书目①、书皮①"等；时间场中，例如"年根、年尾、年夜"等。可以看出，这些词语中的前一语素即 A 语素（手、鱼、花、门、山、车、秤等）反映事物的整体，后一语素即 B 语素（掌、翅、刺、鳞、瓣、蕊等）反映事物的组成部分。

"整体"与"部分"的关系是有层次的，依据事物的简单复杂程度和人们对事物认识繁简的需要来分。简单的事物分割层次少，整体下可能只有一层组成部分。在词汇编码上，比较简单，即"整体＋部分"式。对于比较复杂的事物，人们在认知中首先将一个整体分成几个大部分，大部分下再分若干小部分，小部分还可以再细分。人类的这种认知能力在词汇编码上得到了体现，整体可以加直接组成部分，但很少加间接组成部分；大部分可以加组成它的小部分，很少加跨该大部分的其他小部分。

如果我们将整体标记为 Z，所辖的第一层级组成部分分别为 Y1、Y2，Y1 所辖的组成部分（对于整体来说为第二层组成部分）为 E1、E2、Y2 所辖的组成部分为 E3、E4。较多的组合形式为 ZY1、ZY2 和 Y1E1、Y1E2、Y2E3、Y2E4，跨层的组合形式（整体＋第二层组成部分）ZE1、

ZE2、ZE3、ZE4 和（大部分+其他大部分所辖的小部分）Y1E3、Y1E4、Y2E1、Y2E2 较少，而相反的组合形式（部分+整体）Y1Z、Y2Z、E1Y1、E2Y1、E3Y2、E4Y2、E1Z、E2Z、E3Z、E4Z 则几乎没有。非跨层组合优于跨层组合，整体部分组合优于部分整体组合，我们将组合的这两种倾向性分别称为非跨层性和整体部分性。

　　例如，"秤"的结构组成较为简单，义位"秤锤、秤杆、秤钩、秤毫、秤花、秤纽、秤砣、秤星"均为单层的"整体+部分"式，其相反的组合"锤秤、杆秤、钩秤、毫秤"等，即"部分+整体"式不存在。"人"作为一个整体本身就比较复杂，况且人对自身的认识也需要不断深化，人的组成部分是有层级性的。人体从外观上来看，首先可以分为头部、躯干、四肢，这是第一层组成部分。每个大部分还可以分为若干小部分，以四肢中的上肢为例，可以分为胳膊和手；手还可以分为手掌、手背、手指等，手指向下还可以再分细为指甲、指尖、指头、指头肚、指纹等等。可以看出，整体加第一层部分的组合，如"人头、人身、人体"等存在；部分间非跨层的组合，如"手掌、手心、手背、手指"以及"指头、指甲、指尖、指纹"等也存在。跨层组合的，整体加非第一层部分的组合，如"人手、人心"等存在，但"部分"的素义已经发生改变；"人掌、人指、人甲、人纹"等不存在。"部分+整体"式，如"头人（素义已变）、身人、体人、掌手、心手、指手、甲指、尖指"等不存在。

　　"整体+部分"的跨层组合数量少，但允许存在。主要由于该小部分具有重要性或特殊性，使其上升为整体上的焦点（例如"人心"等），或者该整体虽然结构复杂、部分的层次较多，但整体的体积不大，从外观上映射到人的认知中是可以接受的，并非断层的（例如，"指尖"中的"指"可以替换为"手"，即"手尖"等）。并且，大多数情况下跨层组合中的"小部分"的素义会发生改变。"部分+整体"式几乎不存在，整体部分性比非跨层性更为严密，辖域更广。

（二）主体＋附件

对于"门帘、窗帘、灯罩、床单、枕套、眼镜"等词，董秀芳（2009）认为它们已经构成与"整体＋部分"式复合词具有类似构造的"整体＋附件"式偏正复合词，可以看作广义的"整体＋部分"式复合词或准整体部分关系。方清明、王葆华认为："与其把以上用例看作'整体＋附件'关系，还不如看作主体－附件关系来得更准确。"①我们也认为，与"整体＋附件"的表达相比，"主体＋附件"的表达更切合两者之间的语义关系。

"手指"与"手表"、"门扇"与"门帘"、"扇骨"与"扇坠"等，每组词位中的 A、B 语素义关系是不同的。"手指""门扇""扇骨"等词位中的 B 语素义表示 A 语素义中的一部分，前者表示事物的整体，后者表示该事物的一部分，两者不可分割；"手表""门帘""扇坠"等词位中的 B 语素义表示 A 语素义上的附属，前者表示某一事物主体，后者表示附着、佩戴、依靠在主体上的另一个事物，两者相对独立。

"主体＋附件"与"整体＋部分"是有区别的。董秀芳认为，"有时一个物体和另一个物体之间是位置上的依附关系，同时也有功能上的相关性。比如窗帘和窗户，窗帘虽不是窗户的一部分，但是在位置上依附于窗户，而且在功能上与窗户相关，窗帘可以看作窗户的附件（attachment）"②。方清明、王葆华指出，整体总是与部分相对，主体（主要部分）则与附件（次要部分）相对。整体与部分一般不可分割，整体与部分是一种包含与被包含关系。主体与附件之间的关系则较为松散，可以分离，二者并非包含与被包含关系。主体与附件之间只在功能、位

---

① 方清明、王葆华：《汉语怎样表达整体－部分语义关系》，《世界汉语教学》，2012年第 1 期。

② 董秀芳：《整体与部分关系在汉语词汇系统中的表现及在汉语句法中的突显性》，《世界汉语教学》，2009 年第 4 期。

置、角色、地位上存在主次、依附与被依附关系。①

　　张敏指出，研究语言共性和语言类型学的学者普遍将领属关系分为"可让渡性（alienable）"和"不可让渡性（inalienable）"的两个类别，前者通常指领有者和所属物之间较稳固、不可分离、永久性的关系，如人与其身体部位或某些抽象的所属物（如"名字""性格"之类）的关系以及亲属关系等；后者通常指那些可转让、非永久性的领属关系，如人与其个人物品、私人财产之类物品的关系。②

　　通常情况下，"整体＋部分"具有不可让渡性，部分与整体分离后，整体将丧失某种功能，部分将失去价值；"主体＋附件"具有可让渡性，附件与主体分离后，对主体的功能影响不大，附件具有相对独立性。"牙"与"牙根""牙龈"、"手"与"手指"、"鱼"与"鱼翅"、"花"与"花瓣"、"车"与"车轮"等是不可分离的，分离后整体将失去部分功能；"牙"与"牙垢""牙石"、"手"与"手镯"、"门"与"门帘"等大都可以分离，分离后附件仍可独立存在。需要指出，各个部分相对于整体来说，在地位、功能、空间分布等方面是不同的，有中心部分与边缘部分之别。张敏指出，"现实世界中的原型物体往往被感知为由部分构成的整体，其间存在着相互联系的关系，而且这个整体往往包含中心部分和边缘部分"③。

　　另外，我们将这种关系称作"主体＋附件"，还想突出前者的主要地位、后者的依附及次要地位。因为并非所有"主体＋附件"式都是体点规则的成员，只有"主体"大、"附件"小的才可以。与"附件"相比，"主体"的体积较大、结构较为复杂；与"主体"相比，"附件"的体积

---

① 方清明、王葆华：《汉语怎样表达整体－部分语义关系》，《世界汉语教学》，2012年第1期。
② 张敏：《认知语言学与汉语名词短语》，中国社会科学出版社，1998年，第205页。
③ 同上注，第125页。

较小、结构较为简单。体积大、范围广的"主体"是认知的背景、基体，体积小、范围窄的"附件"是认知的前景、焦点。

我们之所以将"主体＋附件"归入"体点规则"的行列，还基于以下考虑。首先，这些词位的命名理据是与附件所依赖的主体分不开的。例如，"门帘""手镯""脚镣""头盔"等是依据它们依附的主体"门""手""脚""头"命名的。个别附件的命名理据是与该主体有密切关系的另一主体有关，例如"手表"实为"腕表"，可能是因为与"腕"相比，"手"在日常生活中的作用更突出，这是语义模糊性的一个方面。其次，附件的出现场所总是与主体紧密联系的。例如，"门联""扇坠""书皮②"等附件总是与主体同时出现，附着在主体上才体现出它们的价值。由于在现实生活中经常搭配出现，体积小的附件往往会成为认知的焦点，而主体成为认知的背景。最后，有的附件可让渡性较弱，甚至已经嵌入主体中，离开主体就不再存在。例如，"贝雕、石雕、蛋雕、玉雕、竹雕、碑刻、木刻、竹刻、崖刻、岩画、壁画、崖画"等。当然，"整体＋部分"关系是体点规则的典型成员，处于核心地位；"主体＋附件"关系时体点规则的边缘成员，处于非核心地位。

义位组合体点规则下的"主体＋附件"关系与非组合状态下义位间的"主体＋附件"关系不同，虽然"手指"与"戒指"、"自行车"与"铃铛"、"桌子"与"台灯"等之间也存在"主体＋附件"关系，这是事物间的"主体＋附件"关系在两个不同义位间的非组合状态下关系的反映。这些义位有的可以进一步组合，例如"自行车铃铛"等可以进入义位间组合的体点规则成员，而"手指戒指""桌子台灯"等不可以组合。

体点规则下的"主体＋附件"主要分为以下小类：第一，主体＋疾病：前一语素表示人体部位，后一语素表示该部位所患疾病，例如"牙疳""头癣""须疮""骨刺"等。第二，主体＋佩戴物：后一语素佩戴或装饰在前一语素上，例如"项圈""手镯""指环"等。第三，主体＋覆盖物：后一语素覆盖在前一语素上，例如"手套""乳罩""头盔"等。第四，主体＋雕刻物：后一语素雕刻、绘画或书写于前一语素上，例如"牙雕""砖雕""根雕""竹刻""崖画"等。

（三）上位＋下位

"该纵向两层类聚之中有两类词或义位：意义较概括的、泛指的（有人依据传统借用逻辑术语'上位概念'或'类概念'）是支配词、上坐标词、上位词、上层词（superordinate）或上义词（hypernym）；意义较具体的、专指的（有人依据传统借用逻辑术语'下位概念'或'种概念'）是受支配词、下坐标词、下位词、下层词（subordinate）或下义词（hyponym），如'笔：钢笔、铅笔、毛笔……'等等。"①

这是不同义位间存在的上位与下位关系，那么在同一词位（义位）的两个语素间是否也存在上位与下位关系？存在，义位内部组合体点规则下的"上位＋下位"关系是指前一个语素表示上位的类别、群体义，后一个语素表示下位的成员、个体义。现代汉语中这样的义位数量较少，主要有"毛发、草芥、羊羔、骨鲠、骨骼、冠冕、衣襟、器皿、器具"等，我们逐一分析。

毛发——《说文·毛部》："毛，眉发之属及兽毛也。"徐灏注笺："人、兽曰毛，鸟曰羽，浑言通曰毛。"《现汉》："① 动植物的皮上所生的丝状物；鸟类的羽毛。"《说文·髟部》："髪，根也。"而段玉裁、朱骏声改"根也"为"头上毛也"，即"头发"。"毛"义域广，为上位义；"发"义域窄，为下位义。

草芥——草是总称，而芥是草的一种。《说文·艸部》："芥，菜也。从艸，介声。"《左传·哀公元年》："其亡也，以民为土芥。"杜预注："芥，草也。"杜预注的训释词"草"是类名，为上位义；被训释词"芥"是专

---

① 张志毅、张庆云：《词汇语义学》（第三版），商务印书馆，2012 年，第 69 页。

名，为下位义。

羊羔——《说文·羊部》："羔，羊子也。"即小羊为羔。"羊"是上位义，"羔"是下位义。

骨鲠——《说文·鱼部》："鲠，鱼骨也。""骨"是上位义，"鲠"指鱼骨，下位义。

骨骼——《说文·骨部》："骨，肉之覈也。从冎，有肉。""骼，禽兽之骨曰骼。""骨"是总称，上位义；而"骼"指禽兽之骨，下位义。

冠冕——《说文·冃部》："冕，大夫以上冠也。"《字汇·冂部》："古者，诸侯、大夫皆有冕，但以旒之多寡别耳。""冕"特指古代帝王、诸侯、大夫所戴的帽子。而"冠"是帽子的总称，《说文·冖部》："冠，弁冕之总名也。""冠"是上位义，"冕"是下位义。

器皿——《说文·㗊部》："器，皿也。"《说文·皿部》："皿，饭食之用器。"段注："皿专谓食器，器乃凡器统称。器下云皿也者，散文则不别也。""器"是总称，"皿"是"器"的一种，是盛饭食的"器"。"器"是上位义，"皿"是下位义。

器具——"具"是一个会意字，表示双手捧着盛有食物的鼎器（餐具），"器"与"具"也是上下义关系。

还有《现汉》未收录的"衣裳"等。衣裳——《说文·衣部》："衣，依也，上曰衣，下曰裳。"《说文·衣部》："裘，皮衣也。""衣"是上位义，"裳"是下位义。

可以看出，以上例子如"草芥""冠冕""衣裳"等属古汉语在现代汉语中的残留，传统语言学将上述现象称为"大名冠小名"。俞樾《古书疑义举例》卷三中《以大名冠小名例》指出："《荀子·正名篇》曰：'物也者，大共名也；鸟兽也者，大别名也。'是正名百物，有共名别名之殊。乃古人之文，则有举大名而合之於小名，使二字成文者。如《礼记》言'鱼鲔'，鱼其大名，鲔其小名也。""《礼记·月令篇》：'孟夏行春令，则蝗虫为灾；仲冬行春令，则蝗虫为败。'王氏引之曰：'蝗虫皆当为虫蝗。此言虫蝗，犹上言虫螟，后人不知而改为蝗虫，谬矣。'"①

上古汉语中，大名冠小名较为普遍，例如："城濮、城颍、丘皇"等地名、"神农、帝喾、后稷、女娲、史游、盗跖、庖丁、巫咸"等人名、"虫蝗、鱼鲔、鸟乌"等动物名、"草芥、草茅"等植物名、"星虚、星鸟"等星名，甚至甲骨文中就已经出现"祖甲、祖乙、父甲、母丙、兄丁、子丁"等庙号。

邢公畹将现代汉语与台语的构词法进行了比较研究，指出"汉台两语中都有用一个成分表大名、用另一个成分表小名的构词方法，所不同的地方，不过是汉语先出小名，后出大名；台语则先出大名，后出小名罢了"②。邢公畹认为台语复合词沿用至今的大名冠小名序与上古汉语是一致的，两者具有同源关系，但是与现代汉语词序相反。

语序与人们的思维、认知密切相关，大名冠小名的组合方式与汉民族整体＋部分、主体＋附件的认知习惯是一致的，但为何现代汉语中上位＋下位（群体＋个体）的组合顺序远没有下位＋上位（个体＋群体）多？这是个值得深入思考的问题。

三　典型性与非典型性

肇始于亚里士多德的经典范畴理论认为范畴具有明确的边界，范畴内的成员地位平等，而维特根斯坦提出的家族相似性（family resemblance）理论认为范畴的界限常常是模糊的，范畴内的成员地位不平等，有典型与边缘之分，范畴的非典型成员往往混入另一相邻范畴中。体点规则内

---

① 俞樾：《古书疑义举例五种》，中华书局，1956 年，第 52 页。
② 《汉台语构词法的一个比较研究——大名冠小名》，原载《国文论刊》1949 年 3 月第 77 期，后收录于《邢公畹语言学论文集》，商务印书馆，2000 年。

各成员的地位、价值是不平衡的，具有典型性与边缘性之分。据此，可将规则内各成员分为两类。

一类为体点规则的典型成员，即前一语素明显具有整体、主体、上位义，后一语素明显具有部分、附件、下位义。分析语料时，我们发现由"秤、碑、桥、屋、山、花、车"等打头的词位（义位），基本上都属于体点规则的成员，这是由于这些语素义具有明显的整体义，组合的后一语素明显具有部分义。例如：前一语素具有整体义的，如"山""树"等；前一语素具有主体义的，如"门""窗"等；前一语素具有上位义的，如"草""骨"等。后一语素具有部分义的，如"口""根"；后一语素具有附属义的，如"帘""套"等；后一语素具有下位义的，如"芥""鲠"等。

另一类为体点规则的边缘成员，分为两小类。第一小类，两个语素义本身属于整体与部分、主体与附件或者上位与下位关系，但组合在一起产生了新的义位，以"鸡肋"为代表。"鸡冠""鸡肋"与"鸡头""鸡眼""鸡胸"相比，"鸡冠"指"鸡头上高起的肉冠"（《现汉》），是"鸡"的一部分；"鸡肋"指"鸡的肋骨，吃着没有多少肉，扔了又可惜。比喻没有多大价值、多大意思的事物或事情"（《现汉》），是"鸡"的一部分，但常用义是其比喻义；而"鸡头""鸡眼""鸡胸"是指植物或疾病等像鸡头、像鸡眼、像鸡胸，并非"鸡"的一部分。因此，"鸡冠"之类是体点规则的核心成员，"鸡肋"之类是体点规则的边缘成员，而"鸡头""鸡眼""鸡胸"之类不是体点规则的成员。诸如"鸡头""鸡眼"之类的还有很多，"猴头""兔唇"等等。"马脚""蛇头""龙脑""猫眼"等属另外一种类型，更非体点规则成员。第二小类，前后两个语素（单独时）没有明显的整体、主体、上位义或部分、附件、下位义，组合到一起时才符合体点规则的语义要求，以"狗宝"为代表。"狗宝"指"狗的胃、胆囊、肾、膀胱中的结石，可入药"（《现汉》）。还包括其他的语素义石化、虚化或理据隐含的义位等，例如"衣襟"，《尔雅·释器》："衣眥谓之襟。"

郭璞注："交领。"《释名·释衣服》："襟，禁也，交於前所以禁御风寒也。"
《广韵·侵韵》："襟，袍襦前袊。"《汉语大字典》："古指衣服的衣领，后
指衣的前幅。"也属体点规则的成员。

不仅有体点规则辖域之外的，还有与其相反的，例如"心脏、婢女"
等，后一语素的义域大于前一语素，下文详细分析。

需要指出，基体与焦点并非一成不变的，某个基体上的焦点在更小
的范围内，可能成为另一个焦点的基体；而围绕某一焦点的基体在更大
的范围内，可能成为另一个基体上的焦点。例如，如果人的身体被视为
基体、背景，其组成部分头、手、腿、躯干等就可能成为焦点。人的手
被视为基体、背景，手掌、手指就可能成为焦点。因此，基体与焦点只
是针对某一特定组合而言的，整体与部分、主体与附件、上位与下位都
是相对来说的。客体世界的层次性，投射到语言中，体现出了语言的层
次性和系统性。

并且，组合后的语素义会发生广化、狭化、特指化等变异。"背鳍"
"尾鳍""胸鳍"中的"背""尾""胸"，因为与"鳍"搭配组合，义域狭
化，仅指鱼类的背部、尾部或胸部。"指头肚""乳头""手背""手心""掌
心""脚心"中的后一语素义狭化。"灯花、灯苗、灯心、灯芯"中的"灯"
特指油灯，"灯伞、灯丝、灯头①"中的"灯"特指电灯。"车头、车厢"
中的车特指火车、汽车等机动车，"车把"特指自行车、三轮车、摩托车
等，"车标"多指汽车，"车皮"多指火车，"车筐"多指自行车。"羔皮"
指"小羊、小鹿等的毛皮"（《现汉》），"羔"广化。

四　反例

汉语义位组合的规则是在多种因素共同作用下形成的，用一种组合规
则只能解释一部分语言事实。廖秋忠先生提到的积极态度原则与重要性原
则就存在着冲突，"一般说来，正面的事物排在前面，消极的事物排在后

面。这与上边提到的根据紧迫性／严重性来排序的原则相反"。礼貌原则与重要性原则也存在一定程度的矛盾，"根据礼貌原则，说话人或作者将自己或自己认同的人、时、空、社会置于他或其他人的人、时、空、社会之后，或是不按重要性原则来排列并列的人物，而将地位较高的人置于地位较低的人之后"。因此，廖秋忠先生也认为自己提出的几种原则之间存在着三种可能的关系，"1 彼此之间是和谐的；2 彼此之间是不相干的；3 彼此之间是冲突的"①。

"同素规则等等次范畴规则，具有广狭不等的辖域，而没有普遍的辖域，任何规则都有数量不等的例外。"② 体点规则也只是适用于部分语料，带有强烈的倾向性，而非强制性。我们在处理材料时也发现在体点规则之外还存在着点体序列，廖秋忠先生在重要性原则的第三个标准中提到"基础／参照点相对于派生物或依靠／被参照点，基础与派生物或依靠之间有逻辑上或时间上的先后关系。在并列结构里，一般都是基础在前，派生物或依靠在后；但是，参照点只能在被参照点之前"③。体点规则的反例为"部分＋整体""附件＋主体""成员＋类别"，事实上，我们发现了大量的"成员＋类别"例。

反例中词位（义位）的后一语素多为"子、人、性、脏、鱼、虫、草、菜"等，表示类别义；前一语素多为"男、女、心、肺、鲫、鲤、蝗、蛔、荷、芹、松"，表示成员义。并且，大都可进入"A 这样／种／类的 B"格式中。

具体来说，包括人体场、人类社会关系及身份场、动物场、植物场、

① 廖秋忠：《现代汉语并列名词性成分的顺序》，载《廖秋忠文集》，北京语言学院出版社，1992 年。
② 张志毅、张庆云：《词汇语义学》（第三版），商务印书馆，2012 年，第 201 页。
③ 廖秋忠：《现代汉语并列名词性成分的顺序》，载《廖秋忠文集》，北京语言学院出版社，1992 年。

空间方位场、生产及生活用品场、液体场、自然场及其他，共计九个语义场 176 个义位。体点规则义位 1304 个，反例 176 个，比例为 7:1。如果从体点规则的核心成员"整体＋部分"与其反例"部分＋整体"的比例来看，悬殊更大，可以看出体点规则为显著的优势组合规则。反例中，人体场有"眉毛、肺腑、肝脏、心脏、脾脏、肾脏、身体、脊背、脏器、肢体"等；人类社会关系及身份场有"女人、男人、父辈、父亲、母亲、父系、母系、妇女、妇人、男性、女性、女子、男子、仆人、雄性、雌性、婢女、童子、侨民、侨胞、敌人、客人、士人、仕女"等；动物场有"羔羊、鲸鱼、鲫鱼、鳊鱼、草鱼、带鱼、蠹鱼、鲨鱼、鳝鱼、鲶鱼、鲤鱼、鱿鱼、蝗虫、蛔虫、螨虫、蛲虫、蚊虫、蚜虫、羚牛、羚羊"等；植物场有"瓠瓜、粳稻、兰花、兰草、梨果、莲菜、茅草、匏瓜、桤木、杉树、柚木、子棉、芹菜、荷花②、葵花、苋菜"等；空间方位场有"村镇、省城、班级、厨房、场地、岗地、谷地、盆地、山地、台地、滩地、川地、极地、郊区、街区、街市、京城、京都、京华、矿区、牢房、楼房、庙堂、庙宇、墓地、山区、田地①、园地、园区、灶屋、庵堂、东方、西方、南方、北方"等；生产及生活用品场有"货物、货品、舰船、旌旗、翎毛、木材、钢材、泥土、尘土、磐石、器物、壤土、玉器、玉石、裙服、刀具、镰刀、衰服、衣物、砧板、货物、铭文、账本、账簿、账册、刊物、矿石①、矿物"等；液体场有"汗水、泪水、泪液、泉水、汁水、汁液、血水、汤水、奶水、墨水、尿液"等；自然场有"春季、夏季、秋季、冬季、古代、洪灾、旱灾、涝灾、氧气、氮气"等；其他还有"百万、千万、咫尺、牧业、农业、财产、词句、词章、爱情、疫病、阴性、阳性"等。

现代汉语中具有"定位性"的不仅有词缀语素，还有部分词根语素。有的词根语素只出现在前位或后位，有的语素多出现在前位或后位。"词根和词根意义的位置，还只是处于合成词表层结构中，实际上，它们既要受到表层因素（语音、构词法等）的影响，又要受到深层认知规律的制约，而后者起着主要作用。"①我们注意到，体点规则下的"整体＋部分"式中有"鱼鳔、鱼翅、鱼刺、鱼肚、鱼鳞"等，还有"花瓣、花苞、花萼、花粉、花梗、花蕊、花丝、花托、花轴、花柱"等，"鱼""花"等多出现在前位；体点规则外的"成员＋类别"式中有"鲸鱼、鲫鱼、鳊鱼、草鱼、带鱼、蠹鱼"等，还有"兰花、荷花②"等，"鱼""花"等多出现在后位。当"鱼""花"作为整体出现，与其表部位义的语素组合时，常在前位；作为类别出现，与其表下位成员义的语素组合时，常在后位。正如上文所提出的问题一样，"成员＋类别"式与"大名冠小名"式是不一致的，值得深入研究。

五　小结

对汉语义位体点规则的认识具有理论上和实践上的价值，理论上将这一笼统的认知科学化、范畴化，实践上有利于义类词典、搭配词典的编纂。

现有的搭配词典大多以音序编排，另附部首、笔画索引。搭配词典的价值在于客观展示义位的搭配对象，探求义位搭配的规律。梅家驹在谈到《现代汉语搭配词典》编纂初衷时说："一个个具体的词究竟有多大的搭配能力，其中是否有规律，一直在我们的思考之中。"②如果在深入研究义位组合各种精细规则的基础上，按照义位组合规则编纂搭配词典，词典的理论价值无疑更大。

另外，对义位组合规则的研究也有助于义类词典的编纂。例如，《同义词词林》（梅家驹等，上海辞书出版社，1983）在"B 物"大类下设

---

① 陈长书：《试论现代汉语词根的定位性》，《语文研究》，2012 年第 3 期。
② 梅家驹主编：《现代汉语搭配词典》，汉语大词典出版社，1999 年，前言。

"Bc 物体的部分"这一小类，收录了"顶、底、边、角、面、脊、身、颈、弯子、骨架、盖、杆、柄、嘴、座、脚、翼、挡、心"等 19 个词。在我们归纳出的 1304 个义位中，以上 17 个单音词（语素）的构词能力比较强，但是"盖、柄、座、翼、挡"相对较弱。[①] 另外还有"口、背、皮、尾、根、毛"等组成物体部分的能力较强，可以收录。

　　人类的认知能力不仅在义位内部组合，在义位外部组合（词组）、成语、谚语、歇后语等，甚至句法层面的一些结构里均有所体现。不仅在语言单位中，在汉字造字、汉字结构中也有所体现。首先，在义位外部组合（词组）、成语、谚语等语言单位里，体点规则具有较强解释力。例如："中国河北、井底之蛙、凤毛麟角、驴唇不对马嘴、驴肝肺、鼠目寸光、鸭舌帽、鹰鼻鹞眼、獐头鼠目、针尖儿对麦芒儿"等。其次，在句法层面，董秀芳指出："整体部分关系在汉语词汇的组织结构中具有非常突显的作用，在汉语的句法层面，也有一些结构可以突显整体与部分关系。可见，整体与部分关系在汉语中得到了比较显著的编码。"[②] 另外，体点规则在造字法、汉字结构中也有所体现。象形字、指事字、会意字中存在大量的凸显出整体中的部分、主体上的附件的字，例如，"艏"指船的前端或前部，"臭"凸显出犬的鼻子，"吠"凸显出犬的嘴巴，"瞿"凸显出鹰隼的眼睛，"向"凸显出墙上向北开的窗户，"尾"凸显出人体后下部系的尾饰，"页"凸显出人的头部，"牡"在甲骨文中凸显出雄性牛羊等动物的生殖器官，还有"牝"字，等等。

　　语体差异对体点规则具有一定的影响，以口、文为例，口语的较多，文言的较少或没有。例如，"履"打头词位（义位）没有体点规则成员，

---

① 　也可能由于本书只研究了义位内部组合，没有研究义位组合成词组的部分，例如"锅盖、斧柄、钟座、机翼"等。

② 　董秀芳：《整体与部分关系在汉语词汇系统中的表现及在汉语句法中的突显性》，《世界汉语教学》，2009 年第 4 期。

"鞋"有"鞋脸、鞋帮、鞋底"等；"目"没有，"眼"有；"首"没有，"头"有；"足"没有，"脚"有。另外，义位组合体点规则与辞书释义既有一致性也有矛盾性，组合规则的研究对于优化辞书释义也有一定的帮助。汉语义位组合的体点规则具有一定的研究价值，还有很多课题值得我们进一步开拓研究。

第二节　同素规则

同素规则是指"组合成一个义位或义丛的各语义单位常至少含有一个共同的义素"[①]。同素规则是义位组合诸多规则中最为普遍的一种，适用范围较广。例如：车行道 = 车（a. 有轮子的，b. 陆上，c. 运输工具）+ 行（a. 车、船等，b. 运行，c. 移动）+ 道（a. 地面上，b. 人或车马，c. 通行），"车 c""行 a"和"道 b"都含有义素"车"，"行 b""行 c"和"道 c"都含有"行走"义素，"车 a"和"车 c"含有可分析得到的"行走"义素，"车 b"和"道 a"都含有"地面上"义素，因此，可以组合成"车行道"表示"专供车辆（多指机动车）行驶的道路"。该组合之所以可以成立，是因为组合体之间含有共同的义素，或相邻的组合体间含有共同的义素。

李裕德指出："搭配是目标词和对象词相应义素的协同、联结、共振，只有双方产生了语义上的协同，两个词才能结成一个搭配对子。"[②] 李裕德的义素协同论与"同素规则"的思想是一致的。

羡余组合是同素规则中组合力度最强的类型，组合体间含有的共有义素数量最多，而无理据组合和超常组合是较弱的类型，组合体间含有

---

① 张志毅、张庆云：《词汇语义学》（第三版），商务印书馆，2012 年，第 177 页。
② 李裕德：《词语搭配是相应义素的协同》，《语文建设》，1990 年第 4 期。

的共有义素数量较少，甚至是矛盾的，组合体间从义素来看貌似不协调，如"白夜、可烧冰、未婚妻／夫、零增长、负增长、睁眼瞎、软刀子、软钉子、活死人、硬水、小大人儿、白煤"等，但它们的义素并非完全相反对立，这一点下文详述。

"义素是对词义或义位进行分析而得到的语义单位，即语义的'区别特征'。义素通常不是处于独立的现实状态的，而是处于组合的潜在状态的。"[①]"义素是结构主义语义学用来描写语义的最小的意义单位，是义位的组成成分，也叫区别性语义特征。"[②]"义素是目前人类所认识到的最原始、最基层的语义单位，其对语义研究的重要性是可想而知的。"[③]

一　义素的层次性和义素的类型

前辈学者已从词义的多样性角度谈到了义素的层次性和义素的类型问题。义素是有层次性的，"义位并不是义素的简单集合，而是由不同层次的义素组成的义素体系"[④]，"构成一个义位的诸义素之间不是任意地、无规则地堆积在一起的，义素之间也有层次结构"[⑤]。

义素分析法传入我国后，学者们从汉语自身特点出发，基于不同的视角和研究目的，对义素进行了分类，比较有代表性的观点包括：第一，二分法：中心义素和限定性义素（蒋绍愚，2007）；第二，三分法：类义素、核义素（源义素）、表义素（王宁，1996），核心义素、主体义素、标记义素（王兴隆、张志毅，2007）；第三，四分法：类义素、旁义素、语源义素、派生义素（苏宝荣，2000），其中，类义素和旁义素属于表义素（实义素），

① 　苏宝荣：《词义研究与辞书释义》，商务印书馆，2000 年，第 186 页。
② 　张志毅、张庆云：《词汇语义学》（第三版），商务印书馆，2012 年，第 19 页。
③ 　苏宝荣：《词义研究与辞书释义》，商务印书馆，2000 年，第 187 页。
④ 　张志毅、张庆云：《词汇语义学》（第三版），商务印书馆，2012 年，第 21 页。
⑤ 　蒋绍愚：《古汉语词汇纲要》，商务印书馆，2007 年，第 47 页。

语源义素和派生义素属于隐义素（虚义素）；第四，六分法：第一层级的上位语法义素、第二层级的语义·语法义素、第三层级的上位语义义素、第四层级的下位语义义素中的主要个性义素、第五层级的下位语义义素中的次要个性义素、第六层级的附属义素（倪波、顾柏林，1995；张志毅、张庆云，2012），第一到第五层为理性义素。

　　在借鉴西方义素理论基础上，从古汉语角度论述汉语不同义素类型，尤其是注重汉语词源意义、隐含意义的代表性学者主要有王宁先生、苏宝荣先生和蒋绍愚先生。

　　王宁先生从汉语训释的具体材料出发，结合古人重视分类及一分为二的思维特点，提出了"类义素""核义素"（又称源义素）"表义素"的概念和一分为二的义素分析法。王宁先生指出："类义素用以指称单义项中表示义类的意义元素。从古代义训的义界方式里，可以分析出类义素。""核义素用以指称同源词所含的相同特点，因此又称源义素。它表明此物所以称此名的核心特点，从古代训诂的声训材料里，可以分析出同源词之间相同的义素。""除了这两种有特殊意义的义素外，其他义素都可称为表义素。"①

　　苏宝荣先生从词义不同层次的角度，提出词的表层所指义和词的深层隐含义，"构成词的表层'所指义'的诸义素，我们统称之为表义素，由于这些义素对客观事物有具体的指称性，又可以称为实义素。构成词的深层'隐含义'的义素，我们称之为隐义素，由于这些义素体现指称事物内在的抽象特征，又可以称为虚义素"。并把表义素（实义素）中表示类别的义素称为类义素，表义素（实义素）中的其他义素称为旁义素；隐义素（虚义素）中表示本义所隐含的义素称为语源义素，由语源义素派生的称为派生义素。同时，进一步从词义与概念的对立性角度提出理

---

① 王宁：《训诂学原理》，中国国际广播出版社，1997 年，第 208—209 页。

性义素、形象义素和体验义素，并且非常注重形象义素和体验义素在语境中的动态变化和历史演变规律中的作用。"概念的离析，只能认识词的概念（即理性）义素；而词义所特有的形象义素和体验义素是无法包容的。词的形象义素和体验义素，是非常活跃的，在词义的生成和发展中起重要作用，对于词义研究来说，无疑更为重要。在语义分析中，特别是通过义素分析了解词义在语境中的动态变化和历史演变规律，认识词的形象义素和体验义素，就某种意义上说，比认识词的概念（理性）义素更为重要。"关于形象义素和体验义素，苏宝荣先生举例谈到"'柳'本指'柳树'，但在'柳眉'（指女子细长秀美的眉毛）、'柳腰'（指女子柔软的细腰）等组合关系中，语素'柳'却有'细长、秀美、轻柔'的意义，这是由于柳树枝叶细长柔软的特征在人们心里引起的形象联想。这是一种'形象义素'。再如'木'本指树木，而在成语'麻木不仁'中，语素'木'却有'无知觉，不灵敏'之义，这是由人们对树木（包括植物）'没有知觉，不能自己移动'的主观感受决定的。这则是一种'体验义素'"①。

蒋绍愚先生也指出："一个词除了理性意义外，还有隐含意义、感情意义等。这些意义，也可以分析为义素。隐含意义的义素，就是这个词所反映的事物（包括动作、性状）等的非本质特征，包括事物的非自然的，而是社会心理所赋予的特征。"②

从俄语语义学角度引进义素类型理论的主要是倪波、顾柏林先生，在此基础上结合汉语自身特点展开研究的主要是张志毅、张庆云先生。

倪波、顾柏林先生侧重于直接介绍，他们的《俄语语义学》将义素译为义子，指出义子结构具有层次性，根据概括程度的不同，将义子分

---

① 苏宝荣：《词义研究与辞书释义》，商务印书馆，2000 年，第 5、7、205 页。

② 蒋绍愚：《古汉语词汇纲要》，商务印书馆，2007 年，第 52 页。

为语法义子和词汇义子，语法义子"是表示语法性一般意义的义子，语义概括性最大、最抽象"，语法义子中可以概括整个词类的语法义子称作范畴性语法义子，比它概括性稍弱的称为词汇-语法义子。词汇义子中根据概括性的强弱，区分为范畴性词汇义子（又称"超义子"）、一般区分义子和区分义子。俄语语义学将义位的微观结构即义素的层级性依据概括性强弱区分出来，为义素的分析，和义位组合聚合规则的揭示创造了条件。但是，《俄语语义学》里只涉及词义的理性意义，"为叙述方便，我们略去了词义内容的其他方面，如情感意义、内涵意义、联想意义等所包含的语义特征。这些特征往往是作为潜在因子，在一定的言语情境中表现出来的"[①]。

张志毅、张庆云先生在此基础上进行六分，第一层级为上位语法义素，第二层级为语义·语法义素，第三层级为上位语义义素，第四层级为下位语义义素中的主要个性义素，第五层级为下位语义义素中的次要个性义素，第六层级为附属义素，并将其列表如下。

表 4 义素层级简表

1	上位语法义素：例如，动作、事物、性质	共性义素	基义义素
2	语义·语法义素：例如，心理、具体、性状		
3	上位语义义素：例如，动物、人、移动等		
4	主要个性义素：例如，"走、跑"的"速度"	个性义素	
5	次要个性义素：例如，"走、跑"的"方式"		
6	附属义素：例如，语体、褒贬		陪义义素

我们在借鉴已有分类研究成果的基础上，服务于义位组合规则的构建，将义素分为理性义素、属性义素、敬谦义素、褒贬义素、语体义素

---

① 倪波、顾柏林：《俄语语义学》，上海外语教育出版社，1995 年，第 85、91 页。

五大类，这是广义的分类，狭义上只包括理性义素和属性义素，为了对以往研究并不充分的敬谦义素、褒贬义素、语体义素展开进一步讨论，我们采用广义的观点，在同素规则下不仅研究同理性义素规则和同属性义素规则，同时也讨论同敬谦义素规则、同褒贬义素规则和同语体义素规则。

二　同理性义素规则

（一）意义相同、相近或相关的语素和义位的组合

（1）道路、语言、波浪

（2）美好、鲜艳、善良

（3）关闭、治理、帮助

（4）领袖、辛酸、窗户

（1）类由两个相同、相近的名词性语素组合而成，（2）类由两个相同、相近的形容词性语素组合而成，（3）类由两个相同、相近的动词性语素组合而成，（4）类分别由两个相关、相类的名词性、形容词性、动词性语素组合而成。

主要理性义素相同的类别，大多通过辞书释义可直接获得该义素。（1）（2）（3）类中的两个语素在现代汉语中义素基本完全相同，辞书释义中如果采用同义对释的方式，多为组合的另一方，或者采用两者的组合体进行释义。"道路"中"道"和"路"在《现汉》中释义均为"道路"，"语言"中"语"和"言"在《现汉》中释义均为"话"，"波浪"中"波"和"浪"在《现汉》中释义均为"波浪"；"美好"中"美"的第一个义项为"美丽；好看（跟'丑'相对）"，第三个义项是"令人满意的；好"，"好"的第一个义项为"优点多的；使人满意的（跟'坏'相对）"；

"关闭"中"关"释义为"使开着的物体合拢","闭"释义为"关；合"；"帮助"中"帮"的释义为"帮助","助"的释义为"帮助；协助"。可以看出，前后两者意义基本重合或大部分重合，形成羡余组合。（4）类中前后两者为相关、相类关系，领袖＝领（a. 衣服的部分，b. 围绕脖子）＋袖（a. 衣服的部分，b. 套在胳膊上，c. 筒状），"领a"和"袖a"都含有主要理性义素"衣服的部分"。可以看出，这一类只有次要个性义素不同，上位语法义素、语义·语法义素、上位语义义素、主要个性义素、附属义素都是相同的。

（二）意义相反、相对的语素和义位的组合

（1）敌友、祸福、早晚、始终、横竖、恩怨、东西、南北、前后、朝夕、彼此、水火、本末、春秋、晨昏、昼夜、旦夕、首尾、矛盾、阴阳、功过、因果、乾坤、荣辱、宾主、寒暑等

（2）大小、多少、软硬、粗细、贵贱、肥瘦、轻重、反正、好歹、悲欢、贫富、高低、安危、公私、是非、是否、曲直、幽明、虚实、优劣、真伪等

（3）开合、开关、收放、收发、往返、沉浮、来回、分合、攻守、忘记、呼吸、毁誉、奖惩、借贷、进退、劳逸、买卖、起伏、起降、起落、离合、取舍、去就、去留、任免、赏罚、收支、收发、吞吐、作息、消长、消息、兴亡、兴衰、盈亏等

（1）类由两个相反、相对的名词性语素组合而成，（2）类由两个相反、相对的形容词性语素组合而成，（3）类由两个相反、相对的动词性语素组合而成。

（1）类的语素表示事物或概念相反相对，例如：敌友＝敌（a. 敌对的，b. 人或方面）＋友（a. 彼此有交情的，b. 人），"敌b"和"友b"含

有共同的义素"人"；晨昏＝晨（a. 早晨，b. 一段时间）＋昏（a. 黄昏，b. 一段时间），"晨 b"和"昏 b"含有共同的义素"一段时间"；（2）类的语素表示事物的性质或状态相反相对，例如：高低＝高（a. 从下向上，b. 距离大）＋低（a. 从下向上，b. 距离小），前后两个语素共有的义素包括"从下向上的距离"。需要指出，组合后整体的语义和功能发生了变化，例如"反正""早晚"等。（3）类的语素表示动作行为的方向、过程或结果是对立的，例如：进退＝进（a. 向前，b. 移动）＋退（a. 向后，b. 移动），"进 b"和"退 b"含有共同的义素"移动"，起落＝起（a. 物体＋b. 由下向上＋c. 升）＋落（a. 物体＋b. 由上向下＋c. 降）。可以看出，即主要个性义素和次要个性义素是对立的，而上位语法义素、语义·语法义素、上位语义义素（类素）是相同的。

需要指出，如果两个义位的主要理性义素矛盾，次要及附属意义也没有任何连接点的时候，两个义位是不能够组合的。例如："上"和"降""落""掉""沉"不能组合，"下"和"升""起""腾""涨"不能组合，在主要理性义素"方向"上是相反相对的。有人认为"下浮"组合是个例外，其实"浮"可以同时与"上""下"组合，"浮"本身的方向义素并不是主要义素，在《现汉》中"下浮"表示"（价格、利率、工资等）向下浮动"（第 1412 页），"上浮"表示"（价格、利率、工资等）向上浮动"（第 1144 页），"浮"表示"停留在液体表面上"（第 401 页），如"浮萍、油浮在水面上"等，"浮动"表示"上下变动；不固定"（第 402 页），"浮"的方向义素中包括"上下"，而且"下浮"仿照"上浮"造词，表面上语素义间貌似不和谐。

三　同属性义素规则

与核心的、主要的理性义素相比，"属性陪义是义位基义之外的边缘义素"①,"是由词在我们头脑里习惯而自然地引起的一切伴生的和次要的印象"②。"隐含意义的义素,就是这个词所反映的事物(包括动作、性状)等的非本质属性,包括事物的非自然的,而是社会心理所赋予的特征"③。包括次要的附属的理性义素、转义的背景义素、联想义义素和理据义义素。因此,"不是所有的词都有属性陪义"④。

例如,我们可以将"水"组合为"绿水青山、水色天光、水光山色、水光接天、水碧山青、山明水秀、水天一色、湖光山色、碧波荡漾、金波闪烁、掬水闻香、水性无常、水流花谢、水性杨花、水性女子",这里义位"水"用来组合的义素"水的颜色""水的香味""水的阴柔""水的流动"等,无法从水的义位"无色、无味、无臭的液体"中分析得到的义素来解释,而是使用了"水"的属性义素进行组合。

有些义位组合从语义方面看似乎没有共同义素,不能或不宜组合。其实它们是没有共同的主要理性义素,隐含着共同的属性义素,是可以组合的。

四 同敬谦义素规则

敬谦义素是指义位中含有恭敬或谦卑类的义素。同敬谦义素规则是指含有恭敬类义素的义位大多与恭敬类或中性类义位组合,含有谦卑类义素的义位大多与谦卑类或中性类义位组合,含恭敬类义素的义位一般不与含谦卑类义素的义位相组合。同敬谦义素规则简称同敬谦规则。例如,"敝""舍""尊""府",可以组合为"敝舍""尊府",不宜组合为"敝府""尊舍"。

"夫礼者,自卑而尊人。"(《礼记·曲礼上》)古人认为,对自己谦卑,

---

① 张志毅、张庆云:《词汇语义学》(第三版),商务印书馆,2012 年,第 37 页。
② 倪波、顾柏林:《俄语语义学》,上海外语教育出版社,1995 年,第 61 页。
③ 蒋绍愚:《古汉语词汇纲要》,商务印书馆,2007 年,第 52 页。
④ 张志毅、张庆云:《词汇语义学》(第三版),商务印书馆,2012 年,第 37 页。

对他人尊敬，是符合礼的原则的。用作谦辞的义位主要包括：愚、拙、顽、浅、微、薄、菲、寸、陋、卑、鄙、贱、贫、寒、敝、弊、小、下、末、忝、辱、渎、草、荒、荆、孤、寡、奴、妾、谬等；用作敬辞的义位主要包括：令、尊、贵、贤、高、宝、太、鸿、上、恩、慈、赐、赏、敬、谨、恭、玉、华、芳、清、雅、嘉、佳、哲、圣、御、公、君、卿、拜、呈、奏、启、惠、幸、荣、厚、承、蒙、先、仙、灵、正等。

从具体组合来看，以部分称谓类为例，"令慈、令堂、令萱、尊慈、尊堂、尊萱"等用来敬称他人的母亲，"家母、家慈"等用来谦称自己的母亲，"家弟、家妹""舍弟、舍妹"用来谦称自己的弟弟、妹妹。用于尊称时不用"家""舍"等，用于谦称时一般不用"令""尊"等，大致形成互补分布的组合，如下表所示。

表 5　部分敬谦称谓义位组合表

组合＼类别 类别		含恭敬类		含谦卑类	
		令	尊	家	舍
恭敬类及中性类	慈	＋令慈	＋尊慈	＋家慈	－
	堂	＋令堂	＋尊堂	－	－
	萱	＋令萱	＋尊萱	－	－
谦卑类及中性类	母	－	－	＋家母	－
	弟	＋令弟	－	＋家弟	＋舍弟
	妹	＋令妹	－	＋家妹	＋舍妹

从表中可以看出，即使是同一类别，内部不同成员间的地位不同、语义程度存在差异。如，同样是含恭敬类，"尊"的程度略重于"令"。

但是，在语言事实中，有些中性义位可以同时与含有恭敬类义素的义位和含有谦卑类义素的义位相组合。例如，"临"既可以与"屈""辱""曲"等含有谦卑类义素的义位组合为"屈临""辱临""曲临"，也可以和

"惠""光""驾"等含有恭敬类义素的义位组合为"惠临""光临""驾临"。并且，"到""顾"既可以与含有谦卑类义素的义位组合为"辱到""枉顾"等，也可以和含有恭敬类义素的义位组合为"惠顾""光顾""驾到"等。"屈""辱""曲"等含有谦卑类义素的义位是表示对方屈尊光临，与表示"惠""光""驾"等含有恭敬类义素的义位所表达的语义相同。

五　同褒贬义素规则

褒贬义素是指义位中含有褒义或贬义类的义素。同褒贬义素规则是指含有褒义义素的义位大多与褒义义素的义位或中性义素的义位组合，含有贬义义素的义位大多与贬义义素的义位或中性义素的义位组合，含褒义义素的义位一般不与含贬义义素的义位相组合。同褒贬义素规则简称同褒贬规则。

义位中含有褒义或贬义类义素的包括两种情况，一种是理性意义含褒贬（即传统所说的褒义词、贬义词）；另一种是附属意义含褒贬（即传统所说的褒义色彩词、贬义色彩词）。《现汉》对不同层面的褒贬进行了不同的处理，理性意义含褒贬在释义正文中有所体现，附属意义含褒贬在释义括注中有所体现。以第 7 版为例，如下：

【英雄】①名本领高强、勇武过人的人：～好汉 | 自古～出少年。②名不怕困难，不顾自己，为人民利益而英勇斗争，令人钦敬的人：人民～ | 劳动～ | 民族～。③形属性词。具有英雄品质的：～的中国人民。

【漂亮】形① 好看；美观：她长得～ | 衣服～ | 节日里，孩子们打扮得漂漂亮亮的。② 出色：事情办得～ | 打了一个～仗 | 普通话说得很～。

【坏人】名品质恶劣的人；做坏事的人。

【暴富】动 突然发财致富（多含贬义）：一夜～。

【表功】动 ① 表白自己的功劳（多含贬义）：丑～。② 〈书〉表扬功绩。

【宠信】动 宠爱信任（多含贬义）：～奸佞｜深得上司～。

【无与伦比】没有能比得上的（多含褒义）。

　　我们随机选择了几个理性意义含褒贬和附属意义含褒贬的词，其中"英雄、漂亮"为理性意义含褒义，"坏人"为理性意义含贬义，"暴富、表功、宠信"为附属意义含贬义，"无与伦比"为附属意义含褒义。"《现汉》5、6、7 三版只在标注数量上有差异，《现汉》第 5 版中只有 388 个词标注了褒贬陪义，第 6 版中增加到 416 个，第 7 版中又增加到 419 个。"①，我们在《论褒贬义词和褒贬陪义词》一文中对理性意义的褒贬和附属意义的褒贬有所阐述，此不赘述。

　　含有褒义义素的义位大多与褒义义素的义位或中性义素的义位组合，含有贬义义素的义位大多与贬义义素的义位或中性义素的义位组合，褒贬类之间一般不交叉组合，此类现象在语言中较多。值得关注的是，有些含有贬义义素的义位只能与含有褒义义素或中性义素的义位组合，但含有褒义义素的义位没有只能与含有贬义义素的义位相组合的情况。郭先珍、王玲玲先生指出："逆向性的搭配指的是贬义词与褒义词或中性词的搭配。贬义词要求与之搭配的词或语要具备〔褒义〕或〔中性〕的语义特征。"②张志毅、张庆云先生也指出："语言中大量的是中性义位之间的组合。也有少数倾向性义位和中性义位之间的组合，当然也有倾向性相

① 郭佳兴、袁世旭：《论褒贬义词和褒贬陪义词》，《河北师范大学学报》（哲学社会科学版），2019 年第 3 期。

② 郭先珍、王玲玲：《褒义、贬义词在搭配中的方向性》，《中国人民大学学报》，1991 年第 6 期。

反的义位组合。"① 这些词主要有"诋毁"类、"陷害"类和"显耀"类义位，"诋毁"类主要有"诋毁、玷污、污蔑、谤毁、谤议、诬罔、污赖、诬陷、诬告、诽诱、冤枉、贬低、贬损、中伤、侮辱、辱没、败坏"等；"陷害"类主要有"陷害、妨害、迫害、伤害、损害、谋害、诬害、暗害、祸害、嫁祸、移祸、压制、算计、暗算、扼杀、排挤、排斥、打击"等；"显耀"类主要有"显耀、炫耀、夸耀、显摆、炫示、炫耀、吹嘘、吹捧、夸示、夸口、标榜"等。

　　以"诋毁""陷害"为例，在 BCC 语料库中检索可得，"诋毁"后加宾语多为"中华文明""中国形象""信誉""名誉""声誉""伟人""社会主义""优良传统""公知""成就""好人""好友""业绩""朋友""爱国者""科学"等含有褒义义素的义位，也有"同事""同行""太子""国王""学校""对手""竞争对手""小米手机""影片""死者""法律"等中性义素的义位，"诋毁"的组合对象中没有贬义义素的义位。"陷害"后加宾语多为"令尊""忠臣""贤臣""忠良""良臣""英雄""革命者""好人""朋友""先父""良善""君子""爱国人士"等含有褒义义素的义位，也有"医生""老师""丈夫""主人""他人""同事""夫人""手足""无辜""人家"以及一些人名等中性义素的义位，"陷害"的组合对象中也没有出现贬义义素的义位。

　　六　同语体义素规则

　　同语体义素规则是指含有口语语体色彩的义位大多与口语语体色彩的义位或未携带语体色彩的义位组合，含有书面语语体色彩的义位大多与书面语语体色彩的义位或未携带语体色彩的义位组合，语体色彩不同的义位之间较少互相组合。同语体义素规则简称同语体规则。

---

① 张志毅、张庆云：《词汇语义学》（第三版），商务印书馆，2012 年，第 191 页。

张志毅、张庆云先生将这一规则称为"语体同一规则",并举例指出:"这一规则,在'冠/帽''履/鞋''足/脚''观/看'与同语体语素组合群中显得较清楚。如能说'免冠'和'脱帽',而不宜交叉;能说'革履'和'皮鞋',而不宜交叉。能说'盲目'和'瞎眼',而不宜交叉。"[1]马清华指出:"语体色彩差异也能使概念紧邻的成分距离拉远。在协同关系词{吃,喝}和{吃,饮}中,理性意义距离相等而语体色彩关系有别,前一对词的语体色彩相似度大于后一对,所以前者可紧联,后者是拒紧联的,如能说'吃喝',却不能说'吃饮'。"[2]

第三节　临摹序列规则

临摹序列规则又称象似性序列规则、描摹序列规则。汉外语言学界,在汉外语言对比研究中指出了汉语在句法、词法等多方面均具有较强的临摹性、象似性。《语言学名词》解释"临摹性原则(copy principle)"为"语言结构的安排受人们对现实的感知和概念图式的制约,表现为语言的结构方式临摹现实的事态"[3]。张志毅、张庆云先生指出:"汉语义位组合的临摹性的直接投射,是与印欧语稍异的个性",并进一步指出:"汉语从语义深层结构到词语形式的表层结构,常是直接投射。汉语和印欧语较大差异之一是编码方式和原则的差异,汉语的编码方式更多显现出临摹性","直接投射或临摹就是:词序大体等于概念次序或事物次序"[4]。

---

① 张志毅、张庆云:《词汇语义学》(第三版),商务印书馆,2012年,第189页。
② 马清华:《并列结构的自组织研究》,复旦大学出版社,2005年,第48页。
③ 语言学名词审定委员会:《语言学名词》,商务印书馆,2011年,第54页。
④ 张志毅、张庆云:《词汇语义学》(第三版),商务印书馆,2012年,第171、201页。

"汉语是临摹性较强的语言，注重现实的事理逻辑和时间顺序，常常采用领悟式的归纳型和经验式的临摹型思维模式，语句按'自然'语序排列，不用形态标记。时间顺序原则是汉语临摹性的典型例证。汉语结构直接反映现实的时间先后和事理顺序，犹如对现实生活经历的临摹，语序与思想过程合拍。""汉语为形象语言，其特点是对自然界的模拟。按照感知机制组织起来的语言，其临摹性（isomorphism）高于按照逻辑机制组织起来的语言。"①

汉语义位组合中的临摹序列规则主要体现在时间序列和空间序列方面，每一类又可根据序列的显隐，分为显性与隐性两类。有的已经在时间序列的先后与空间序列的上下基础上，形成认知上的重要与次要序列。

一　时间序列规则

时间序列是指前后两个语素组合的顺序是按照现实时间的先后顺序进行的，分为显性时间序列和隐性时间序列两大类，显性序列主要包括日内序列、年内序列、古今序列、始终／始末序列、先后序列，隐性序列主要包括连动序列、动结序列。

（一）显性序列

1. 日内序列

早晚序列

早晚｜早出晚归｜早作晚息｜早起晚归｜早朝晏罢｜早出暮归

旦夕／旦暮序列

旦夕｜危在旦夕｜旦夕祸福｜旦不保夕｜旦夕之费｜旦夕之间｜旦暮不保｜旦暮入地

---

①　连淑能：《英汉对比研究》（增订本），高等教育出版社，2010 年，第 39 页。

晨昏 / 晨暮序列

晨昏 | 晨参暮礼 | 晨昏定省 | 晨兴夜寐 | 晨省昏定 | 晨钟暮鼓

朝夕序列

朝夕 | 朝夕相处 | 朝夕不保 | 朝夕不倦 | 朝夕相伴 | 朝夕相处 | 朝令夕改 | 朝令夕行 | 朝过夕改 | 朝闻夕改 | 朝出夕改 | 朝闻夕死 | 朝闻夕没 | 朝闻夕逝 | 朝发夕至 | 朝乾夕惕 | 朝思夕计 | 朝思夕想 | 朝华夕秀 | 一朝一夕 | 朝不保夕 | 朝不及夕 | 朝不虑夕 | 朝不谋夕 | 朝不图夕 | 朝更夕改 | 朝花夕月 | 朝兢夕惕 | 朝乾夕惕 | 朝荣夕灭 | 朝云夕雾

朝暮 / 朝夜序列

朝暮 | 朝三暮四 | 朝东暮西 | 朝来暮去 | 朝思暮想 | 朝令暮改 | 朝更暮改 | 朝欢暮乐 | 朝荣暮落 | 朝荣暮悴 | 朝三暮二 | 朝生暮死 | 朝秦暮楚 | 朝经暮史 | 朝参暮礼 | 朝云暮雨 | 朝云暮霞 | 朝钟暮鼓 | 朝歌暮弦 | 朝歌暮舞 | 朝升暮合 | 朝不保暮 | 朝趁暮食 | 朝成暮遍 | 朝成暮毁 | 朝打暮骂 | 朝飞暮卷 | 朝成暮遍 | 朝歌夜弦 | 朝贵暮富 | 朝齑暮盐 | 朝梁暮陈 | 朝梁暮晋 | 朝升暮合 | 朝迎暮送 | 朝朝暮暮 | 朝种暮获

表示日内序列的"早晚""旦夕 / 旦暮""晨昏 / 晨暮""朝夕""朝暮 / 朝夜"等类别，均为时间早的在前、时间晚的在后，基本无例外。例如，"早"与"晚""晏""暮"组合时，无论紧邻组合还是间隔组合，均为先"早"后"晚""晏""暮"，基本无例外。

2. 年内序列

春夏秋冬 | 春秋 | 秋冬 | 春兰秋荷 | 春兰秋菊 | 春花秋月 | 春露秋霜 | 春霜秋露 | 春蝴秋蛇 | 春蚓秋蛇 | 春蛇秋蚓 | 春华秋实 |

　　春困秋乏 | 春去秋来 | 春来秋去 | 春生秋杀 | 春秋鼎盛 | 春秋正富 | 春秋已高 | 春城秋苑 | 春秋责备贤者 | 春荣秋落 | 春行秋令 | 春风夏雨 | 春诵夏弦 | 夏炉冬扇 | 夏清冬温 | 秋去冬来 | 秋收冬藏 | 晦朔 | 朔望 | 朔望月

　　表示年内序列的"春夏秋冬"等，多为按照一年的时间先后顺序，早的在前、晚的在后，无论紧邻组合还是间隔组合。但也有一些相反的组合序列，多为并列组合在产生过程中形成的颠倒顺序组合，使用频率比上述组合要低一些，如：

　　秋月春风 | 秋月春花 | 冬扇夏炉 | 冬温夏清 | 无冬无夏 | 秋行夏令 | 冬裘夏葛

　　另外，表示"年月日""岁月"等进行组合时，多为表示时间长的在前、表示时间短的在后，例如：

　　年月 | 岁月 | 生卒年月 | 成年累月 | 长年累月 | 经年累月 | 年深月久 | 年深日久 | 年灾月厄 | 年灾月殃 | 岁月不居 | 岁月如流 | 岁月蹉跎 | 岁月峥嵘 | 年月日 | 时分秒 | 分秒必争 | 争分夺秒

3.古今序列

　　古今 | 古今一揆 | 古今一人 | 古今一辙 | 古今之变 | 古今绝唱 | 古往今来 | 古来今往 | 古今中外 | 中外古今 | 古为今用 | 博古通今 | 震古烁今 | 厚古薄今 | 颂古非今 | 是古非今 | 泥古非今 | 以古非今 | 以古方今 | 借古讽今 | 说古道今 | 指古摘今 | 昨非今是 | 夏商周 | 先

秦两汉 | 唐宋元明清 | 上古中古近古 | 古代近代现代当代 | 宋齐梁陈 | 梁唐晋汉周 | 朝秦暮楚 | 朝梁暮陈 | 朝梁暮晋 | 夏鼎商彝

表示古今序列的"古今"等，多为按照时间顺序的先后组合，无论紧邻组合还是间隔组合。但也有一些相反的组合序列，如：

今不如昔 | 今非昔比 | 抚今追昔 | 说今道古

4. 始终／始末序列

始乱终弃 | 始终不懈 | 始终不渝 | 始终不易 | 始终不移 | 始终如一 | 始终若一 | 贯彻始终 | 始乱终弃 | 始乱之，终弃之 | 自始至终 | 全始全终 | 善始善终 | 有始有终 | 有始无终 | 无始无终 | 始末根由 | 始末缘由

表示始终序列的"始终""始末"等，无论紧邻组合还是间隔组合，均为先"始"后"终"，先"始"后"末"，基本无例外。

5. 先后序列

先后 | 先人后己 | 先公后私 | 先花后果 | 先难后获 | 先难后易 | 先忧后乐 | 先声后实 | 先来后到 | 先斩后奏 | 先行后闻 | 先礼后兵 | 先小人后君子 | 先天下之忧而忧，后天下之乐而乐 | 先后缓急 | 先后矛盾

表示先后序列的"先后"，无论紧邻组合还是间隔组合，均为"先"在前、"后"居后，基本无例外。

（二）隐性序列

动作行为发生的时间有先后，动作行为与动作行为带来的结果有先后，这是从相对较短的时间内来说的；两个或多个义位的组合，前位成分为本义，后位成分为引申义，这是从相对较长的时间来说的。鉴于后一种类型数量较多，我们仅分析前一种。

1. 连动序列

办复｜报读｜报考｜报领｜报批｜报审｜报送｜逼供｜编发｜编审｜编演｜捕杀｜捕食｜拨发｜拨付｜裁缝｜采编｜采购｜采写｜采制｜测报｜测绘｜测评｜测算｜查处｜查封｜查收｜查缴｜查截｜查究｜查阅｜拆建｜拆迁｜拆洗｜拆卸｜抄报｜抄没｜抄送｜抄袭｜撤换｜呈览｜呈阅｜承办｜承建｜承转｜抽测｜抽查｜抽调｜抽检｜抽考｜抽验｜抽印｜传见｜传讯｜冲服｜催办｜催讨｜存查｜导购｜导航｜导演｜盗卖｜吊扣｜吊销｜调任｜调演｜调用｜调阅｜调运｜点播｜逗笑｜督办｜封存｜赶超｜割弃｜割让｜攻歼｜攻取｜攻占｜拐卖｜核发｜核减｜核批｜核收｜核销｜核准｜悔改｜汇报｜汇编｜集藏｜集录｜集训｜籍没｜教练｜剪贴｜检修｜缴销｜接办｜接管｜接诊｜借用｜借阅｜进攻｜进击｜进占｜进驻｜拘审｜卷逃｜开付｜考聘｜考评｜考释｜拦击｜拦劫｜拦蓄｜领航｜留聘｜留任｜留驻｜拿办｜拿问｜攀折｜配送｜批办｜批转｜聘任｜迫降｜遣返｜请调｜请教｜请示｜劝和｜劝进｜劝架｜劝酒｜劝退｜劝降｜求教｜认领｜认养｜熔炼｜熔铸｜缮发｜申办｜申领｜审订｜审改｜审核｜审校｜审理｜审判｜审批｜审议｜收编｜收藏｜收存｜收抚｜收审｜收养｜收治｜受理｜送交｜送审｜搜捕｜搜集｜搜剿｜搜缴｜搜救｜搜罗｜提审｜提讯｜通缉｜退休｜挖补｜袭占｜选编｜选调｜选读｜选购｜选辑｜选刊｜选录｜选派｜选聘｜选取｜选送｜验收｜引航｜引见｜引

介 | 印发 | 印行 | 诱供 | 诱降 | 阅批 | 运销 | 摘编 | 摘抄 | 摘登 | 摘发 | 摘录 | 摘译 | 战胜 | 招录 | 招领 | 召集 | 展览 | 侦办 | 侦缉 | 侦讯 | 制售 | 装运 | 追杀

以上均为按照两个动作发生的时间先后，形成组合顺序的先后。我们主要以《现汉》为例，搜集了双音节词部分。另外还有很多熟语也是如此，依据发生时间先后进行组合。例如："拔苗助长、抱头鼠窜、登高望远、登堂入室、对症下药、放下屠刀，立地成佛、负荆请罪、滚石上山、过河拆桥、花钱买罪受、画蛇添足、卷铺盖走人、刻舟求剑、炼石补天、落井下石、鸟飞尽良弓藏，狡兔死走狗烹、抛砖引玉、守株待兔、引狼入室、缘木求鱼"等。

2. 动结序列

改善 | 揭露 | 评定 | 靠拢 | 纠正 | 开发 | 延长 | 接近 | 降低 | 抓紧 | 放大 | 看见 | 说服 | 打倒 | 连通 | 推翻 | 推动 | 合成 | 促成 | 达成 | 丢掉 | 忘掉 | 取得 | 夺取 | 汲取 | 击破 | 听懂 | 打碎 | 喝醉

以上组合中，前一语素表示动作行为，后一语素表示动作行为的结果，前后之间有意义上的因果联系，依据发生时间先后进行组合。方家多有论述，此不赘言。

二　空间序列规则

空间序列是指前后两个语素组合是按照现实上下、高低顺序进行的，分为显性空间序列和隐性空间序列两大类，显性序列主要包括天地／乾坤序列、上下序列、高低序列、东西序列、南北序列、前后序列、左右序列、内外序列，隐性序列主要包括首尾／头尾序列、手脚／手足序列。

（一）显性序列

1. 天地／乾坤序列

　　天地 | 天崩地坼 | 天崩地裂 | 天差地远 | 天长地久 | 天公地道 | 天寒地冻 | 天荒地老 | 天昏地暗 | 天昏地黑 | 天经地义 | 天罗地网 | 天南地北 | 天悬地隔 | 天旋地转 | 天涯地角 | 天造地设 | 天时地利 | 天知地知 | 天诛地灭 | 天摧地塌 | 天翻地覆 | 别有天地 | 顶天立地 | 改天换地 | 呼天抢地 | 花天酒地 | 欢天喜地 | 昏天黑地 | 惊天动地 | 开天辟地 | 战天斗地 | 冰天雪地 | 洞天福地 | 翻天覆地 | 铺天盖地 | 幕天席地 | 感天动地 | 啼天哭地 | 上天入地 | 上天无路，入地无门 | 撑天拄地 | 欺天罔地 | 谩天昧地 | 怨天怨地 | 谈天说地 | 指天说地 | 经天纬地 | 谢天谢地 | 战天斗地 | 通天彻地 | 乾坤 | 乾坤再造

　　“天”与“地”、“乾”与“坤”组合时，无论紧邻组合还是间隔组合，基本为先“天”后“地”、先“乾”后“坤”。但也有个别相反的组合序列，多为并列组合在产生过程中形成的颠倒顺序组合，如：

　　地久天长 | 地老天荒 | 地覆天翻

2. 上下序列

　　上下 | 上下文 | 上下其手 | 上下通气 | 上下和睦 | 上下团结 | 上下一心 | 举国上下 | 全国上下 | 全家上下 | 上行下效 | 上求下告 | 不上不下 | 欺上罔下 | 欺上瞒下 | 敬上爱下 | 瞒上不瞒下 | 比上不足，比下有余 | 上下打量 | 上下移动 | 上下升降 | 上下距离 |

大楼上下 | 宝塔上下 | 浑身上下 | 上吐下泻 | 上梁不正下梁歪 | 上有天堂，下有苏杭 | 上不着天，下不着地 | 上无片瓦，下无立锥之地 | 不上不下 | 彻上彻下 | 不相上下 | 难分上下 | 上山下乡 | 上蹿下跳 | 上刀山，下火海 | 七上八下

"上"与"下"组合时，无论紧邻组合还是间隔组合，多数为先"上"后"下"，基本无例外。

3. 高低序列

高低 | 高低杠 | 眉眼高低 | 山高水低 | 手高手低 | 头高头低 | 眼高手低 | 不知高低 | 高不成，低不就 | 高不凑，低不就 | 高低不就 | 技艺高低 | 技术高低 | 本领高低 | 能力高低 | 地位高低 | 难分高低 | 见个高低 | 比个高低 | 高分低能 | 人往高处走，水往低处流 | 高吟低唱

"高"与"低"组合时，无论紧邻组合还是间隔组合，多数为先"高"后"低"，基本无例外。

4. 东西序列

东西 | 东邻西舍 | 东鳞西爪 | 东差西误 | 东零西落 | 东零西散 | 东奔西跑 | 东奔西走 | 东奔西向 | 东奔西撞 | 东冲西突 | 东逃西窜 | 东躲西藏 | 东掩西遮 | 东迁西徙 | 东飘西荡 | 东食西宿 | 东倒西歪 | 东扶西倒 | 东翻西倒 | 东说西说 | 东拉西扯 | 东鸣西应 | 东家长西家短 | 东支西吾 | 东想西想 | 东涂西抹 | 东张西望 | 东搜西摸 | 东量西折 | 东寻西觅 | 东央西告 | 东挪西借 | 东挪西凑 | 东拼西凑 | 东抄西袭 | 东诓西骗 | 东偷西摸 | 东征西讨 | 东荡西除 |

文东武西 | 朝东暮西 | 说东道西 | 声东击西 | 指东打西 | 指东说西 | 拆东补西 | 偷东摸西

"东"与"西"组合时，无论紧邻组合还是间隔组合，基本为先"东"后"西"，即使是与相同的对象组合，例如"东说西说""东想西想"等也是如此，基本无例外。

5. 南北序列

南北 | 南宾北斗 | 南橘北枳 | 南鹞北鹰 | 南辕北辙 | 南阮北阮 | 南枝北枝 | 南腔北调 | 南来北往 | 南来北去 | 南征北战 | 南征北伐 | 南征北讨 | 南箕北斗 | 南天北地 | 天南地北 | 山南海北 | 面南背北 | 眉南面北 | 走南闯北 | 指南打北

"南"与"北"组合时，无论紧邻组合还是间隔组合，基本为先"南"后"北"，即使是与相同的对象组合，例如"南阮北阮""南枝北枝"等也是如此，基本无例外。

6. 前后序列

前后 | 前后夹攻 | 前后颠倒 | 前后一致 | 前后矛盾 | 前后衔接 | 前街后巷 | 前赴后继 | 前仆后继 | 前仆后起 | 前呼后拥 | 前遮后拥 | 前思后想 | 前倨后恭 | 前倨后卑 | 前因后果 | 前歌后舞 | 前俯后仰 | 前仰后合 | 前合后偃 | 前合后仰 | 前言不搭后语 | 前言不接后语 | 前怕狼，后怕虎 | 前有山，后有水 | 前门拒虎，后门进狼 | 前事不忘，后事之师 | 前人栽树，后人乘凉 | 前人种树，后人乘凉 | 前无古人，后无来者 | 空前绝后 | 光前裕后 | 惩前毖后 | 瞻前顾后 | 想前顾后 | 思前想后

"前"与"后"组合时，无论紧邻组合还是间隔组合，多数为先"前"后"后"，基本无例外。需要指出，有些"前后"指时间上的先后，为行文上的方便，暂统一归在此处。

7. 左右序列

左右｜左右逢源｜左右开弓｜左右手｜左右袒｜左右邻舍｜左右采获｜左右为难｜左右两难｜左思右想｜左说右说｜左辅右弼｜左顾右眄｜左顾右盼｜左支右绌｜左支右诎｜左支右吾｜左邻右舍｜左邻右里｜左图右史｜左膀右臂｜左冲右突｜左躲右闪｜左挈右提｜左提右挈｜左图右书｜左宜右有｜左萦右佛

"左"与"右"组合时，无论紧邻组合还是间隔组合，多数为先"左"后"右"，基本无例外。

8. 内外序列

内外科｜内外耳｜内外角｜内外亲｜内外孙｜内外矛盾｜内外夹攻｜内外勾结｜内外交困｜内外有别｜国内外｜省内外｜海内外｜长城内外｜房子内外｜内忧外患｜内柔外刚｜内圣外王｜内紧外松｜直内方外｜暴内陵外

"内"与"外"组合时，无论紧邻组合还是间隔组合，多数组合为先"内"后"外"。但也有部分组合为先"外"后"内"，例如：

外方内圆｜外圆内方｜外宽内忌｜外宽内深｜外巧内嫉｜外柔内刚｜外亲内疏｜外愚内智｜外松内紧

部分为并列式先"内"后"外"序列的前后顺序颠倒。

（二）隐性序列

1. 首尾 / 头尾序列

首尾相连 | 首尾相符 | 首尾相继 | 首尾相通 | 首尾相应 | 首尾相赴 | 首尾相卫 | 首尾相援 | 首尾相救 | 首尾共济 | 首尾呼应 | 首尾互应 | 首尾一致 | 首尾贯通 | 首尾乖互 | 首尾夹攻 | 首尾受敌 | 首尾脱节 | 首尾狼狈 | 首尾两端 | 不顾首尾 | 街头巷尾 | 彻头彻尾 | 从头至尾 | 有头无尾

"首"与"尾"、"头"与"尾"组合时，无论紧邻组合还是间隔组合，多数为先"首"后"尾"、先"头"后"尾"，基本无例外。

2. 手脚 / 手足序列

大手大脚 | 七手八脚 | 轻手轻脚 | 重手重脚 | 快手快脚 | 慢手慢脚 | 笨手笨脚 | 慌手慌脚 | 毛手毛脚 | 碍手碍脚 | 绊手绊脚 | 束手束脚 | 缩手缩脚 | 蹑手蹑脚 | 拍手拍脚 | 指手画脚 | 搓手顿脚 | 手忙脚乱 | 手慌脚忙 | 手慌脚乱 | 手舞足蹈 | 手足重茧 | 手足无措 | 手足失措 | 手脚无措 | 手胼足胝 | 手足胼胝 | 手足情笃 | 手足情深 | 手足之情

"手"与"脚"、"手"与"足"组合时，无论紧邻组合还是间隔组合，多数为先"手"后"脚"、先"手"后"足"，基本无例外。

除上文所述体点规则、同素规则和临摹序列规则外，义位组合还有一些倾向性的规则。例如数量序列规则、标记序列规则、主次序列规则等，限于篇幅，暂不详细展开，仅简单举例说明。

数量序列规则是指，表示数量类义位组合时，多为数量少的在前、数量多的在后，以"一"与其他数字的组合为例，主要包括"一…二…""一…两…""一…三…""一…十…""一…百…""一…千…"等。

一…二…：一干二净 | 一清二楚 | 一清二白 | 一穷二白 | 一差二错 | 一来二去 | 一身二任 | 一客不烦二主 | 一不做二不休 | 一是一，二是二 | 一不怕苦，二不怕死 | 一佛出世，二佛生天 | 说一不二 | 丁一卯二 | 丁一确二 | 有一无二 | 独一无二 | 数一数二 | 只知其一，不知其二 | 划一不二

一…两…：一床两好 | 一双两好 | 一刀两断 | 一刀两段 | 一举两得 | 一簧两舌 | 一身两役 | 一栖两雄 | 一搭两用儿

一…三…：一国三公 | 一日三秋 | 一波三折 | 一板三眼 | 一唱三叹一岁三迁 | 一隔三反 | 一沐三捉发 | 一饭三吐哺 | 一日不见，如隔三秋 | 举一反三

一…十…：一目十行 | 一馈十起 | 一曝十寒 | 一以当十

一…百…：一倡百和 | 一唱百和 | 一呼百诺 | 一呼百应 | 一了百了 | 一了百当 | 一树百获 | 惩一儆百 | 惩一戒百 | 杀一激百 | 杀一儆百 | 讽一劝百 | 罚一劝百

一…千…：一刻千金 | 一字千金 | 一诺千金 | 一饭千金 | 一壶千金 | 一掷千金 | 一日千里 | 一举千里 | 一泻千里 | 一落千丈 | 一发千钧

其他如"三从四德""七上八下""七手八脚""千千万万"等，也有与此顺序相反的组合，但数量远低于这种组合序列。

标记序列规则是指，无标记语素或义位常在前，有标记语素或义位常在后，例如"高低、深浅、远近、粗细、快慢、大小、好坏、强弱、

多少"等等。

主次序列规则是指，语义中主要的、地位高的语素或义位常在前，次要的、地位低的语素或义位常在后，例如"本末、皇后、主次、主从、天地、父女、父兄、父子、王公、爹妈、儿孙"等等。这里的地位高，既包括显性的家庭地位、亲属称谓类，也包括隐性的人们对词语地位高低的认识与评价，这方面往往容易被人们所忽视。例如，我们可以发现，当"语"和"言"同时出现时，紧邻组合中既有"语言"也有"言语"，间隔组合中多数是"言"在前而"语"在后，较少有例外，例子见下：

千言万语 | 三言两语 | 片言只语 | 一言两语 | 豪言壮语 | 甜言蜜语 | 甜言美语 | 甜言软语 | 花言巧语 | 好言好语 | 冷言冷语 | 冷言热语 | 冷言酸语 | 风言风语 | 风言俏语 | 殊言别语 | 直言说语 | 流言蜚语 | 闲言碎语 | 空言虚语 | 污言秽语 | 讹言谎语 | 不言不语

"言"和"语"的区别在哪儿？现代汉语中两者的区别不大，古汉语中区别较大，"直言曰言，论难曰语"，"言"是自己陈述、自抒己见，"言"可以不带宾语，可以带指事宾语，带指人宾语较少且必须用"与"或"于"引进，例如："嘉为先言于秦王"（《战国策·燕策》）。"语"与"晤"同源，相见曰"晤"，对谈曰"语"，"语"要强调告知他人、与人谈论，后面可以带与谁说的、说的什么事，即指人宾语、指事宾语，例如："公语之故，且告之悔"（《左传·隐公元年》），"之"指颍考叔。但上述区别不足以解释"言"和"语"组合位置先后的原因，通过大量组合事例可见，"言"包含着正式的、严谨的、较为重大的意义特点，组合如"雅言""正言""金言""名言""格言""箴言""至言""法言""吉言"等，"语"包含着非正式的、口头流传的、略显随意的意义特点，组合如"鄙语""野语""俗语""私语""谚语""番语""夷语""俚语""口语"

"论语""鸟语"等。在人们的认知中，"言"比"语"更加严谨、正式和规范，间隔组合中多数是"言"在前而"语"在后。随着语言的发展，两者的区别逐渐减小。

第四章　义位组合的变异

义位在进入组合后会发生同化、异化、广化、狭化等多种变异。"整体大于部分之和"，组合并不是单纯数量的变化，而是一种质变。"语义被置于言语的动态组合系列中时，其义素的交际结构较之在语言的静态聚合系统中，可能发生变异。"[①]前人对同化、广化、狭化讨论较多，对对立异化、逆化讨论较少，我们重点讨论对立异化和逆化这两类。

第一节　义位组合的对立异化[②]

本节针对现代汉语义位组合中的对立异化现象，以《现汉》(第6版)和《现代汉语搭配词典》为封闭域进行全量统计，共得出81对对立异化的义位或变体。从语义的角度将其分为情态对立、两极对立、方向对立、结果对立、关联对立五种类型。最后，从认知语义学凸显(salience, prominence)和视角(perspective)的角度对该语义现象产生的原因进行尝试性解释。

---

① 张家骅、彭玉海、孙淑芳、李红儒：《俄罗斯当代语义学》，商务印书馆，2005年，第3页。
② 本节初稿发表于2015年第4期的《语文研究》，在恩师郑振峰先生指导下完成，收入本书时进行了修改。

一　引言

现代汉语中有这样一种特殊的语义现象，"斗"在"斗胆、斗印、斗碗、斗石、斗大的字"等组合中异化为"大"，在"斗室、斗舍、斗城、斗门、斗船"等组合中异化为"小"；"花"在"姊妹花、交际花、校花、花容月貌、闭月羞花"等组合中比喻漂亮的年轻女子，含褒性陪义，在"烟花女子、花门柳户、花街柳巷、柳陌花衢、墙花路柳、寻花问柳、拈花惹草、攀花折柳"等组合中比喻风情女子，含贬性陪义。

张志毅、张庆云先生将上述这种同一义位在不同组合中异化为对立或有差异的变体的现象称为"异化"，异化是指"同一个义位，在不同的义位组合里可能异化为对立或有差异的变体。"异化是针对同化而言的，同化是指"原来的两个义位是有差别的，在义位组合里同化无别。公式为 $S_1+S_2 \rightarrow SS$"。[①] 例如："玉谓之琢，石谓之磨。"（《尔雅》）→琢磨、"草曰零，木曰落。"（《说文》）→零落。对此，唐人孔颖达、贾公彦称之为"对文则别，散文则通"，清人段玉裁称之为"析言则异，浑言则同"，章黄及齐佩瑢关于词义的"通""别""圆""专"讲得更加透彻。

那么，异化的公式应该是 $S+Y_1 \rightarrow S_+$；$S+Y_2 \rightarrow S_-$，即同一个义位 S，在不同的语境中分别与不同的义位 Y_1 和 Y_2 组合，异化为两个不同的对立变体 S_+ 和 S_-。张志毅先生将异化分为两极异化和差异异化两种，差异异化"指事物不同的侧面，或指义位的不同方面的义素"[②]。即义位在不同的组合里出现了有差异的变体。举例为："这球$_1$ 真好看→指球的样式、颜色等。这球$_2$ 真结实→指球的质料和缝制的质量。这球$_3$ 真大→指球的体积。"差异异化数量较多，本书只讨论诸如"斗"异化为"大"和"小"

---

① 张志毅、张庆云：《词汇语义学》（第三版），商务印书馆，2012 年，第 204、203 页。

② 同上注，第 205 页。

等的这种对立异化现象。

　　我们以《现汉》（第 6 版）和《现代汉语搭配词典》为封闭域，进行了全量统计，发生对立异化的义位（或变体）共计 81 对。[①]与详解词典不同，对于中型语文词典来说，义位变体可能既不分立义项，也少用释义说明，仅用例子来补充释义、点明用法，甚至连例子也不给出。为补《现汉》（第 6 版）该方面之缺，我们辅以《现代汉语搭配词典》。

　　为了全面分析该语义现象的特点及成因，我们统计了同一义位的意义相反或相对的例证组合和同一词位下两个意义相反或相对义位的例证组合这两种情况。严格意义上的义位变体应该是在同一义位下的不同组合中的体现（上述第一种情况），之所以还统计进了多义词下相反相对的两个义位（上述第二种情况），主要基于以下两方面考虑：第一，义项划分的主观性较强，在意义链条的薄弱处切分缺乏客观的标准。例如，《现汉》（第 6 版）中只列为一个义项的，《现代汉语搭配词典》中就有可能分为两个义项。第二，现代汉语中的两个义位在形成初期也是以义位变体的身份出现的，只不过用例逐渐增多，分裂为一个独立的义位而已。美国语言学家马提索夫认为："在任何时点上，每种语言都充满着变异的形式，我们在共时观察到的变异，就是将来在历时上产生变化的苗头。"[②]伍铁平先生认为："修辞上的反语和词汇中的独立的义项这二者之间的界限以及修辞学、语用学和词汇学这三者之间的界限是模糊的，是不能一刀两断的；它们是可以相互渗透和转化的。"[③]因此，我们忽略表层的究竟

---

① 其中形容词义位 25 对，动词 22 对，名词 28 对，量词 2 对，形动 2 对，动名 1 对，名形 2 对。

② 原文见徐通锵整理：《美国语言学家谈历史语言学》，载《语言学论丛》第十三辑，本书引自周光庆：《古汉语词汇学简论》，华中师范大学出版社，1989 年，第 191 页。

③ 伍铁平：《再论词义向其反面转化和一个词兼有相反的两个意义》（上、下），《外国语》，1991 年第 3、4 期。

是一个义位的变体还是多义词的两个义位这一形式，专注于该语义现象的特点和形成原因的揭示。

前人从郭璞开始，到郝懿行、洪迈、杨慎、段玉裁、朱骏声、王念孙、钱大昕、俞樾、章太炎、黄侃、刘师培、杨树达、陆宗达、董璠、徐世荣、王宁、蒋绍愚、张博等先生已对上古汉语中的"反训"现象进行了研究与梳理，郭在贻先生在《训诂丛稿》（1985）中对唐诗中常见的"反训"现象进行了分析。萨丕尔的 *Selected Writings in Language, Culture and Personality*（1949）、布达戈夫的《语言学概论》（1953）和《语言科学导论》（1958）、厄尔曼的《语义学》（1962）、莱昂斯的《理论语言学导论》（1977）和我国的伍铁平等先生，对英语、俄语、德语等外语中存在的一词兼有相反二义现象进行了研究。

且不论"反训"术语是否科学，从郭璞的"义相反而兼通"和"美恶不嫌同名"、洪迈的"字义相反"、段玉裁的"穷则变，变则通"和"相反而成"、邓廷桢的"相反为义"和"一字兼两义"、朱骏声的"两谊相反之字"、王念孙的"相反而实相因"、钱大昕的"反训"、俞樾的"美恶同辞"，到徐世荣先生的"义兼反正"、伍铁平先生的"一词兼有相反二义"、王宁先生的"反义同词"，再到张志毅先生的"对立异化"，说明这一语义现象存在于古今中外各语言系统中。从现代语义学角度对现代汉语中存在的此类现象进行的研究，还比较薄弱。

二　词典中的存在形式

《现汉》（第 6 版）中主要有两种情况：

第一，从《现汉》（第 6 版）同一义项的释义和不同组合例证中总结，例如：

【销魂】灵魂离开肉体，形容极度的悲伤、愁苦或极度的欢乐。

也作消魂。

　　【贷】② 借入或借出：～款｜银行～给工厂一百万元。[①]

　　【刷】② 用刷子清除或涂抹：～牙｜～鞋｜～锅｜用石灰浆～墙。

第二，从《现汉》(第 6 版)同一词位的不同义项中选取，例如：

　　【传统】② 世代相传或相沿已久并具有特点的：～剧目。③ 守旧；保守：老人的思想比较～。

　　【媚】① 有意讨人喜欢；巴结：谄～｜献～。② 美好；可爱：妩～｜明～。

《现代汉语搭配词典》中主要分为两种情况：

第一，在同一义项中明确说明含有相反相对的意义，这种情况较少。例如：

　　斗⑤ 大或小。词～胆 //～室 /～门。语～胆顶嘴 / 蜗居～室。
傲：自高自大，也指高傲不屈。

第二，义项中没有明确说明，需要从组合对象中概括总结，这种情况较多。例如：

　　拜④ 崇敬。词～服 /～倒 //～物教 /～火教 / 崇～。语～金主义 / 崇～权威 / 俯首～服。成～倒辕门 /～倒脚下 / 甘～下风 /～倒

---

① 本书引用词典信息时，与释义、例证无关的其他信息一般均省略。

在石榴裙下。[①]

本书材料及例证不进行说明的，均来自《现汉》（第6版）与《现代汉语搭配词典》。

三　对立异化的类别

（一）情态对立

情态对立涉及情感、态度、评价等多方面的肯定与否定、贬降与扬升之类的对立。从雅柯布逊（1960）到帕默尔（1981）、利奇（1983）、兹古斯塔（1983，）再到倪波和顾柏林（1995）、张志毅和张庆云（2001），多倾向于将情感、态度、评价合并。"顺势，我们把这三种陪义合称为'情态陪义'，它反映的是语言共同体的喜、怒、爱、憎、敬、谦、褒、贬等伴随基义的主观信息。"[②]包括形容词义位、名词义位和动词义位。

"传统"在下面两个系列组合里，向肯定和否定的两极异化。

传统①：指长久相传的具有特点的，肯定的

传统工艺｜传统剧目｜传统节目｜传统友谊｜传统教育｜传统产业

传统②：指陈旧的，否定的

传统观点｜传统观念｜传统习惯｜传统道德｜传统管理（张志毅、张庆云，2012：204）

花1：比喻漂亮的年轻女子

---

① "拜倒"释义为"跪下行礼，表示崇拜或屈服（多含贬义）"。"拜服"释义为"敬辞，佩服：他的博闻强识，令人～"。

② 张志毅、张庆云：《词汇语义学》（第三版），商务印书馆，2012年，第40页。

姊妹花｜交际花｜校花｜花容月貌｜闭月羞花

花2：比喻风情女子

花魁女｜烟花｜烟花女子｜花门柳户｜花街柳巷｜柳陌花衢｜

闲花野草｜风花雪月｜墙花路柳｜寻花问柳｜拈花惹草｜攀花折柳

事1：好事

玉成其事

事2：坏事

息事宁人｜事故｜事端｜祸事｜横事｜肇事｜滋事｜生事

脾气1：好的性情

她的脾气很好，从来不急躁

脾气2：容易发怒的性情；急躁的情绪

发脾气｜有脾气

匠1：有专门技艺的人

木匠｜铁匠｜瓦匠｜石匠｜皮匠｜画匠｜篾匠｜花匠｜小炉

匠｜泥水匠｜泥瓦匠

匠2：有突出成就的人

巨匠｜宗匠｜一代宗匠｜文学巨匠[①]

诱1：（往好的方面）诱导

循循善诱｜诱导学生学习｜劝诱失足青年｜诱掖后进

诱2：（往坏的方面）引诱

引诱｜诱使｜诱惑｜诱骗｜诱拐｜诱奸

---

① "匠1"还与"师""家""宗"等相对立。张志毅先生经常教导学生要"脱去匠气，生发师魂"。"匠气，就是工匠式的缺乏创新的习气；师魂，就是大师式的重大原创的思想。木匠的产品是桌椅板凳，画匠的作品是毫无新意的图案。大师的产品是蒸汽机、电动机、日心说、相对论等等。"

义位演变中基义与陪义发生贬降、扬升以及多次发生贬降与扬升概率最高的常常也是该类义位。诸如由褒变贬的"爪牙、复辟、silly（快乐的→糊涂的）"等，由褒变中的"人士"等，由中变贬的"伪、卑鄙、vulgar（普通的→粗俗的）"等，由贬变褒的"臣、minister（仆人→部长）"等，由中变褒的"发明、angel（信使→天使）"等，由贬变中的"氛（恶气→气）、woman（不雅、粗俗的女子→妇女）"等。[①]

（二）两极对立

两极对立指名量形向大小、多少等两极异化，主要包括名词义位、形容词义位、量词义位。例如：

作为容量单位的"斗"，在下面两个系列组合里，向对立的两极"大"和"小"异化。

$$斗1=［斗+（斗>N）］→大$$
$$斗胆｜斗印｜斗碗｜斗石｜斗大的字$$
$$斗2=［斗+（斗<N）］→小$$
$$斗室｜斗舍｜斗城｜斗门｜斗船$$

斗1异化为"大"，条件是"斗"后面跟上一个比"斗"的体积小的名词义位。斗2异化为"小"，条件是"斗"后面跟上一个比"斗"的体积大的名词义位。

尺1：小
咫尺｜尺寸之功｜道高一尺，魔高一丈｜尺幅千里

---

① 详见张志毅、张庆云：《词汇语义学》（第三版），商务印书馆，2012年，第256—259页。

尺2：大

冰冻三尺，非一日之寒｜尺有所短，寸有所长｜寸土尺金

"尺"与"斗"相同，作为长度单位，"尺"介于"丈"和"寸"之间。"寸"形容极短、极小的事物，如"寸步不离""寸草不留""寸功""寸进""寸土""手无寸铁""肝肠寸断""寸土尺金"。当"尺"与"寸"对比出现的时候，异化为"大"；当"尺"与"丈""里"对比出现的时候，异化为"小"；当"尺"与"寸""咫"[①]连用的时候，两者同化为"小"。

（三）方向对立

方向对立指动作行为的方向相反，来与去、进与出、买与卖等。例如：

驱1＝（驱＋所驱的对象）→驱走（逐）

驱邪｜驱虫｜驱敌｜驱胡｜驱鬼

驱2＝（为＋场所＋驱＋所驱的对象）→驱来（去）

为渊驱鱼｜为丛驱雀｜为汤武驱民

借1：暂时使用别人的物品或金钱；借进

向他借书｜跟人借钱

借2：把物品或金钱暂时供别人使用；借出

借书给他｜借钱给别人｜把笔借给我用一下

（四）结果对立

结果对立指动作结果相反，存在与消失、排斥与取得等。

---

① 我国古代称八寸为咫。

抹1："涂抹"使存在

涂抹｜抹彩｜抹黑｜抹粉｜抹灰｜抹泥｜抹糨糊｜抹胭脂｜抹唇膏｜抹化妆品｜抹一鼻子灰｜涂脂抹粉｜东涂西抹｜浓妆艳抹

抹2："除去"使消失

抹嘴｜抹眼泪｜哭天抹泪｜抹杀｜抹煞｜抹零｜抹杀成绩｜抹煞真理｜一笔抹杀

涂1："涂抹"使存在

涂抹｜涂饰｜涂料｜涂漆｜涂油彩｜涂色｜涂口红｜涂药膏｜涂指甲｜涂写｜涂鸦｜涂写标语｜东涂西抹｜信笔涂鸦

涂2："除去"使消失

涂改｜涂改证件｜涂乙｜涂掉｜把写错的字涂掉｜涂标语

攘1：排除；排斥

攘除｜攘外｜攘除奸邪｜攘外安内

攘2：夺取；得到

攘夺｜攘夺政权｜攘人之美

（五）关联对立

主要发生在名词义位上，既表起点也表终点，既表植物也表动物。

头：物体的一端或事情的起点、终点（有两头）。

头1：起点

箭头｜弹头｜枪头｜矛头｜被头｜报头｜从头到尾｜有头无尾

头2：终点

一年到头｜烟头｜零头｜铅笔头｜粉笔头

秧1：植物的幼苗

树秧儿｜白菜秧儿｜黄瓜秧儿｜秧田｜插秧｜秧苗｜秧龄

秧 2：幼小的动物

鱼秧儿｜鸡秧儿｜猪秧儿

苗 1：初生的植物

苗木｜苗床｜苗圃｜幼苗｜青苗｜嫩苗｜禾苗｜稻苗｜麦苗｜

树苗｜秧苗｜豆苗｜蒜苗｜间苗｜补苗｜苗情｜

苗 2：初生的动物

鱼苗｜鳗苗｜蟹苗｜猪苗｜苗猪

四　对立异化的认知研究

以辩证法为哲学基础的词义引申说是对这一语义现象最具解释力的阐述，认为世界万物都是矛盾对立的统一体，矛盾对立的双方会在一定条件下向其对立面转化，反训现象是辩证法在语言中的一个反映。陆宗达和王宁先生指出："相反为训是由反正的引申造成的，它反映了古人对事物发展过程的一种哲理性认识。"①

但是产生这种现象的原因是多方面的，也可以进行多角度解读。传统训诂学从"内含、互换、引申、适应、省语、隐语、殊方、异俗"等方面解释。② 模糊语言学、认知语言学等现代语言理论也比较关注该现象，伍铁平先生运用模糊语言学理论对古今中外的"一词兼有相反二义"现象进行了较好的解释，"产生这种现象的原因是多方面的，其中的一个原因是语言的模糊性。以'大''小'和'长''短'为例，它们虽然是公认的反义词，但不是截然对立的。大同小、长同短之间并没有一条泾渭

---

① 　陆宗达、王宁：《训诂方法论》，中国社会科学出版社，1983 年，第 152 页。

② 　林仲湘先生以《辞海》1979 年版为统计对象，认为其中义兼正反的词素、词、词语大约有 600 个，其中百分之七八十均属于词义的引申，详见《反训研究的意义及反训的成因》，发表于《广西大学学报》(哲学社会科学版) 1983 年第 1 期。

分明的绝对界限。换句话说，它们所表达的都是一些模糊概念，因此具有很大的相对性。很容易向它的对立面转化"[①]。师璐先生主要针对英语中的此类现象，"基于 Langacker 的《认知语法》等相关论著，阐释、分析了影响不同意象形成的三个主要因素：选择、凸显与视角，并尝试探寻词义延伸过程中同词反义得以产生的认知理据"[②]。由此启发我们从认知的角度尝试阐释汉语中的对立异化现象。

凸显（salience, prominence）

凸显主要指在观察事物时哪些方面会成为注意的焦点部分。注意的焦点不同，可以凸显不同的侧面。在不同组合中凸显出词位相反相对的两个侧面时，就为对立异化的发生创造了条件。

1. 凸显的动作主体不同

主要体现在动词义位方向对立这一类中。构建这些动词的意象里涉及施事者和受事者两方，双方相互对立又相互依存。整个动作行为是由双方共同实现的，缺一不可，双方形成一个对立的统一体（a unity of opposites）。

例如"驱"的"驱走（逐）"义与"驱来（去）"义分别从主动驱赶一方和被驱逐的一方而言的，是整个完整行为的前后两个阶段，前者凸显出"实施者"，后者凸显出"受事者"。类似的还有"借"既指"借入"，也指"借出"；"贷"既指"借入"，也指"借出"；"酤"既指"买（酒）"，也指"卖（酒）"；"沽"既指"买"，也指"卖"等。

2. 凸显的事物特征不同

主要体现在名词和形容词义位的情态对立和两极对立方面。有的事物包含两个相对立的侧面，当两个侧面被分别凸显时，可引申出两个相

---

①　伍铁平：《模糊语言学》，上海外语教育出版社，1999 年，第 187 页。

②　师璐：《同词反义的认知研究》，《西安外国语大学学报》，2008 年第 1 期。

反的义项。

例如："老"既有"老亲、老朋友、老交情、老搭档、老同学、老资格、百年老店、老牌名酒、高风亮节的老干部、久经沙场的老战士、革命摇篮的老解放区"等表示肯定的，也有"老掉牙、老一套、老账、老皇历、老古董、老顽固、老机器、老设备、老眼光、老脑筋"等表示否定的，"传统"与"老"同。当凸显出因时间久而沉淀、积攒的信誉、友情、经验等，便有"时间长、资历老、经验足、信得过"等肯定义；当凸显出因时间久而不知革新、创新，跟不上形势、时代的发展等，便有"陈旧、迂腐、僵化、故步自封"等否定义。"初出茅庐"之"初"凸显刚进入社会或工作岗位，缺乏经验；"初生之犊"之"初"凸显勇敢胆大、敢作敢为。

"儒"既有"大儒、名儒、鸿儒、儒雅、儒商"，也有"腐儒、旧儒"，前者凸显"儒"温文尔雅、学识渊博的一面，后者凸显"儒"酸腐、不明事理的一面。"毕其功于一役"，在孙中山《〈民报〉发刊词》"吾国治民生主义者，睹其祸害于未萌，诚可举政治革命、社会革命毕其功于一役"中，凸显将分期分批做的事情一举完成；在毛泽东《新民主主义论》八"例如社会主义的任务，合并在民主主义任务上面去完成，这叫做'毕其功于一役'，那就是空想"中，凸显过于急于求成。

视角（perspective）

视角指的是说话人描写场景时所选取的角度，该角度会影响观察结果，也会影响语言表达。同一事物，在不同的民族文化、不同时代的优越视点是不同的，体现出一定的东西方差异、古今差异甚至地方差异。这在上文特殊性中已有介绍，此不赘述。

"凸显"多为普遍的共性，"视角"多为特殊的民族性。

另外，我们认为同一义位的两个变体分别表示泛指义与特指义、上位义与下位义、整体义与部分义、类别义与成员义、具体义与抽象义等类型常用来表示模糊义与精确义，可看作广义的对立异化，我们另撰文研究。

既表泛指义也表特指义。如："日"既"泛指一段时期"，也"特指某一天"。

日1：泛指一段时期

时日｜往日｜昔日｜向日｜旧日｜曩日｜平日｜素日｜近日｜不日｜指日｜日来偶感小恙｜日内举行大会｜日久天长｜不可同日而语

日2：特指某一天

日期｜假日｜生日｜忌日｜国庆日｜双休日

"日"既指"白天"，也指"白天、黑夜"。

日1：白天

日班｜日夕｜日夜

日2：一昼夜

日历｜日程｜今日｜当日｜明日｜次日｜逐日｜吉日｜末日｜终日｜一日三秋｜花无百日红｜养兵千日，用兵一时｜冰冻三尺，非一日之寒

数字既表具体也表抽象。如：

三1：具体义

三伏｜三代｜三角｜三部曲｜三轮车｜三叶草｜三脚架｜三棱镜｜三民主义｜三维空间

三2：抽象义

入木三分｜三天打鱼，两天晒网｜三番两次｜三言两语｜三长两短｜一波三折｜一问三不知｜接二连三｜几次三番｜举一反三

第二节　义位组合的逆化 ①

义位组合的逆化是指义位进入组合后发生了相反相对的变异。本节主要分析了义位在情态陪义、风格陪义和基义上的逆化及其在词典中的存在形式，并从组合体中发生逆化的义位位置角度考察了逆化的三种类型，探讨了逆化分布的互补性、数量的不平衡性、意义的关联性特点。

一　引言

现代汉语中有这样一种特殊的语义现象，有的褒性语素在组合之后，附带上了贬性意义。例如，"尊"指地位或辈分高，含敬重、尊崇意，多用于敬辞，常称跟对方有关的人或事物，例如"尊公、尊府、尊侯、尊翁、尊慈、尊堂、尊亲、尊驾、尊号、尊讳、尊姓大名"等，但是，"尊容"却"指人的相貌（多含讽刺意）：看他那副～，真让人恶心"[《现汉》（第 6 版）]，这种是组合前后语素的理性意义不变，附属意义相反相对。

还有的语素在组合前后理性意义发生相反相对的变化。例如，"胜"指"胜利（跟"负、败"相对）：打～仗｜取～"[《现汉》（第 6 版）]，但是，"胜国、胜朝"指失败而灭亡的国家、朝代，例如"胜朝旧事、胜朝遗老"指被本朝所取代的上一个朝代的事或改朝换代后仍然效忠前一朝代的老人。我们把上述现象称为义位组合的逆化。

所谓逆化，英语学界权威王宗炎先生指出："为了某些特殊原因，人们把词反过来用。如文言中有以'胜国'指已亡之国，以'胜朝'指前

---

① 本节初稿曾于 2016 年 4 月在北京大学举办的汉语词汇学第十一届全国研讨会上宣读，后收入《词汇学理论与应用》（九），商务印书馆 2018 年 6 月出版，收入本书时进行了修改。

朝。在早期白话小说中有'欢喜冤家';在现代白话中也有以'宝贝'指无能或奇怪荒诞的人。此外,还有'寿材、寿木、寿衣、寿穴'(都是死人用的)。"[1] 本书立足于义位组合的角度,对逆化现象进行分析。究竟是哪些原因形成的,为什么这些义位组合后可以发生逆化,逆化的是义位的哪些部分,可以分为哪些类型,具有什么特点等,这些问题需要我们探讨。

"语义组合的微观世界是义位的组合。义位组合包括:A. 义位内部组合,即素义之间的组合;B. 义位外部组合,即义位之间的组合。"[2] 义位组合是深层现象,表层为语素或词语的搭配。本书既包括 A 类组合(表现为语素与语素组合为词),也包括 B 类组合(表现为词与词组合为词组)。

义位组合的逆化是指义位的基义(大致等同于理性意义)或陪义(大致等同于附属意义)在组合中发生了相反相对的变异,可用公式表示为 $S_1 \rightarrow S_1+S_2=-S_1+S_2$。即当义位 S_1 进入与 S_2 的这个组合中时,S_1 变异为负 S_1,我们把 S_1 的这种变异称为逆化。

二　组合逆化的三种情况

(一)有的语素在组合后仅有这样一个意义,该意义与组合前相反相对。

例如:"尊 + 容"组合后只有"指人的相貌(多含讽刺意)"这样一个意义;[3] "顶礼 + 膜拜","顶礼"表示"跪下,两手伏在地上,用头顶着所尊敬的人的脚,是佛教徒最高的敬礼"[《现汉》(第 6 版)],而"顶礼膜

---

① 王宗炎:《汉语词汇学的新探索》,《语文建设通讯》,1998 年第 10 期。

② 张志毅、张庆云:《词汇语义学》(第三版),商务印书馆,2012 年,第 172 页。

③ 本书仅针对现代汉语而言,"尊容"原指"尊贵的容貌,特指对佛像、神像的敬称",例如,北魏郦道元《水经注·漯水》:"立祇洹舍于东皋,橡瓦梁栋,台壁棂陛,尊容圣像,及床坐轩帐,悉青石也。"

拜""形容对人特别尊敬（多用于贬义）"［《现汉》（第 6 版）］。

（二）有的在组合后有两个或多个意义，其中一个意义与原语素义为顺接（相同相近）关系，另一个为逆接（相反相对）关系，并且这两个组合后的意义之间为相反相对的关系。

例如："冤 + 家"组合后有两个意义，一是"仇人：～对头"，一是"称似恨而实爱、给自己带来苦恼而又舍不得的人（旧时戏曲或民歌中多用来称情人）"。"冤"的"冤仇"意义与"仇人"为顺接，与"似恨而实爱、给自己带来苦恼而又舍不得的"为逆接。

"宝 + 贝"组合后有三个意义，分别为"指珍奇的东西"，"对小孩儿的爱称"和"指无能或奇怪荒诞的人（含讽刺意）：这个人真是个～！"，"宝"的"珍贵的"意义与"珍奇的""爱称"为顺接，与"无能或奇怪荒诞的"为逆接。

以上两种情况是针对同一个词来说的。

（三）有的语素在组合后可以形成多个与组合前在意义上相反相对的词，形成两组相反相对的词群。这是针对多个不同的词来说的。

例如："胜 + 朝""指前一个朝代（被本朝战胜而灭亡的朝代）：～遗老"［《现汉》（第 6 版）］。"胜 + 国"指"被灭亡的国家"［《汉语大字典》（第 2 版）］。"胜朝""胜国"与"胜利""取胜""胜负""胜仗"形成两组相反相对的词群。

把已死或将死之人使用的称为"寿材""寿衣""寿穴""寿盒""寿木"等，这些词与"寿面""寿桃""寿酒""寿星"等形成两组相反相对的词群。

如果这种相反相对的用法数量有限的（一般局限于一到两个组合体）话，辞书中一般无须单独列出一个义项（例如"胜"的战败意、"尊"的讽刺意）。如果这种用法达到一定的数量（一般为三个及以上），辞书中应该给出一个义项，或在相关义项后注明，即便不注明，最起码也要给出一个词例。例如,《现汉》(第 6 版)对于"寿",给出义项"婉辞。生前预备的;装殓死者的"。

　　这是针对中型语文辞书来说的,大型历时性辞书、详解性辞书及对外汉语教学词典最好把该相反相对的意义列出一个义项。例如,《汉语大词典》和《汉语大字典》对于"胜"的战败义给出了义项,并标注"专用于'胜国''胜朝'"。

　　三　逆化的内容分类

　　(一)情态陪义
　　情态陪义发生变化的,对于发生逆化的组合体,词典中多以"(含贬义)""(多含贬义)""(多用于贬义)"或"(多含讽刺意)"进行提示。这是发生逆化数量最多的一种,"它反映的是语言共同体的喜、怒、爱、憎、敬、谦、褒、贬等伴随基义的主观信息"[①]。例如:

　　【忠顺】忠实顺从(今多用于贬义):～的奴仆。

　　"忠"在"忠诚、忠心、忠厚、忠良、忠义、忠勇"等组合中都是褒义,"忠顺"多用于贬义。

　　【尊容】指人的相貌(多含讥讽意):看他那副～,真让人恶心。

　　需要指出,词典中大多数"(含贬义)""(多含贬义)""(多用于贬义)"或"(多含讽刺意)"并非发生组合的逆化。例如:

---

① 张志毅、张庆云:《词汇语义学》(第三版),商务印书馆,2012 年,第 40 页。

【毙死】丧命（含贬义）。

【变卦】已定的事忽然改变（多含贬义）：昨天说得好好的，今天怎么～了。

【胆大包天】形容胆量极大（多用于贬义）。

【病夫】体弱多病的人（含讥讽意）。

（二）风格陪义

逆化还发生在"风格陪义"上，"它是义位因语源、语体、语域、语气、语用以及心理诸多因素形成的，按表意的不同层次的正式程度（levels/degrees of formality）划分出的典雅、粗俗等附属义"①。

词典中多以"（多含诙谐意）"进行提示。

【雅号】① 高雅的名号（多用于尊称人的名字）。② 指绰号（含诙谐意）：我倒不晓得他还有这么一个～呢！

雅，主要指"高尚；不粗俗"，例如"文雅、高雅、娴雅、风雅、儒雅、典雅、雅致、雅座、雅士、雅趣、雅兴"等，还用于"敬辞，用于称对方的情意、举动"，例如"雅意、雅量、雅教、雅正、雅尚、雅嘱、雅鉴"等。

这是风格上的对立，一种是正式、典雅的，一种是非正式、诙谐的。同样，词典中大多数标有"（含诙谐意）""（多含诙谐意）"并非发生逆化。例如：

【打游击】从事游击活动；比喻从事没有固定地点的工作或活动

---

① 张志毅、张庆云：《词汇语义学》（第三版），商务印书馆，2012 年，第 43 页。

（含诙谐意）。

【黑枣】③ 方言，被枪毙叫吃黑枣（含诙谐意）。

【回老家】指死去（多含诙谐意）。

【话痨】指说话特别多的人（含讥讽或诙谐意）。这个～，说起来没完了。

（三）基义

"基义是义位的基本义值、基本语义特征，是义位的核心（义核）、基础、支柱、主导。"[1] 大体相当于传统词汇学、语义学的理性义。基义发生逆化的组合体，词典中多没有标记。除上述"胜国""胜朝"外，再如：

【下操】① 指出操：我们上午～，下午上课。② 指收操：他刚～回来，跑得满头大汗。

"下"后加名词多表示"结束"义，例如"下课、下班、下岗、下工、下学"等，与"上"加名词"上课、上班、上岗、上工、上学"表示"开始"义对应整齐。但在"下＋操"组合中，"下"既表示"收操、结束"义，又表示"出操、开始"义，并且同时存在于普通话系统中。[2]

【下船】① 从船上到岸上；上岸。②〈方〉从岸上到船上；登船。

---

[1] 张志毅、张庆云：《词汇语义学》（第三版），商务印书馆，2012 年，第 17 页。

[2] "下"＋"工具性名词"表示开始进行某项活动，例如"下刀、下笔、对症下药"，与此处名词特征不同。

"下" + "船" 在普通话系统中表示"下船上岸"义，在方言系统中还可表示"登船"义，这是发生逆化后的两个相反相对的义位分布上互补性的一种表现。

四　逆化的形式分类

发生逆化的 "S_1+S_2" 既不是简单的线性组合关系，即 $S_1+S_2=S_1+S_2$ 或 $S_1+S_2=-S_1/S_2$，也不是词义糅合，即 $S_1+S_2=S_1\,S_2/s_1\,S_2/S_1\,s_2$，而是 $S_1+S_2=(-S_1)+S_2$，或 $S_1+S_2=S_1+(-S_2)$，或 $S_1+S_2=(-S_1)+(-S_2)$。[①] 这是从组合体中发生逆化义位的位置关系角度考察的。

（一） $S_1+S_2=(-S_1)+S_2$

组合后，前一个义位发生了逆化，后一个义位未变，这种类型的逆化数量较多。例如：

> 【胜朝】指前一个朝代（被本朝战胜而灭亡的朝代）：～遗老。
> 【寿材】指生前准备的棺材，也泛指棺材。
> 【寿盒】骨灰盒。
> 【寿木】寿材。
> 【寿穴】生前营造的墓穴。
> 【寿衣】装殓死者的衣服，老年人往往生前做好备用。

（二） $S_1+S_2=(-S_1)+(-S_2)$

组合后的义位均发生了逆化，这种类型的逆化数量其次。例如：

> 【高谈阔论】漫无边际地大发议论（多含贬义）。越是一知半解

---

① $s_1\,S_2/S_1\,s_2$ 指组合后、发生词义糅合时，哪个是主导义位，哪个是从属义位。

的人，往往越是喜欢～。

【歌功颂德】歌颂功绩和恩德（多用于贬义）。

由褒性义位（语素）组合为贬义的，数量较少；由贬义义位（语素）组合为褒义的，除个别自谦类的基本不存在。

（三）$S_1+S_2=S_1+（-S_2）$

组合后，后一个义位发生了逆化，前一个义位未变，这种类型的逆化数量最少。例如："学霸""歌霸""巨无霸"等，"霸"在上古和中古是中性略带褒义的（例如："霸主""霸业"），近古以后有了专横、不讲理的贬义（例如："霸持""霸道""霸气""霸权""霸王""霸占"），近来又产生了"学霸""歌霸""巨无霸"等在某方面表现突出、能量较高的褒义，激活了"霸"已有的潜在褒性因子。

五　逆化的特点

（一）分布的互补性

这一特点主要从义位的义域，即义位的意义范围和使用范围角度分析的。

"冤家"组合后的"情人"义，与"仇人"义相比，使用范围较窄，局限性很强。从使用的语体来看，局限于戏曲、民歌、小说中，其他语体和现实生活使用相对要少；从使用语域角度来看，局限于正在谈情说爱的男女之间，与一直都特别甜蜜、没有发生过任何矛盾的有所不同；受语境限制比较大，只限于第一人称的叙述，不能由别人表述为"A 是 B 的冤家"，A 自己向别人介绍可以说这是我"女朋友""爱人"，不能说"这是我冤家"。所以《现汉》（第 6 版）的释义比较到位，"称似恨而实爱、给自己带来苦恼而又舍不得的人（旧时戏曲或民歌中多用来称情人）"。

　　具体来看，"正"与"逆"的两部分在分布上多呈现出互补性，主要表现在以下三个方面。

1. 普通话与方言的互补分布

　　【走水】③〈方〉指失火（含避讳意）：仓库～。

　　"走"有"漏出；泄露"义，例如："走气、走风、走水、走火、走漏、说走了嘴"等。"走水③""指失火"，含有避讳的情态陪义和方言陪义。在普通话系统中，"走水"主要指"①漏水：房顶～了"，还可指"②流水：渠道～通畅"。"走水③"的"失火"意义，与"走火④"相同。"走火""④失火：仓房～了"。

　　组合后与原来的义位为顺接关系的，多集中于普通话；与原来为逆接关系的，多集中于方言。另如：

　　【下船】①从船上到岸上；上岸。②〈方〉从岸上到船上；登船。

2. 现代汉语与古汉语残留的互补分布

　　"劝"在现代汉语中主要用来表示"劝止做某事"，例如"劝说、劝告、劝阻、劝止、苦劝、相劝、规劝"等，同时还可以表示"劝勉要做某事"，例如"劝学、劝勉、劝业、劝善惩（戒）恶、劝善黜恶"，后一种用法在《现汉》（第6版）中标有〈书〉，是古汉语用法在现代汉语中的遗留。

　　我们所说的"逆化"是针对现代汉语层面来说的，如果从发展演变的角度来看，有的所谓的"逆"比顺接用法的"正"产生还要早、使用更频繁，只不过随着后来的使用和竞争，逐渐变得罕用，不被人们所熟悉，被当作"逆"。"劝"在古汉语中主要用于表示"劝勉"，"劝，勉也"（《说文解字》）。后来，在与"劝止"义的竞争中逐渐变为边缘义。

表 6　"劝"核心义与边缘义变化表

	劝	
0	劝勉	劝止
1	常用于 A 语境——核心义	偶用于 B 语境——临时用法
2	A 中频率减少——核心义弱化	B 中频率增多——产生边缘义
3	A、B 中频率相当——偏离核心义	A、B 中频率相当——接近核心义
4	A 中罕用——退居边缘义	B 中常用——上升为核心义

3. 书面语与口语的互补分布

"觍"在《现汉》（第 6 版）中有两个义项，"①〈书〉形容惭愧：～颜"。"②〈口〉厚着脸皮叫觍着脸"。[1] 这两个义项为相反相对的关系，语体上第一个义项主要应用于书面语，第二个主要应用于口语。

这几者之间的界限有时不好界定，例如方言与口语、书面语与古汉语残留，我们的操作性处理完全依据《现汉》（第 6 版）的标记。

（二）数量的不平衡性

从现代汉语角度来看，数量的不平衡性首先表现于在全部义位中能够发生逆化的只是其中非常有限的一小部分。其次表现于在发生逆化的义位中，与"逆"相对应的"正"的数量要占绝大多数，即顺接的组合为优势组合，数量较多，而逆接的组合为劣势组合，数量有限，体现出明显的不平衡性。组合数量的多寡及使用时间的长短会影响该义位是否会衍生出新用法、准义位与新义位。数量的不平衡性体现较为明显，不

---

① 【觍颜】〈书〉① 表现出惭愧的脸色。② 厚颜：～惜命。这两个义项也为相反相对的关系。

再举例。

（三）意义的关联性

发生逆化的义位很多都是成组出现的，具有同义、近义、类义或反义关系。例如："精明"和"老实"、"枭"和"魁"。

先看"精明"和"老实"。"精"有"精华、精益求精"等组合，在形容人聪明的时候也有这样一个义项，"⑤机灵心细：～明｜～干｜这孩子比大人还～"。"精明"表示"精细明察；机警聪明：～强干｜～的小伙子"。"人精"在《现汉》（第6版）中有两个义项，"①特别精明、老于世故的人。②特别聪明伶俐的人"。"精明"已有了一些贬义用法，但还不是很突出，《现汉》（第6版）未单独设立一个义项，在"人精"这个组合中已比较明显。

"老实"有三个义项，"①诚实：忠诚～｜当～人，说～话，办～事。②规规矩矩；不惹事：这孩子很～，从来不跟人吵架。③婉辞，指人不聪明"。从义项①到义项③表现出了渐进性与过渡性的特征。

再看"枭"和"魁"。"枭"形容"勇猛；强悍"，"枭将"指"勇猛的将领"，"枭骑"指勇猛、强悍的骑兵，而"枭雄"同时指"强横而有野心的人物；智勇杰出的人物；魁首"。[①]"魁"在"魁首、魁元"中多表示在同辈中才华居首位的人，例如，"文章魁首、女中魁首"，而"党魁"指"政党的首领（多含贬义）"，另有"罪魁""花魁"等。弗斯名言"观其伴，知其义"，强调了搭配对象对义位的影响和渗透。

义位组合逆化的现象在现代汉语中究竟有多少、哪些原因决定了什么样的义位可以发生逆化等问题，需要进一步探讨。

---

① 《现汉》（第6版）给出的"枭"第三个义项为"魁首；首领"，例子为"毒枭"，似可调换释义中"魁首"和"首领"的前后位置，或者删除"魁首"。

第五章　义位组合的应用

　　苏宝荣先生指出："当前语文辞书编纂的主要问题出现在义项选定和语词释义上，产生的原因主要在于词汇理论研究的滞后。因此，通过词汇理论研究正确回答和解决辞书编纂中已经不断提出问题，是当前汉语词义研究面临的紧迫课题。"[①] 词汇理论研究滞后于语言发展，词典编纂存在盲目性和随意性问题。辞书理论是辞书科学动力的第一要素，倡导理论先行，理论演绎辞书。

第一节　义位组合与辞书编纂

　　苏宝荣先生指出："词的组合关系对于显示词义（或义位）语用特征，为语文辞书准确全面地说解词义奠定基础，是非常重要的。语文辞书释义，特别是对表示动作行为的词的释义，有时包含特定的动作行为发出者，有时包含特定的动作行为的对象关系，有时包含特定的动作行为的方式、处所、时间等，这些语义特征，只有在组合关系中才能得以认识和说明。""人们对词的理性意义、附加意义及隐含意义的认识，同样有赖于组合关系的显示。"[②]

　　义位组合理论对词义研究分析，对辞书编纂尤其是对搭配词典的编

① 苏宝荣：《词汇学与辞书学研究》，商务印书馆，2008 年，第 2 页。
② 苏宝荣：《词义研究与辞书释义》，商务印书馆，2000 年，第 199—200 页。

篡和普通语文辞书的编篡都有一定的指导价值，对于分析语文辞书中语义特征的组合排列、义位的划分、例证的选择、用法的说明等方面具有一定的实用价值。

一 义位组合与辞书例证的择取

辞书篇幅有限，例证要在补充辞书释义的基础上，选择最为典型的，能够反映该义位语义特点和语法功能、语法环境分布的价值最大的例证。原创性辞书的编篡无论是义项的划分，还是例证的选择，都应基于大规模语料库进行。从义位组合类型角度来看，例证应该选择中心类组合，舍弃边缘类组合和一般组合。

在《现汉》中，"搭建"的释义和例证如下：

【搭建】动 建造（多用于临时性建筑）：～防震棚｜～临时舞台。

"搭建"在刚刚产生时，意义主要是临时的、具体的建造，"临时性建筑"是建造的主要组合对象，用在"搭建防震棚""搭建临时舞台"等组合中。随着社会的发展和词语意义的变化，在 BCC 语料库检索中，我们发现"搭建"经常性组合是"搭建信息交换平台""搭建平台，推进应用""宣传茶文化，搭建平台""为奥运新人搭建舞台""面向未来搭建网络"等。

表 7 "搭建"中心类组合对象与频次

"搭建"中心类组合对象	频率（次）	"搭建"中心类组合对象	频率（次）
搭建平台	167	搭建舞台	80
搭建帐篷	61	搭建信息	29

续表

"搭建"中心类组合对象	频率（次）	"搭建"中心类组合对象	频率（次）
搭建网络	25	搭建桥梁	22
搭建建筑物	22	搭建两岸关系	20

辞书具有时代性和一定的滞后性、稳定性，随着社会生活的变化、网络信息的发展，辞书释义和例证可以适当修订。"搭建"的释义、例证可以进行适当修改，在释义括注中补充上"网络"空间，例证中增加上"信息平台"，即：

【搭建】动建造（多用于临时性建筑和网络）：～防震棚｜～临时舞台｜～信息平台。

在《现汉》中，"录"的释义和例证如下：

【录】②动录制：～音｜～像｜～放｜～了一首歌。

"录"的"录制"义，除了例证中给出的之外，目前较多地使用在录制视频方面，可以加一个例子，"～视频"。

二　义位组合与辞书释义括注

辞书释义括注是辞书释义的重要组成部分，括注的运用是现代辞书释义追求精密化和科学化的结果。学者们对括注的定义没有一个统一的说法，在表述上或多或少有些不同。对括注的定性，符淮青叫作"词的暗含内容"，陈炳迢称作"超义位成分"，贺国伟界定"限制语或使用范

围与搭配关系的注释"，章宜华命名"附加意义成分"，兹古斯塔叫作
"词义构成成分"。

我们从义位结构的角度出发，对《现汉》的释义括注进行了全量统
计研究。① 统计发现，《现汉》释义括注共涉及词目 8747 条。义位的微观
结构（义位内部的素义之间）包括陪义和义域，其中陪义有 574 条，占总
数的 6.6%；义域有 5731 条，占总数的 65.5%。义位的宏观结构（义位与
义位之间）共有 1087 条，占总数的 12.4%，其中别义关系有 383 条，反
义关系有 508 条，上下义关系有 196 条。其他方面的释义括注共有 1355
条，占总数的 15.5%，其中解释词目中所含语素的有 832 条，揭示词目语
法信息的有 312 条，揭示语词来源的有 211 条。可以看出，释义括注中绝
大多数是关于义位的义域，即义位的意义范围和使用范围方面。

符淮青指出："词义成分和词的搭配语词说明的区分，是一个相当困
难的问题。"②

　　硬朗：（老人）身体健壮。

　　景气：经济繁荣。

　　幽微：（声音、气味等）微弱。

　　幽幽：形容声音、光线等微弱。

这几个词都是《现汉》中的，它们的词义结构相同，在处理上不一
样。在"景气"一词中，"经济"处理为词义成分，"硬朗"一词中，"老
人"处理为搭配成分。如何划分它们的界限，看来很难讲清楚。《现汉》

---

① 具体统计数据可参见笔者指导的 2015 级硕士研究生何亚楠的毕业论文《基于义位
　　结构论的〈现代汉语词典〉（第 7 版）释义括注研究》。

② 符淮青：《〈现代汉语词典〉在词语释义方面的贡献》，《辞书研究》，1993 年第 5 期。

反映了词义成分和搭配成分交叉的复杂情况。括注"老人""声音、气味等"是暗含内容，"经济繁荣""身体健壮"是词义的构成成分，说明词义的搭配关系。释义主体和括注存在交叉现象。词义成分和词的搭配语词说明如何划分二者界限。不能笼统地说是词典编纂者主观认识的，或是编纂体例的问题，还是词典释义方面的问题。

章宜华认为释义括注是"附加意义成分"。附加意义成分一般采用注释（主要是括注）的方式来表达，准确了解词义和语义辨别。注释成分也像意义的其他成分一样与释文浑然一体。参与语词意义的表达根据标注形式的不同，认为释义主要有三种标注内容："1）括注信息；2）参见信息；3）用法说明。括注是主要的方式之一。"[①] 括注信息的设计主要有三个目的：提供使用语境信息，揭示语词的细微差别，释义结构中的某些选择成分。

释义括注注明了义位的意义范围和使用范围，揭示了义位主要的适用对象以及义位之间的关系。我们从义位组合对象角度，研究了《现汉》中某些词语的释义括注问题。以"删、查收"为例。

在《现汉》中，"删"的释义和例证如下：

【删】 动 去掉（文辞中的某些字句）：～繁就简｜这一段可以～去。

从"删"组合搭配的对象角度来看，不仅包括文辞中的某些字句，还包括表格、数据、空白页、文件、视频、聊天记录等，可以对"删"的括注修改为"去掉（某些字句、符号等）"。

在《现汉》中，"查收"的释义和例证如下：

---

① 章宜华：《语义学与词典释义》，上海辞书出版社，2002年，第108页。

【查收】① 检查后收下（多用于书信等）：寄去词典一部，请～。

"查收"的意义范围不仅仅限于书信方面。在 BCC 语料库中检索"查收"共有 2188 条，"查收"经常性组合对象是"请查收邮件""记得查收邮件""发货了，注意查收""喜欢的亲记得查收"等，围绕"查收"组合的主要是快递、手机短信、邮件收发等形式。可以将"查收"的释义括注改为"检查后收下（邮件、快递等）"。

三　义位组合与辞书释义中语义特征的组合

辞书释义要给出该义位最主要、最典型的语义特征，并以最优化的组合将其线性排列，这是判断辞书释义优劣的重要部分。我们以"墙、寄、床位"为例。

在《现汉》中，"墙"的释义和例证如下：

【墙】① 砖、石或土等筑成的屏障或外围：砖～｜土～｜院～｜城～｜一堵～◇人～。

这里给出的"墙"的语义特征略微有些不足，除了用来围挡的称为"墙"之外，还有用来承架房顶作用的或隔开内外作用的室内的"墙"，可以考虑释义为"用砖石等砌成的建筑物，用来承架房顶或隔开内外"。

在《现汉》中，"寄"的释义和例证如下：

【寄】① 原指托人递送，现在专指通过邮局递送：～信｜～钱｜包裹已经～走了。

这里给出的"寄"的区别性语义特征较多，导致范围过窄，可以直

接释义为"邮寄"，后面的例证为"～信|～快递|包裹已经～走了"。

在《现汉》中，"床位"的释义和例证如下：

> 【床位】医院、轮船、集体宿舍等为病人、旅客、住宿者设置的床。

"床位"的主要搭配对象还包括学生，建议释义和例证中相应增加，可以修订为：

> 【床位】学校、医院、火车等为学生、病人、旅客等群体设置的床铺：宿舍的第三号～。

而且众多语义特征给出哪些，如何组合，应该在该义位所属的同一语义场内进行。通过系联与对比，可以发现一些改进的问题。

例如：

在《现汉》中，"横向""纵向"的释义和例证如下：

> 【横向】① 平行的；非上下级之间的：～比较|～交流|～协作|～经济联合。② 指东西方向的：京广铁路是纵向的，陇海铁路是～的。
> 【纵向】① 非平行的；上下方向的：～比较|～联系。② 指南北方向的：京广铁路是～的，陇海铁路是横向的。

从释义上可以发现，"横向"还包括左右方向的，例如"上下为纵向，左右为横向"。同样，"纵向"还包括前后方向的，例如"纵向排列"。而且，例证中"横向""纵向"都有两个相同的例子，"横向比较""纵向比较""京广铁路是纵向的，陇海铁路是横向的"，可以进行适当修改。

再如，《现汉》中表示时间的一些义位。

【明天】① 今天的下一天。② 不远的将来：展望美好的～。（第7版）

【后天】明天的明天。（第5—7版）

【后天】明天的下一天。（建议改为）

【明年】今年的下一年。（第5—7版）

【后年】明年的明年。（第5版）

【后年】明年的后一年。（第6—7版）

【后年】明年的下一年。（建议改为）

"明天、后天"和"明年、后年"的释义模式不一致，《现汉》第7版中"明天"的第一个义项为"今天的下一天"，《现汉》第5到7版中"后天"的释义一直为"明天的明天"，《现汉》第5到7版中"明年"的释义一直为"今年的下一年"，《现汉》第5版中"后年"的释义为"明年的明年"，《现汉》第6到7版中改为"明年的后一年"。有的释为"后一天"，有的释为"下一年"，有的直接释为"明天的明天"或"明年的明年"（这种为假性释义），建立统一修改为：【明天】今天的下一天。【后天】明天的下一天。【明年】今年的下一年。【后年】明年的下一年。

再如：

【正月】农历一年的第一个月。（第7版）

【腊月】农历十二月。（第7版）

【正月】农历一月。（建议改为）

【腊月】农历十二月。

建议"正月"仿"腊月"，直接释为"农历一月"。与此相关的还有：

【春季】一年的第一季，我国习惯指立春到立夏的三个月时间，也指农历正月、二月、三月三个月。（第7版）

【冬季】一年的第四季，我国习惯指立冬到立春的三个月时间，也指农历十月、十一月、十二月三个月。（第7版）

【春季】一年的第一季。我国习惯指立春到立夏的三个月，也指农历正月、二月和三月。（建议改为）

【冬季】一年的第四季。我国习惯指立冬到立春的三个月，也指农历十月、十一月和腊月。（建议改为）

要注重释义的系统性。辞书编纂是一项复杂的系统工程，涉及辞书宏观结构、中观结构、微观结构的方方面面。辞书的系统化表现为从重视零散性、个体性、一元性到重视系统性、整体性和多元性，表现为包含辞书释义的体例、选词立目的体例等辞书整体体例的严密性逐渐增强。

释义的系统性不仅表现在对同义、反义、类义等词义（义位）关系的关联与揭示上，还表现在对相关条目释义内容描写的统一度上，即采用的释义模式是否一致。同场同模式理论认为："只有掌握底层义场，才能做到同场同模式，从整体观统一场内各义位的释语模式。"[1]此处，我们以《国语辞典》和《现汉》对"豺""狼""虎""豹"四个动物名词的释义为例，分析相关词在义位区别特征的择取、组合的先后顺序和释义模式是否统一。《国语辞典》中的释义如下：

---

① 张志毅、张庆云：《词汇语义学》（第三版），商务印书馆，2012年，第282页。

【犲】与狼同类异种，状如犬而身瘦、口大、耳小，性残猛。

【狼】兽名，形类犬，毛色黄灰，头锐喙尖，后足稍短，性凶猛，饥则袭人。

【虎】猛兽，形似猫，全身黄褐色，具黑色条纹。

【豹】猛兽名，似虎较小，毛黄褐色，背有黑圆斑。

可以看出，《国语辞典》具有了一定的系统性，同义、近义、类义、反义等关系通过一些固定用语关联起来。从这四个词来看，虽然《国语辞典》成于众人之手且历时较长，但与传统语文辞书相比，同类词的释义具有了大体统一的模式，先列出所属类别，再列出形体、毛色等外在特点，最后给出性情属性或功能特征。

具体来看，在所属类别上分别运用了"与狼同类异种""兽名""猛兽""猛兽名"的释义元语言，可以统一；形体上分别表述为"状如犬""形类犬""形似猫""似虎较小"，随手翻阅《国语辞典》有关动物词释义可见，"形""状""体"等表示"形体"意义类与"如""类""似"等表示"好像"意义类组合较为随意、多样，也可统一；颜色上也被分别运用"毛色……""全身……色""毛……色"来表述。

可见，《国语辞典》有着非常严格的编纂体例和编写细则，有着大体上比较统一的释义模式，但由于成于众人之手，编纂者的学术素养有别，加上时代背景和指导理论的局限，在释义元语言的选择和释义模式的一致性上仍需加强。

再对比《现汉》的释义：

【犲】哺乳动物，外形像狼而小，耳朵比狼的短而圆，毛大部棕红色。性凶猛，常成群围攻鹿、牛、羊等猎物。也叫犲狗。

【狼】哺乳动物，外形像狗，面部长，耳朵直立，毛黄色或灰褐色，尾巴向下垂。昼伏夜出，冬天常聚集成群，性凶暴，吃野生动物和家畜等，有时也伤害人。

【虎】哺乳动物，头大而圆，毛黄色，有黑色横纹。听觉和嗅觉都很敏锐，性凶猛，力气大，善游泳，不善爬树，夜里出来捕食鸟兽。通称老虎。

【豹】哺乳动物，像虎而较小，身上有很多斑点和花纹。性凶猛，能上树，捕食其他兽类，伤害人畜。常见的有金钱豹、云豹、雪豹、猎豹等。通称豹子。

《现汉》释义的系统性较强。从整体上来看，已符合现代辞书学提出的"同场同模式"的释义理念。释语中先指出属于"哺乳动物"（而非"纲""目""科"等），再依次给出外形特点、颜色特点、生活习性等，最后列出具体分类、通称或别称等内容。《现汉》对义位区别性特征表述较为充分，组合排列整齐，选用释义元语言得当。

比如，在类别属性上，《现汉》统一标为"哺乳动物"，而《国语辞典》标注各异。它从众多的区别性特征中择取最主要的特征（即外形、毛色、习性等），从主要特征的若干变体中抽象出常体、原型，选取中心属性，省略边缘和次中心属性。例如，"虎"择取了类属、外形、毛色、习性等十个主要特征，其中毛色上常见的主要颜色分别有黄色、淡黄色、棕黄色或褐色等，而《现汉》只给出"毛黄色"这一常体和原型，推动了原型论对辞书的指导。

《现汉》给出的多为直观特征，而非本质特征，是在语言共同体经验性感知的基础上结合了科学的认知，反映了义位的表意特征、指物特征和范畴特征，这是语文性辞书的特点。

"从底层义场整体观视角重新审视现代语文性辞书的代表作的释语模

式，常有不统一的缺憾。"① 例如，性情上，《现汉》大多表述为"性凶猛"，还有的表述为"性凶暴"，建议统一修改为"性凶猛"，或直接表述为"凶猛"；外形上，《现汉》中有的表述为"外形像狼而小""外形像狗"（模式为"外形像……"），有的为"像虎而较小"（模式为"像……"），有的直接表述为"头大而圆"，建议采用"像……"来统一释语模式，或直接表述即可。个别释语略带文言色彩，对比《国语辞典》后可以发现其受到的一些影响。并且，个别释义的简适性略有不足，对于非典型性特征可以不给出，例如"狼"的"冬天常聚集成群"，"虎"的"夜里出来捕食鸟兽"等。对于典型性特征可以补充上，例如"豹"的"身材矫健，奔跑迅疾"。

按照词汇语义学义位组合论和现代辞书学提出的"同场同模式"和"同类同模式"的观点编纂辞书，就可以减少辞书释义的随意性和主观性，增强客观性和系统性。

第二节　义位组合与中学语文教学

本节主要探讨了义位羡余组合、义位组合理据重构与中学语文教学关系，义位组合研究对中学语文教学的作用，指出义位组合的研究可以提高学生同义词辨析的能力和词语运用的能力，促使学生关注词义的细微处，并建议教师要积极引导学生去观察语言现象，探求现象背后的语言规律。

我们有幸参加了一学期的顶岗实习支教工作，并参加了三轮的顶岗实习巡回指导，得以近距离接触中学语文教学工作。我们的实习生及当

---

① 张志毅、张庆云：《词汇语义学》（第三版），商务印书馆，2012年，第283页。

地中学老师在语文教学中对语言文字的使用存在很多疑惑，尤其是在词语的使用、词义的理解上，比如"胜利凯旋""凯旋而归"的表述是否可行？"七月流火"在《现汉》中同时收录了"天气转凉"和"天气炎热"两个意义，到底应该怎么理解，等等，这些貌似无关的问题其实都与义位组合有关，具体涉及义位组合的类型、义位组合的理据重构等问题。

一　义位羡余组合与中学语文教学

有的中学语文教师指出，"凯"指军队得胜所奏的乐曲，已经包含"胜利"的意思，因此"胜利凯旋"搭配属于冗余、重复；"旋"指返回和归来，"凯旋而归"也属于冗余、重复。20世纪八九十年代至今，已有众多学者从语义、语法、语用、语音和谐、语言规范化等多角度探讨过此问题，多数学者认为是可以这样表述的。"必须将逻辑上的繁冗与必要的语义重复加以区别"，"出于语义上的强调、修辞表达或造成语音和谐的需要，语义上的重复不仅是允许的，而且是必要的"。①

"胜利凯旋""凯旋而归"是语言羡余性的一种体现，羡余在汉语的词语、成语、词组等单位中是一种常见的现象。羡余性与模糊性、生成性被学界认为是语言的三大本质特征。例如，"然"有代词用法，表示"如此、这样"的意义，但"虽然这样、既然这样、既然如此"的表述并没有引起人们的奇异反应。另外，还有"伴侣、榜样、安装、奔跑、美丽、互相、各行各业、东奔西走、门当户对、十全十美、全心全意、免费赠送、白白虚度、重复再版、平民百姓、极其惨重、不必要的浪费、未开垦的处女地"等等，语言中存在很多的羡余组合。从义位组合角度来看，"胜利凯旋""凯旋而归"之类属羡余组合。义位组合的同素规则

---

① 苏宝荣：《语言理论研究与语文教学》，《河北师范大学学报》(哲学社会科学版)，2002年第6期。

要求组合的各义位至少含有一个共同的义素，没有共同义素则义位无法组合，共同义素的数量越多，羡余度越高。义素是对义位进行切分所得到的区别性语义特征，是义位的组成成分。"在同素规则中，显现出义素组合的羡余现象，因此形成了'信息牢靠度'（库兹涅佐娃，1989），使得这类组合紧密、较普遍，处于强势状态。"[①]

二　义位组合理据重构与中学语文教学

从历时角度来看，义位组合的理据会发生一些变化，多数组合在理据方面发生强弱的演变，个别组合在理据方面会发生重构的演变。前者容易分析，后者体现出了组合理据的独特之处，我们重点讨论。例如，"七月流火"在《现汉》中同时收录了"天气转凉"和"天气炎热"两个意义，本指夏去秋来，天气转凉，现在也用来形容天气炎热。从"天气转凉"到"天气炎热"，"七月流火"的组合理据发生了重构。

关于义位组合的理据重构，我们以成语为例进行探讨。对成语的使用及意义的变化，学界已从成语的演变、成语使用的规范等角度进行了充分讨论，多集中于成语的产生与消亡、成语的溯源、成语构成成分的变化、成语意义的变化，成语个案研究的数量更多，成语的组合理据重构研究还不是很丰富。"义位组合包括：A. 义位内部组合，即素义之间的组合；B. 义位外部组合，即义位之间的组合。"[②]对于成语这一组合体来说，既包括成语内部各个组成成分之间的组合，也包括成语组合体与其他单位之间的组合。成语的内部构成成分，从现代汉语的角度和历时演变的角度来看主要是语素（成词语素或者不成词语素），从产生和初始组合的角度来看主要是词，意义单位分别为语素义或词义。

---

① 张志毅、张庆云：《词汇语义学》（第三版），商务印书馆，2012 年，第 177 页。
② 同上注，第 172 页。

成语自产生后，会在构成成分、意义用法、内部结构等方面发生一些变化。构成成分的同义更替、前后顺序的调整一般不影响意义用法，意义的引申、用法的变化往往会带来成语内部结构的重新分析，而内部结构的变化一定会对成语意义用法产生影响。

（一）词典中的存在形式

不同类型、规模的辞书会在收录、解释成语方面有所不同，作为中型语文辞书，《现汉》只收录成语的目前常用意义。对于发生对立异化的成语，《现汉》在释义上多使用"原指……，现也指……""现常用来表示""现多用来指""现多指""也泛指""也形容""也指"等释义提示词，引导出两个不同的意义。例如：

【奇文共赏】新奇的文章共同欣赏（语本晋代陶潜《移居》诗："奇文共欣赏，疑义相与析"）。现多指把荒谬、错误的文章发表出来供大家识别和批判。

【空穴来风】有了洞穴才有风进来（语出宋玉《风赋》）。比喻消息和传说不是完全没有原因的，现多用来指消息和传说毫无根据。

【按图索骥】按照图像寻找好马，比喻按照死规矩机械、呆板地做事，也泛指按照线索寻找目标。

为充分研究成语的对立异化现象，我们在对《现汉》全量统计的基础上，适当参考《新华成语大词典》。将《现汉》中只释一义，参考《新华成语大词典》另补充一义的也统计在内。例如：

【高谈阔论】漫无边际地大发议论（多含贬义）。越是一知半解的人，往往越是喜欢～。（《现汉》）

【高谈阔论】❶指见解高妙、内容广泛地谈论。❷指空泛不切

实际或漫无边际地谈论。(《新华成语大词典》)

【顶礼膜拜】形容对人特别崇敬（多用于贬义）。(《现汉》)

【顶礼膜拜】顶礼：两手伏地，用头触及崇拜者的脚。膜拜：跪在地上，两手加额而拜。都是佛教徒拜佛时最尊敬的礼节。后形容对人极端崇敬。(《新华成语大词典》)

【呆若木鸡】呆得像木头鸡一样，形容因恐惧或惊讶而发愣的样子。(《现汉》)

【呆若木鸡】《庄子·达生》："鸡虽有鸣者，已无变矣，望之似木鸡矣，其德全矣。异鸡无敢应者，反走矣。"原意是已训练好的斗鸡，听见别的鸡鸣叫时，镇定自若，跟木雕的鸡一样。后用"呆若木鸡"形容呆笨或因恐惧、惊讶而发呆的样子。(《新华成语大词典》)

（二）组合理据重构的原因

组合体产生时仅用于某语境，为单一义。随着其他语境使用的增多，逐渐产生另外一个意义。原义逐渐偏离核心义，后产生义成为新的核心义、常用义，导致组合理据的重构。以"奇文共赏"为例，见下表。

表 8 "奇文共赏"核心义与边缘义变化表

	奇文共赏	
0	新奇的文章共同欣赏	荒谬、错误的文章发表出来供大家识别和批判
1	仅用于 A 语境——单一义	
2	常用于 A 语境——核心义	偶用于 B 语境——临时用法
3	A 中频率减少——核心义弱化	B 中频率增多——产生边缘义
4	A、B 中频率相当——偏离核心义	A、B 中频率相当——接近核心义
5	A 中罕用——退居边缘义	B 中常用——上升为核心义

组合体理据重构产生的原因主要有以下四种:

1. 组合体中的某两个成分意义协同共振，成语整体理据重构

组合体中某两个成分的意义发生新的变化并协同共振，或者原本就具有多个意义，在新的条件下激活两个成分已有的意义并协同共振，组成成分的已有义多被当下常用义所取代，导致整体的组合理据发生重构。如:"七月流火"在《现汉》中同时收录了"天气转凉"和"天气炎热"两个意义，"七月流火"源于《诗经·豳风·七月》:"七月流火，九月授衣"。其中"火"指星座名，即心宿，又名大火。每年农历六月大火出现于正南方，位置最高，七月后逐渐开始偏西下沉，暑热减退，故称"流火"。因此，本指夏去秋来，天气转凉。现在，"人们误把'七月'理解为公历 7 月、把'火'理解为火热"(《现汉》第 1020 页)，也用来形容天气炎热。从义位组合的羡余组合类型和同素规则来看，"七月"的炎热与"火"的火热二者协调一致，语义共振，这是产生理据重构的前提条件。并且，"火"表示星座名的意义较为陌生，表示"火热"的意义较为常见。"'重新理解'的动因是省力原则，人们面对一个语言形式时，总是优先从当前常用义、无标记的常用格式去理解它。"①，因此理解为天气炎热就顺理成章了。两个成分原本组合时的意义被当下常用义所取代，新的和谐一致导致组合体的理据重构。

"空穴来风"出自战国时期楚国宋玉的《风赋》:"臣闻于师，枳句来巢，空穴来风。其所托者然，则风气殊焉。"有了洞穴便会有风进来，比喻消息和传说不是完全没有原因的。现在多用"空穴来风"表示消息和传说毫无根据，例如徐贵祥《历史的天空》:"说他崔二月有点瓜葛，不是空穴来风，但把他和崔二月的娘扯到一起，就太下作太龌龊了。"由于

---

① 储泽祥、王寅:《动词的"重新理解"及其造成的影响》，《古汉语研究》，2009 年第 3 期。

"空"常用于"空话""空谈""空泛""空洞""空口说白话"等组合中，具有"没有内容的""不切实际的"等意义，"风"具有"飘摇不定""随意摆动"等附属陪义，在使用中产生了"传说的""没有确实根据的"意义，常用于"风言风语""风闻"等组合中，同时"穴"的意义陌生化，"空"和"风"语义协同共振，两者凸显为前景，"穴"退隐为背景。最终产生消息和传说毫无根据的意义，导致组合体的理据重构。

"呆若木鸡"出自《庄子·达生》："鸡虽有鸣者，已无变矣，望之似木鸡矣，其德全矣。异鸡无敢应者，反走矣。"本指已训练好的斗鸡，听见别的鸡鸣叫时，镇定自若，跟木雕的鸡一样。后用"呆若木鸡""形容呆笨或因恐惧、惊讶而发呆的样子"(《新华成语大词典》第275页)，现在指"呆得像木头鸡一样，形容因恐惧或惊讶而发愣的样子"(《现汉》第248页)。"呆"本来指镇定自若、冷静，"木"指"木雕的"，但由于"呆"常用于"呆板""呆滞""呆笨""呆傻""呆头呆脑""呆子"等组合中，具有"迟钝"的意义，而"木"具有"顽固""无灵性"的属性义，常用于"木头木脑""木讷""木然""反应有点儿木"等组合中，两者的意义协同共振，导致新的意义的产生与组合理据的重构。

2. 组合体中核心成分意义陌生化，其他意义前景化

组合体中的核心成分意义陌生化后，也容易导致组合理据的重构及新的组合义的产生。"不赞一词"出自《史记·孔子世家》："至于为《春秋》，笔则笔，削则削，子夏之徒不能赞一词。"即孔子修《春秋》，该写则写，该删则删，连子夏这些人都不能再添加一句话，《现汉》给出出处后，释义为"原指文章写得很好，别人不能再添一句话。现也指一言不发"(第113页)。主导成分"赞"的"添加"义陌生化后，在组合中意义磨损，"不"和"一词"前景化，导致重构新义"一言不发"的产生。甚至有人误将"赞"在现代汉语里的常用义"赞美"取代"添加"义，造成成语误用现象。

"大放厥词"，也写作"大放厥辞"，原指诗文大力铺陈辞藻，施展文采。唐代韩愈《祭柳子厚文》："玉佩琼琚，大放厥辞，富贵无能，磨灭谁纪？"清代赵翼《瓯北诗话·苏东坡诗》："以文为诗，自昌黎始；至东坡益大放厥词，别开生面，成一代之大观。"其中，"厥"为指示代词，表示"其；他的"。"厥"在现代汉语中不常用，意义陌生化后，"大放"和"词"前景化。"现多指夸夸其谈，大发议论（含贬义）"（《现汉》第240页），导致组合理据的重构。例如，"有意竞选民主党党首的野田佳彦公然宣称'甲级战犯不是战争罪犯'，东京都知事石原慎太郎再次大放厥词"（《人民日报》2011年8月22日）。"但大量的反面例子为我们敲响了警钟，不能放任部分媒体在网络上大放厥词"[《人民日报》（海外版）2017年7月3日]。

"不求甚解"原指读书只领会要旨，不咬文嚼字，不拘泥一字一句。晋代陶潜《五柳先生传》："好读书，不求甚解，每有会意，便欣然忘食。"其中，"甚"表示"很"的意思，在现代汉语中意义陌生化后，"不求"和"解"前景化。"现多指只求懂得个大概，不求深刻了解"（《现汉》第110页），导致组合理据的重构。例如，孙犁《同口旧事》："侯为人聪明外露，善于交际，读书不求甚解，好弄一些小权术，颇得校长信任。""这样层层设的教法，不但有利于暴露思维中的种种矛盾，激发学生求知解疑的欲望，而且有利于医治他们'浅尝辄止''囫囵吞枣''不求甚解'的毛病。"[1]"存在着浅尝辄止、不求甚解、虚躁飘浮的现象；存在着脱离实际、漫无边际的空谈现象"（《人民日报》1999年11月23日）。

成语组合理据的重构往往不是单一因素形成的，有时是在某些成分陌生化的同时，其他的成分意义变化后协同共振，导致组合理据重构。例如，"墨守成规"指"战国时墨子善于守城，后来用'墨守成规'形容

---

① 例句来自BCC语料库之科技文献。

因循守旧，不肯改进"(《现汉》第 923 页)。《墨子·公输》："子墨子解带为城，以牒为械。公输盘九设攻城之机变，子墨子九距之。公输盘之攻械尽，子墨子之守圉有余。""墨守成规"中的"墨"是指墨翟，为战国时期的思想家、墨家学派的创始人。"守"是指守城。墨翟善于守城，因此称牢固的防守为"墨翟之守"，简称"墨守"。"成规"指现有的、现成的规矩、制度。"墨守成规"本含褒义。因"守"经常用在"保守""守旧""固守""守摊子""闭关自守""守株待兔"等组合中，含有一定的贬义。"墨守"在发展演变过程中，已经具有了牢固地坚持门户之见的意义，用于"画疆墨守"等组合中。"墨守成规"在发展演变中，也写作"墨守陈规"。"墨"陌生化后，"守"和"成规"协同共振，表示因循守旧、不肯改进的意义，最终导致组合理据重构。

3. 组合体中某一核心成分意义异化后影响了另一成分

"奇文共赏"理解的关键在于"奇"，"奇"有"新奇的、令人难测的、奇特的"等多个意义。"奇文共赏"出自晋代陶潜《移居》诗："奇文共欣赏，疑义相与析"，本指新奇的文章共同欣赏，含褒义。现在多指把荒谬、错误的文章发表出来供大家识别和批判，含贬义。例如，李杭《不容随意篡改历史》："《读史六记》违背常识，颠倒时代，把战国时期的人和事当做春秋时期的史识，并以此为基础宏论滔滔，大加发挥评判，真可谓奇文共赏，贻笑大方了。""奇"的意义从"新奇的、新颖的、罕见的"好文章，转为"奇特的、荒谬的、奇怪的"差文章。《现汉》在"奇文共赏"中同时收录进这两个意义，"奇文"也同时收录了"新奇的文章"和"奇特的文字（有时含贬义）"两个意义。对于"赏"来说，本身并没有产生"识别和批判"的意义，在整体组合使用的语境中，由于"奇文"意义上的变化，进而将组合义流淌到"赏"里，并最终导致整个成语理据的重构。

4. 组合成分的意义未变，语言共同体的判断标准发生改变

有的组合体中成分的意义并未发生明显变化，但随着社会生活的变化，语言共同体对组合整体意义的价值取向、判断标准发生了改变，导致组合理据的重构。多发生在组合的陪义层面，而且多由褒至贬。例如："隐恶扬善"指"隐瞒人的坏处，而表扬他的好处，这是古代提倡的一种为人处世的态度"（《现汉》第1566页）。"明哲保身""原指明智的人不参与可能给自己带来危险的事，现在指因怕犯错误或有损自己利益而对原则性问题不置可否的处世态度"（《现汉》第915页）。"和光同尘""指不露锋芒、与世无争的处世态度"（《现汉》第526页），"后用'和光同尘'指与世俗混同，不露锋芒。多指随波逐流"（《新华成语大词典》第587页）。"超然物外"指"超出于社会斗争之外"，也"泛指置身事外"（《现汉》第153页）。"独善其身"出自《孟子·尽心上》："穷则独善其身"，"意思是做不上官，就搞好自身的修养。现在也指只顾自己，缺乏集体精神"（《现汉》第321页）。还有的组合体中成分的意义也没有发生变化，但是人们的主观目的发生变化，导致组合理据的重构。例如："树碑立传""原指把某人生平事迹刻在石碑上或写成传记加以颂扬，现在比喻通过某种途径树立个人威信，抬高个人声望（含贬义）"（《现汉》第1217页）。

需要指出，大部分普通词语和成语在褒贬层面发生变化的，多为由褒至贬，少数由贬至褒。举两个由贬至褒的例子，例如"因陋就简"，原指沿袭已有的简陋的状况，不求改进，对浅陋的状况因循守旧，含贬义。原写作"因陋就寡"，汉代刘歆《移书让太常博士》："往者缀学之士，不思废绝之阙，苟因陋就寡，分文析字，烦言碎辞，学者罢老，且不能究其一艺。"后多指利用原来简陋的条件和基础，将就着办事，含褒义。例如宋代陈亮《经书发题·周礼》："汉高祖崛起草莽而得天下，知天下厌秦之苛，思有息肩之所。故其君臣相与因陋就简，存宽大之意，而为汉家之制，民亦以是安之。"《现汉》中释义和例句为："就着原来简陋的条件：

他们～，把旧仓库改建成教室。"再如，"按图索骥"在《现汉》中释义为"按照图像寻找好马，比喻按照死规矩机械、呆板地做事，也泛指按照线索寻找目标"（第10页）。

另外，值得关注的是，义位在组合前后的褒贬发生变化的现象。有的褒性义位在组合后含贬义，例如，"顶礼"和"膜拜"组合为"顶礼膜拜"，"顶礼"指"两手伏地，用头触及崇拜者的脚"，"膜拜"指"跪在地上，两手加额而拜"。都是佛教徒拜佛时最尊敬的礼节。（《新华成语大词典》第322页）"形容对人特别崇敬（多用于贬义）"（《现汉》第306页）。"歌功"和"颂德"（或可理解为"歌颂"和"功德"）组合为"歌功颂德"，指"歌颂功绩和恩德（多用于贬义）"（《现汉》第439页）。"高谈"和"阔论"组合为"高谈阔论"，指"漫无边际地大发议论（多含贬义）"（《现汉》第433页），原"指见解高妙、内容广泛地谈论"（《新华成语大词典》第482页）。有的贬性义位在组合后含褒义或中性义，常见于一些表示自谦的词，例如："愚"类组合的"愚臣、愚策、愚志、愚效"等，"拙"类组合的"拙著、拙文、拙见、拙才、拙室"，"浅"类组合的"浅见、浅闻、浅陋"等，另有"卑、鄙、贱、贫、蔽、末、忝"等。

三   义位组合研究对中学语文教学的作用

汉语义位组合的研究不仅可以释疑解惑，也可以提高学生们同义词辨析的能力，促使他们更加关注词义的细微处，关注特殊的词义现象，深化对汉语词汇语义的理解，增强准确运用词语的能力，甚至为语文辞书的修订提出合理的建议。

第一，提高同义词辨析的精度。同义词辨析的方法有很多，其中比较重要的一种就是归纳、概括词语在使用该意义时经常与哪些词语组合，语言学称这种方法为语言结构分析法。"语言结构分析法是指在大量搜集用例的基础上，对比各同义词分布的语言结构、语言环境，归纳其经常性的搭配对象、语法特点等的方法。"① 我们以"创立、建立、树立"和"吹捧、吹嘘"两组同义词为例。

"创立、建立、树立"都是指造成新的事物，对比它们经常性的组合对象可以发现差异所在。"创立"指创造性建立，着重指开创，造成前所未有的事物，一般用于褒义。搭配对象常是抽象的、重大的，如国家、政权、学说、体系、事业、功勋等，也可以搭配组织、单位等。如匡亚明《孔子评传》："他创立了统一的以仁为纲的完整的伦理学说。"魏巍《写在凯歌声里》："你们一定可以克服新的困难，创立新的功勋！""建立"泛指造成新的事物。搭配对象较广，可以是抽象的、重大的（同"创立"），也可以是友谊、联系、威信等，如陈伯吹《飞虎队与野猪队》："咱们在生产劳动竞赛中建立了友谊。"也可以是具体的厂矿、电站、高炉、基地等，如冰心《一衣带水寄东邻》："在这值得纪念的山头，建立起这座丰碑。""树立"着重指积极地使形成，确立起来。搭配对象常是某些抽象的事物，除了思想、信心、威信等之外，还有风格、作风、典型、榜样、旗帜等，多用于褒义，如巴金《一个侦察员的故事》："你们不是也给我们侦察部队树立了一面旗帜吗？"也可用于贬义，如姚雪垠《李自成》："（李自成说，如背离了起义的宗旨，就）给各地造反的人们树立了一个不好的榜样。"

"吹捧、吹嘘"都是指故意夸大优点、长处。"吹捧"强调故意抬高、恭维、讨好，只能用于别人。如刘心武《我还能拨动你的琴弦吗？》："少看或不看那些吹捧富人的文字，尤其是那些先讲其人现状后描其人辉煌的文字。""吹嘘"强调过分地宣扬，甚至无中生有。多用于自己，如老舍《西望长安》："有时候，他爱吹嘘自己，说大话。"也可用于别人，如老舍《骆驼祥子》："'祥子送的，看他多么有心眼！'虎妞堵着爸爸的耳

---

① 郑振峰、袁世旭:《古汉语法律专科同义词的辨析方法探析——以〈唐律疏议〉的法律词语为例》,《语文研究》, 2012 年第 2 期。

根子吹嘘，刘四爷对祥子笑了笑。"①

　　第二，为辞书的修订提出合理建议。辞书无疑是师生必备的参考书，其中《现汉》以其权威性、规范性，广受中学师生的欢迎。中学生接受能力强，时代感强，对词汇较为敏感，在查阅辞书时可能会产生一些疑问，进而为辞书修订提出合理的建议。我们仍然以义位组合问题为例。

　　例如，"精明"在《现汉》中给出一个义项，"精细明察；机警聪明：～强干｜～的小伙子"（第689页），检索语料库可以发现，"精明"除了经常与"强干、干练、能干、练达"等褒义词或词组组合外，还可以与"狡猾、算计"等贬义词组合，并且这种组合还具有了不小的数量。以下是CCL语料库中的例句：

　　（1）因为这些年来关外兵备失修，那努尔哈赤精明狡猾，以致失去许多关隘城堡。(《努尔哈赤》)

　　（2）【目语额瞬】眉毛眼睛能作态示意。形容处事精明狡猾。(《中国成语大辞典》)

　　（3）见到钱，她会眼睛发亮，她深明"经济效益"，一肚子精明算计。(当代＼网络语料＼网页＼C000023)

　　（4）坦率地说，我不喜欢这三个人，他们身上有太多中国中年男人的无趣，不坦诚，精明狡猾，缺乏想象力和没有幽默感。(当代＼网络语料＼博客＼韩寒博客)

　　（5）斯卡拉姆齐是古意大利喜剧中穿黑衣服、蓄长唇髭的丑角名，精明狡猾，能言善辩。(当代＼翻译作品＼文学＼《追忆似水年华》)

---

① 这两组同义词的辨析，我们参考了张志毅先生编纂的《新华同义词词典》(中型本)，商务印书馆2005年版。

词语经常与哪些词语组合搭配，会影响该词语自身的意义。弗斯名言："观其伴，知其义。"词语组合的伙伴词的意义会同化、渗透、溢出至该词。随着"精明"与"狡猾、算计"等贬义词组合用法的增多，辞书可以给出贬义意义。

四　语文教学建议

除个别微观的语言问题外，在语文教学方法上，我们发现很多中学都普遍存在着一个共同的问题：直接灌输语言文字规律，把现象与规律肢解开，因此把语言的整体美讲解得支离破碎，未能激发学生的兴趣。提升学生语言文字运用的能力是中学语文教学的一个重要教学目标，但提升语言运用的能力不等于直接把已经总结好的语言文字的条文灌输给学生，让其死记硬背，条文是干巴巴的，语言现象却是丰富多彩、千变万化的。

我们建议，教师要积极引导学生去观察语言现象，找到感兴趣的点，通过对零散、个别现象的观察，去总结同类现象还有哪些例子或表现，进而全面梳理该类现象，探求隐藏在现象背后的语言规律。王宁先生指出："不断地从言语作品中钩稽出富有规律的语言现象，在现象的多次重复中发现规律，然后再去阐释规律，这和不通过现象就把赤裸裸的规律呈现出来，效果是截然不同的。"[1]

---

[1]　王宁：《汉语语言学与语文教学》，《中国社会科学》，2000 年第 3 期。

结　语

　　义位组合的问题研究比较晚，组合问题也比较复杂，虽然古今中外学者已经从不同的角度，对不同的组合搭配问题进行了大量的具体事例研究，编纂了一批搭配词典。但是组合的基本理论问题还没有完全研究清楚，尤其是能够服务于中文信息处理、普通语文辞书编纂、搭配词典编纂和中学语文教学、对外汉语教学的组合的基础理论研究，还欠缺不少。我们在前人研究基础上，搭建了初步的研究框架。囿于学识和时间、精力，目前所做的工作还比较有限。

　　义位组合研究的重心工作主要在于组合的各种精细规则和各种组合变异现象，组合类型及组合特点是为了做好重心研究的铺垫，应用研究是落脚点。我们主要运用传统训诂学、结构主义语义学、认知语义学等理论为武器，研究了义位组合中的体点规则、同素规则和临摹序列规则等，探讨了义位组合的对立异化和组合逆化问题，经过对《现汉》和《现代汉语搭配词典》的封闭性定性定量研究、归纳和演绎研究，以及对义位组合在动态语料库的摸查，更坚定了我们研究的信心。

　　组合中产生的异化现象千差万别，不仅存在着质的方面的区别，也存在着量的变化的大小。有的语义彻底消失，有的只是弱化、磨损，有的朝对立方向转换。因为组合而导致的义位发生理据重构或多次变异的，需要予以关注。通过研究多义词中不同义位的组合能力区别、泛时系统形成的同义词（例如"看、睹、视、观"等）的组合能力区别、同一聚合语义场中不同义位的组合能力区别，以及组合体组构的语义透明度等方面，可以发现义位组合的能力、编码的能力受到多种因素的制约。例如"冷布、棉猴、盗汗、爬灰、鱼翔"为什么前后就能组合在一起？前人虽有研究，但结论不太让人信服。义位组合的特点、规则、变异还有很多可以继续讨论，如果再将组合体的形成与发展、组合意义的形成与发展、组合与词汇化语法化等问题结合起来考察，组合问题有很大的研究空间。并且，组合的规律带有语言间的普遍性，从语言类型学的角度研究会有很大收获。因此，在研究方法上，不仅要对普通话系统的共时现象进行描写、对历时现象进行解释，更要进行古今对比、普方对比、中外对比，要具有语言类型化的视野，注重探讨不同语言系统的异同。

　　对于义位组合后的规则以及组合后的变异等问题，我们仅仅讨论了其中的几种典型类型，需要进一步系统性研究。限于研究能力和时间、精力，关于义位组合的探讨还有不小的空间，我们今后将持续关注义位组合的问题。

参考文献

一、论文类

常敬宇：《语义在词语搭配中的作用——兼谈词语搭配中的语义关系》，《汉语学习》，1990 年第 6 期。

陈长书：《试论现代汉语词根的定位性》，《语文研究》，2012 年第 3 期。

储泽祥、王寅：《动词的"重新理解"及其造成的影响》，《古汉语研究》，2009 年第 3 期。

董秀芳：《整体与部分关系在汉语词汇系统中的表现及在汉语句法中的突显性》，《世界汉语教学》，2009 年第 4 期。

范晓：《谈词语组合的选择性》，《汉语学习》，1985 年第 3 期。

方清明、王葆华：《汉语怎样表达整体－部分语义关系》，《世界汉语教学》，2012 年第 1 期。

冯广艺：《词语超常搭配的语义特征》，《绥化师专学报》，1990 年第 1 期。

郭佳兴、袁世旭：《论褒贬义词和褒贬陪义词》，《河北师范大学学报》（哲学社会科学版），2019 年第 3 期。

郭先珍、王玲玲：《褒义、贬义词在搭配中的方向性》，《中国人民大学学报》，1991 年第 6 期。

江蓝生：《超常组合与语义羡余——汉语语法化诱因新探》，《中国语文》，2016 年第 5 期。

蓝纯：《从认知角度看汉语的空间隐喻》，《外语教学与研究》，1999 年第 4 期。

李润生：《二十世纪五十年代以来汉语词汇系统研究述评》，《燕山大学学报》（哲学社会科学版），2007 年第 2 期。

李裕德：《词语搭配是相应义素的协同》，《语文建设》，1990 年第 4 期。

李运富：《从成语的"误解误用"看汉语词汇的发展》，《江苏大学学报》，2013 年第 3 期。

廖秋忠：《现代汉语并列名词性成分的顺序》，载《廖秋忠文集》，北京语言学院出
　　版社，1992 年。

林杏光：《论词语搭配及其研究》，《语言教学与研究》，1994 年第 4 期。

林杏光：《张寿康先生与词语搭配研究》，《首都师范大学学报》（社会科学版），
　　1995 年第 1 期。

刘华丽：《近代汉语双音节情态副词"X 好"历时生成分析》，《清华大学学报》（哲
　　学社会科学版），2010 年第 S2 期。

陆俭明：《构式与意象图式》，《北京大学学报》（哲学社会科学版），2009 年第 3 期。

师璐：《同词反义的认知研究》，《西安外国语大学学报》，2008 年第 1 期。

宋玉柱：《语言搭配的类型及其性质》，《世界汉语教学》，1990 年第 1 期。

苏宝荣：《辞书释义与词义研究》，《辞书研究》，1998 年第 2 期。

苏宝荣：《语言理论研究与语文教学》，《河北师范大学学报》（哲学社会科学版），
　　2002 年第 6 期。

苏宝荣：《以理论研究引领〈现代汉语词典〉修订在规范化上取得新突破》，《辞书
　　研究》，2013 年第 2 期。

孙彩惠、张志毅：《新词个体和世界整体》，《语言文字应用》，2011 年第 2 期。

孙茂松、黄昌宁、方捷：《汉语搭配定量分析初探》，《中国语文》，1997 年第 1 期。

汪榕培：《英语搭配新探》，《外语与外语教学》，2000 年第 10 期。

王洪君：《从两个同级义场代表单字的搭配异同看语义特征和语义层级——以
　　"锅"和"碗"为例》，《世界汉语教学》，2010 年第 2 期。

王宁：《汉语词源的探求与阐释》，《中国社会科学》，1995 年第 2 期。

王宁：《汉语语言学与语文教学》，《中国社会科学》，2000 年第 3 期。

王宁：《单语词典释义的性质与训诂释义方式的继承》，《中国语文》，2002 年第 4 期。

王宁：《汉语词汇语义学的重建与完善》，《宁夏大学学报》（人文社会科学版），
　　2004 年第 4 期。

王宁：《论辞书的原创性及其认定原则——兼论〈现代汉语词典〉的原创性和原创
　　点》，《辞书研究》，2008 年第 1 期。

王新、崔希亮：《"房"和"屋"组词不对称研究》，《语文研究》，2021 年第 3 期。

王兴隆、张志毅:《义位的要素三分及其在辞书中的价值导向》,《语言文字应用》,
　　2007 年第 4 期。

王泽鹏、张燕春:《语义韵律理论》,《同济大学学报》(社会科学版),2005 年第
　　4 期。

王宗炎:《〈当代英语搭配词典〉序》,《外语与外语教学》,1997 年第 1 期。

王宗炎:《汉语词汇学的新探索》,《语文建设通讯》,1998 年第 10 期。

卫乃兴:《语义韵研究的一般方法》,《外语教学与研究》,2002 年第 4 期。

卫乃兴:《搭配研究 50 年——概念的演变与方法的发展》,《解放军外国语学院学
　　报》,2003 年第 2 期。

文炼:《词语之间的搭配关系》,《中国语文》,1984 年第 3 期。

吴云芳、段慧明、俞士汶:《动词对宾语的语义选择限制》,《语言文字应用》,
　　2005 年第 2 期。

伍铁平:《读三本新出版的语言学概论教科书》,《中国语文》,1983 年第 2 期。

伍铁平:《词义的感染》,《语文研究》,1984 年第 3 期。

伍铁平:《论反义词同源和一词兼有相反二义》,《外语教学与研究》,1986 年第 2 期。

伍铁平:《再论词义向其反面转化和一个词兼有相反的两个意义》(上、下),《外
　　国语》,1991 年第 3、4 期。

解海江、张志毅:《谈〈现汉 〉对义位褒贬陪义的标注》,《辞书研究》,2003 年第
　　6 期。

邢公畹:《语词搭配问题是不是语法问题》,载《语言论集》,商务印书馆,1983 年。

邢公畹:《汉台语构词法的一个比较研究——大名冠小名》,载《邢公畹语言学论
　　文集》,商务印书馆,2000 年。

徐正考、张桂梅:《汉语局部同素反义名词研究》,《复旦学报》(社会科学版),
　　2015 年第 4 期。

徐正考、张桂梅:《假性局部同素反义名词研究》,《语言研究》,2018 年第 2 期。

荀经纬、袁世旭、郑振峰:《汉语语文辞书百科动物名词释义类义征研究》,《语言
　　文字应用》,2023 年第 4 期。

于屏方、杜家利:《对汉英动物义位陪义的对比研究》,《语文学刊》,2006 年第 2 期。

于屏方、杜家利:《汉英动物义位组合关系的对比研究》,《语文学刊》,2006 年第

12 期。

袁世旭、张志毅:《新词语的义域变化》,《辞书研究》,2011 年第 5 期。

袁世旭、张志毅:《义位组合的体点规则研究》,《汉语学习》,2014 年第 3 期。

袁世旭、郑振峰:《汉语义位组合和中学语文教学》,《河北师范大学学报》(教育科学版),2017 年第 3 期。

袁世旭、郑振峰:《义位组合的逆化研究》,载《词汇学理论与应用》(九),商务印书馆,2018 年。

袁世旭、郑振峰、苏宝荣:《汉语辞书理论史研究展望》,《古汉语研究》,2021 年第 3 期。

袁世旭、许蒙蒙、郑振峰:《〈现代汉语词典〉释义提示词研究》,《语文研究》,2021 年第 4 期。

袁世旭、郑振峰:《汉语义位组合理据研究》,《民俗典籍文字研究》,2022 年第 2 期。

袁世旭、荀经纬、郑振峰:《汉语语文辞书释义的静态修订和动态修订——以〈现代汉语词典〉动物词条为例》,《语文研究》,2023 年第 4 期。

袁毓林:《现代汉语名词的配价研究》,《中国社会科学》,1992 年第 3 期。

张博:《词义的反向、双向引申与反义同源词——兼谈“反训”》,《西南师范大学学报》(人文社会科学版),1987 年第 S2 期。

张博:《先秦并列式连用词序的制约机制》,《语言研究》,1996 年第 2 期。

张博:《组合同化:词义衍生的一种途径》,《中国语文》,1999 年第 2 期。

张博:《本义、词源义考释对于同义词教学的意义》,载《汉语口语与书面语教学》,北京大学出版社,2004 年。

张博:《反义类比构词中的语义不对应及其成因》,《语言教学与研究》,2007 年第 1 期。

张博:《本源义滞留:同义词语义侧重与搭配倾向的重要致因》,《民俗典籍文字研究》,2020 年第 1 期。

张志公:《词义分类的可喜成果——〈简明汉语义类词典〉序》,《汉语学习》,1987 年第 5 期。

张志毅:《〈现代汉语词典〉释义的语文性》,《辞书研究》,1981 年第 3 期。

张志毅、张庆云:《现代语文性辞书的整体观》,《中国语文》,1999 年第 4 期。

张志毅:《理念演绎辞书》,《辞书研究》,2007 年第 5 期。

张志毅、苏向丽:《辞书的原型论——祝贺〈辞书研究〉而立华诞》,《辞书研究》,
　　2010 年第 1 期。

郑振峰、袁世旭:《古汉语法律专科同义词的辨析方法探析——以〈唐律疏议〉的
　　法律词语为例》,《语文研究》,2012 年第 2 期。

郑振峰、袁世旭:《义位组合的对立异化研究》,《语文研究》,2015 年第 4 期。

二、专著类

安华林:《现代汉语释义基元词研究》,中国社会科学出版社,2005 年。

曹炜:《现代汉语词汇研究》,北京大学出版社,2004 年。

常敬宇:《汉语词汇文化》(增订本),北京大学出版社,2009 年。

陈宝勤:《汉语词汇的生成与演化》,商务印书馆,2011 年。

陈昌来、李传军等:《现代汉语类固定短语研究》,学林出版社,2012 年。

储泽祥:《汉语空间短语研究》,北京大学出版社,2010 年。

董秀芳:《汉语的词库与词法》,北京大学出版社,2004 年。

董秀芳:《词汇化——汉语双音词的衍生和发展》,商务印书馆,2011 年。

董秀芳:《汉语词汇化和语法化的现象与规律》,学林出版社,2017 年。

丰国欣:《汉英词汇对比研究》,清华大学出版社,2016 年。

冯凌宇:《汉语人体词汇研究》,中国广播电视出版社,2008 年。

符淮青:《现代汉语词汇》,北京大学出版社,1985 年。

符淮青:《词义的分析和描写》,语文出版社,1996 年。

符淮青:《词典学词汇学语义学文集》,商务印书馆,2004 年。

付娜:《汉语动词同义度分析方法与等级划分》,北京大学出版社,2015 年。

葛本仪:《现代汉语词汇学》(修订本),山东人民出版社,2001 年。

郭良夫:《词汇与词典》,商务印书馆,1999 年。

郭在贻:《训诂丛稿》,上海古籍出版社,1985 年。

郝瑜鑫:《汉语同语义类动词搭配研究——第二语言教学视角》,社会科学文献出
　　版社,2017 年。

何九盈、蒋绍愚:《古汉语词汇讲话》,中华书局,2010 年。

黄红娟:《汉语词汇负面义研究》,社会科学文献出版社,2014 年。

黄洁:《汉语名名复合词语义认知研究》,复旦大学出版社,2018 年。

贾彦德:《汉语语义学》,北京大学出版社,1999 年。

江蓝生:《汉语词汇语法论考》,中国社会科学出版社,2013 年。

蒋冀骋:《近代汉语词汇研究》(增订本),商务印书馆,2019 年。

蒋绍愚:《汉语词汇语法史论文集》,商务印书馆,2000 年。

蒋绍愚:《古汉语词汇纲要》,商务印书馆,2007 年。

蒋绍愚:《汉语历史词汇学概要》,商务印书馆,2015 年。

柯航:《现代汉语单双音节搭配研究》,商务印书馆,2012 年。

李葆嘉:《现代汉语析义元语言研究》,世界图书出版公司,2013 年。

李斌:《动宾搭配的语义分析和计算》,世界图书出版公司,2011 年。

李福印:《语义学概论》(修订版),北京大学出版社,2007 年。

李福印:《认知语言学概论》,北京大学出版社,2008 年。

李红印:《现代汉语颜色词语义分析》,商务印书馆,2007 年。

李裕德:《现代汉语词语搭配》,商务印书馆国际有限公司,1998 年。

李行健:《词汇研究与辞书编纂》,外语教学与研究出版社,2013 年。

连淑能:《英汉对比研究》(增订本),高等教育出版社,2010 年。

林杏光:《词汇语义和计算语言学》,语文出版社,1999 年。

刘宏丽:《明清敬谦语研究》,中国社会科学出版社,2010 年。

刘叔新:《汉语描写词汇学》(重排本),商务印书馆,2005 年。

刘叔新:《词汇学和词典学问题研究》,南开大学出版社,2019 年。

刘甜:《汉语空间极性词组配研究》,社会科学文献出版社,2017 年。

陆宗达、王宁:《训诂方法论》,中国社会科学出版社,1983 年。

陆宗达:《说文解字通论》,中华书局,2015 年。

吕叔湘:《语文杂记》,生活·读书·新知三联书店,2008 年。

吕叔湘:《中国文法要略》,商务印书馆,2014 年。

马清华:《并列结构的自组织研究》,复旦大学出版社,2005 年。

马清华:《语义的多维研究》,语文出版社,2006 年。

倪波、顾柏林:《俄语语义学》,上海外语教育出版社,1995 年。

潘先军：《现代汉语羡余现象研究》，北京语言大学出版社，2012 年。

钱军：《英语词的构成与搭配》，商务印书馆，2008 年。

沈家煊：《不对称和标记论》，商务印书馆，2015 年。

束定芳：《现代语义学》（第 2 版），上海外语教育出版社，2013 年。

苏宝荣：《词义研究与辞书释义》，商务印书馆，2000 年。

苏宝荣：《词汇学与辞书学研究》，商务印书馆，2008 年。

苏宝荣：《词的结构、功能与语文辞书释义》，上海辞书出版社，2011 年。

苏新春：《汉语词汇计量研究》，厦门大学出版社，2002 年。

苏新春：《汉语释义元语言研究》，上海教育出版社，2005 年。

苏新春：《汉语词义学》，外语教学与研究出版社，2008 年。

孙常叙：《汉语词汇》（重排本），商务印书馆，2006 年。

孙良明：《词义和释义》，湖北教育出版社，1985 年。

宋文辉：《汉语辞书元语言研究》，上海辞书出版社，2011 年。

汪榕培：《英语词汇学研究》，上海外语教育出版社，2000 年。

汪维辉：《东汉—隋常用词演变研究》（修订本），商务印书馆，2017 年。

伍铁平：《模糊语言学》，上海外语教育出版社，1999 年。

武占坤、王勤：《现代汉语词汇概要》，内蒙古人民出版社，1983 年。

徐国庆：《现代汉语词汇系统论》，北京大学出版社，1999 年。

王艾录、司富珍：《语言理据研究》，中国社会科学出版社，2002 年。

王东海、王丽英：《汉语辞书理论史热点研究》，商务印书馆，2013 年。

王东海、袁世旭：《汉语辞书理论专题史研究》，商务印书馆，2022 年。

王凤阳：《古辞辨》，中华书局，2011 年。

王洪君：《基于单字的现代汉语词法研究》，商务印书馆，2011 年。

王惠：《现代汉语名词词义组合分析》，北京大学出版社，2004.

王力：《汉语词汇史》，商务印书馆，1993 年。

王宁：《训诂学原理》，中国国际广播出版社，1997 年。

王寅：《中西语义理论对比研究初探——基于体验哲学和认知语言学的思考》，高
　　等教育出版社，2007 年。

吴福祥：《语法化与语义图》，学林出版社，2017 年。

向熹:《简明汉语史》,商务印书馆,2013 年。

辛平:《面向对外汉语教学的常用动词 V+N 搭配研究》,世界图书出版公司,
　　2014 年。

徐世荣:《古汉语反训集释》,安徽教育出版社,1989 年。

叶军:《现代汉语色彩词研究》,内蒙古人民出版社,2001 年。

于屏方:《动作义位释义的框架模式研究》,中国社会科学出版社,2007 年。

于屏方、杜家利:《汉、英学习词典对比研究》,社会科学出版社,2010 年。

于屏方:《外向型学习词典研究》,商务印书馆,2016 年。

俞樾等:《古书疑义举例五种》,中华书局,1956 年。

袁世旭、郭佳兴:《汉语语文辞书释义对比研究》,商务印书馆,2022 年。

詹人凤:《现代汉语语义学》,商务印书馆,1997 年。

张博:《古代汉语词汇研究》,宁夏人民出版社,2000 年。

张家骅、彭玉海、孙淑芳、李红儒:《俄罗斯当代语义学》,商务印书馆,2005 年。

张金竹:《现代汉语反义复合词式的语义和认知研究》,世界图书出版公司,2015 年。

张敏:《认知语言学与汉语名词短语》,中国社会科学出版社,1998 年。

张永言:《词汇学简论、训诂学简论》,复旦大学出版社,2015 年。

张志毅、张庆云:《词和词典》,中国广播电视出版社,1994 年。

张志毅、张庆云:《词汇语义学与词典编纂》,外语教学与研究出版社,2007 年。

张志毅、张庆云:《词汇语义学》(第三版),商务印书馆,2012 年。

张志毅、张庆云:《理论词典学》,商务印书馆,2015 年。

张志毅、张庆云:《语言学论集》,商务印书馆,2016 年。

张诒三:《词语搭配变化研究——以隋前若干动词与名词的搭配变化为例》,齐鲁
　　书社,2005 年。

章宜华:《语义学与词典释义》,上海辞书出版社,2002 年。

郑娟曼:《现代汉语习语性贬抑义构式研究》,中国社会科学出版社,2015 年。

周荐:《词汇学词典学研究》,商务印书馆,2004 年。

周荐:《汉语词汇结构论》,上海辞书出版社,2004 年。

朱志平:《汉语双音复合词属性研究》,北京大学出版社,2005 年。

〔美〕罗曼·雅柯布森:《雅柯布森文集》,钱军译,商务印书馆,2012 年。

〔新西兰〕凯特·科恩:《语义学》(第二版), 陈丽萍译, 四川大学出版社, 2015 年。

Cruse, D. A., *Lexical Semantics*, Cambridge: Cambridge University Press, 1986.

Leech, G. N., *Semantics*, London: Penguin Books, 1983.

Lyons, J., *Introduction to Theoretical Linguistics*, Cambridge: Cambridge University Press, 1977.

Palmer, F. R., *Semantics*, Cambridge: Cambridge University Press, 1981.

Sapir, E., *Selected Writings in Language, Culture and Personality*, Stanford: Stanford University Press, 1949.

Ullmann, S., *Semantics: An Introduction to the Science of Meaning*, Oxford: Basil Blackwell, 1962.

三、辞书类

[汉]许慎撰, [宋]徐铉校定:《说文解字》, 中华书局, 1963 年。

[汉]许慎撰, [清]段玉裁注:《说文解字注》, 上海古籍出版社, 1981 年。

吕叔湘:《现代汉语八百词》, 商务印书馆, 1980 年。

梅家驹、竺一鸣、高蕴琦、殷鸿翔:《同义词词林》, 上海辞书出版社, 1983 年。

梅家驹主编:《现代汉语搭配词典》, 汉语大词典出版社, 1999 年。

戚雨村等主编:《语言学百科词典》, 上海辞书出版社, 1993 年。

苏新春主编:《现代汉语分类词典》, 商务印书馆, 2013 年。

语言学名词审定委员会:《语言学名词》, 商务印书馆, 2011 年。

张寿康、林杏光主编:《现代汉语实词搭配词典》, 商务印书馆, 1992 年。

中国社会科学院语言研究所词典编辑室:《倒序现代汉语词典》, 商务印书馆, 1987 年。

中国社会科学院语言研究所词典编辑室:《现代汉语词典》(第 6 版), 商务印书馆, 2012 年。

中国社会科学院语言研究所词典编辑室:《现代汉语词典》(第 7 版), 商务印书馆, 2016 年。

〔英〕戴维·克里斯特尔编:《现代语言学词典》(第四版), 沈家煊译, 商务印书馆, 2000 年。

附　录

　　附录共有三个表，分别为附一《部分常见单音节反义单位组合能力表》、附二《部分常见单音节同义单位组合能力表》、附三《〈现代汉语词典〉（第7版）体点规则义位表》。正文中所提的附一的45组反义词群（包括96个词语或语素）、附二中的82组同义词群（包括202个词语或语素）全部列出。完整的三个附录表共计8.3万多字，其中附一3.5万多字，附二4.3万多字，附三4000多字。为节省篇幅，附一和附二只保留若干组的典型组合。附一保留"阴、阳""买、卖""软、硬"；附二中，两个成员的保留"言、语""眼、目""声、音""人、民""嘴、口"，三个成员的保留"道、路、径""晚、夜、宵"，四个成员的保留"房、室、屋、字""泥、土、尘、灰"，五个成员的保留"黑、暗、昏、阴、幽""明、亮、耀、辉、光"，特此说明。

附一　部分常见单音节反义单位组合能力表

大——小｜多——少｜有——无｜好——坏｜黑——白｜早——晚｜快——慢｜深——浅｜冷——热｜长——短｜美——丑｜正——反（负）｜高——低｜新（幼）——老｜对——错｜公——私｜动——静｜开——关｜男——女｜曲——直｜夫——妻｜阴——阳｜真——假｜贫（穷）——富｜上——下｜方——圆｜天——地｜呼——吸｜始——终｜横——竖（纵）｜内——外｜东——西｜南——北｜左——右｜买——卖｜安——危｜褒——贬｜成（胜）——败｜死——活（生）｜升——降｜甘——苦｜粗——细｜前——后｜手——脚｜软——硬

1. 阴——阳

（1）阴

《现代汉语词典》（第 7 版）71 个

阴暗｜阴暗面｜阴部｜阴曹｜阴差阳错｜阴沉｜阴沉沉｜阴错阳差｜阴丹士林｜阴道｜阴德｜阴电｜阴毒｜阴风｜阴干｜阴功｜阴沟｜阴户｜阴晦｜阴魂｜阴极｜阴极射线｜阴间｜阴茎｜阴刻[1]｜阴刻[2]｜阴冷｜阴离子｜阴历｜阴历年｜阴凉｜阴霾｜阴门｜阴面｜阴谋｜阴囊｜阴曡｜阴平｜阴燃｜阴柔｜阴森｜阴森森｜阴山背后｜阴盛阳衰｜阴寿｜阴司｜阴私｜阴损｜阴文｜阴险｜阴线｜阴笑｜阴性｜阴阳｜阴阳怪气｜阴阳历｜阴阳人｜阴阳生｜阴阳水｜阴阳先生｜阴翳｜阴影｜阴雨｜阴郁｜阴云｜阴韵｜阴宅｜阴招儿｜阴着儿｜阴鸷｜阴鹭

《倒序现代汉语词典》8 个

碑阴｜背阴｜寸阴｜分阴｜光阴｜会阴｜树阴｜太阴

（2）阳

《现代汉语词典》（第 7 版）32 个

阳春｜阳春白雪｜阳电｜阳奉阴违｜阳刚｜阳沟｜阳关大道｜阳关道｜阳光｜阳极｜阳间｜阳具｜阳刻｜阳狂｜阳离子｜阳历｜阳历年｜阳面｜阳平｜阳畦｜阳伞｜阳伞效应｜阳世｜阳寿｜阳台｜阳桃｜阳痿｜阳文｜阳线｜阳性｜阳韵｜阳宅

《倒序现代汉语词典》14 个

残阳｜朝阳｜重阳｜端阳｜还阳｜骄阳｜欧阳｜太阳｜夕阳｜向阳｜斜阳｜艳阳｜朝阳｜遮阳

2. 买——卖

（1）买

《现代汉语词典》（第 7 版）24 个

买办｜买办资本｜买办阶级｜买办资产阶级｜买春｜买单[1]｜买单[2]｜买点｜买椟还珠｜买断｜买方市场｜买关节｜买官｜买好｜买家｜买空卖空｜买路钱｜买卖｜买卖人｜买面子｜买通｜买账｜买主｜买醉

《倒序现代汉语词典》3 个

购买｜售买｜赎买

（2）卖

《现代汉语词典》（第 7 版）38 个

卖场｜卖唱｜卖春｜卖呆｜卖单｜卖底｜卖点｜卖方市场｜卖功｜卖狗皮膏药｜卖乖｜卖关节｜卖关子｜卖官｜卖官鬻爵｜卖国｜卖国贼｜卖好｜卖家｜卖劲｜卖老｜卖力｜卖力气｜卖命｜卖弄｜卖俏｜卖人情｜卖身｜卖身投靠｜卖相｜卖笑｜卖解｜卖艺｜卖淫｜卖友｜卖主｜卖嘴｜卖座儿

《倒序现代汉语词典》20 个

变卖｜标卖｜拆卖｜斥卖｜出卖｜盗卖｜贩卖｜寄卖｜叫卖｜买卖｜拉买卖｜拍卖｜叛卖｜烧卖｜售卖｜甩卖｜小卖｜义卖｜专卖｜转卖

3. 软——硬

（1）软

《现代汉语词典》（第 7 版）54 个

软包装｜软暴力｜软笔｜软磁盘｜软刀子｜软钉子｜软缎｜软腭｜软耳朵｜软风｜软膏｜软骨｜软骨病｜软骨头｜软骨鱼｜软广告｜软化｜软话｜软环境｜软和｜软件｜软脚蟹｜软禁｜软科学｜软肋｜软绵绵｜软磨｜软磨硬泡｜软木｜软盘｜软片｜软驱｜软任务｜软弱｜软实力｜软食｜软水｜软梯｜软体｜软体动物｜软通货｜软卧｜软武器｜软席｜软线｜软饮料｜软硬不吃｜软硬兼施｜软

玉｜软枣｜软指标｜软着陆｜软资源｜软组织

《倒序现代汉语词典》12个

软多软｜脸软｜绵软｜疲软｜柔软｜手软｜松软｜酥软｜酸软｜瘫软｜细软｜心软

（2）硬

《现代汉语词典》（第7版）54个

硬邦邦｜硬棒｜硬包装｜硬笔｜硬币｜硬菜｜硬磁盘｜硬道理｜硬度｜硬腭｜硬杠杠｜硬弓｜硬骨头｜硬骨鱼｜硬广告｜硬汉｜硬化｜硬化纸｜硬话｜硬环境｜硬件｜硬结｜硬撅撅｜硬朗｜硬煤｜硬面｜硬木｜硬盘｜硬碰硬｜硬片｜硬拼｜硬气｜硬驱｜硬任务｜硬伤｜硬实力｜硬实｜硬是｜硬手｜硬水｜硬体｜硬挺｜硬通货｜硬卧｜硬武器｜硬席｜硬性｜硬玉｜硬仗｜硬着头皮｜硬挣｜硬指标｜硬着陆｜硬座

《倒序现代汉语词典》9个

过硬｜坚硬｜僵硬｜欺软怕硬｜强硬｜生硬｜死硬｜心硬｜硬碰硬

附二　部分常见单音节同义单位组合能力表

珍、宝｜言、语｜道、路、径｜世、代｜拿、取｜赠、送｜纵、竖｜犬、狗｜丢、失｜输、败｜看、望、见、观、视、睹｜绳、索｜岁、年｜亡、死、故｜舟、船｜眼、目｜泣、泪、涕｜房、室、屋、宇｜关、闭｜帮、助｜停、止｜教、授｜声、音｜植、种｜泥、土、尘、灰｜波、浪｜朋、友｜治、理、议、论｜叫、喊｜贫、穷｜法、律｜人、民｜变、化｜放、置｜寒、冷｜美、好｜端、正｜鲜、艳｜仇、恨｜罪、过｜遥、远｜饥、饿｜晚、夜、宵｜甜、甘｜鞋、履｜疾、病｜夕、暮｜黑、暗、昏、阴、幽｜安、平、静｜明、亮、耀、辉、光｜返、回｜烂、腐、朽、败｜白、皓、素｜朱、红、赤｜细、小、微、毫｜神、仙｜钝、痴、愚｜快、迅、疾、速｜疲、倦、劳、困｜嘴、口｜吉、祥、瑞｜乳、奶｜亲、近｜坟、墓｜焚、烧｜树、木｜追、逐、逐、驱｜容、貌、姿｜身、躯、

体、形 | 自、己 | 贤、能、才 | 客、宾 | 形、状 | 灾、祸、疫 | 书、籍、册 | 闲、暇 | 皇、帝、君、王 | 富、足、丰 | 宏、巨、博、大 | 洞、穴、窟

1. 言、语（共 474 个）

（1）所说的话（共 367 个）

A. 言（217 个）

言语 | 言谈 | 言辞 | 言词 | 言论 | 言情 | 言路 | 言责 | 言教 | 言状 | 言喻 | 言传 | 美言 | 忠言 | 净言 | 谠言 | 怨言 | 常言 | 婉言 | 片言 | 异言 | 赘言 | 谎言 | 传言 | 谣言 | 流言 | 胡言 | 狂言 | 妄言 | 戏言 | 谗言 | 谰言 | 谮言 | 语言 | 方言 | 文言 | 格言 | 名言 | 寓言 | 序言 | 叙言 | 引言 | 导言 | 弁言 | 例言 | 箴言 | 预言 | 遗言 | 誓言 | 诺言 | 约言 | 宜言 | 妖言 | 一言堂 | 群言堂 | 留言簿 | 五言诗 | 发言 | 出言 | 扬言 | 进言 | 佯言 | 留言 | 立言 | 赠言 | 妖言惑众 | 由衷之言 | 肺腑之言 | 金玉之言 | 一家之言 | 媒妁之言 | 溢美之言 | 耳食之言 | 绳墨之言 | 言不由衷 | 言不尽意 | 言不逮意 | 言不及义 | 言不及私 | 言行一致 | 言行若一 | 言行不一 | 言行计从 | 一言半语 | 一言两语 | 一言一动 | 一言一行 | 一言千金 | 一言九鼎 | 一言中的 | 一言为定 | 一言定交 | 一言订交 | 一言丧邦 | 一言兴邦 | 一言不发 | 一言难尽 | 一言蔽之 | 冷言冷语 | 冷言热语 | 冷言酸语 | 风言风语 | 风言俏语 | 流言蜚语 | 讹言谎语 | 污言秽语 | 花言巧语 | 甜言蜜语 | 甜言美语 | 甜言软语 | 好言好语 | 空言虚语 | 闲言碎语 | 豪言壮语 | 直言谠语 | 片言只语 | 一言两语 | 三言两语 | 千言万语 | 不言不语 | 金玉良言 | 至理名言 | 换言之 | 常言道 | 婉言谢绝 | 扬言报复 | 难以言状 | 无以言喻 | 言辞恳切 | 言谈风雅 | 言教不如身教 | 军中无戏言 | 言谈举止 | 言外之意 | 言简意赅 | 言狂意妄 | 言高语低 | 言深交浅 | 言近旨远 | 言近指远 | 言微旨远 | 言清行浊 | 言听行从 | 言听计从 | 言从计行 | 言出祸随 | 言出祸从 | 言传身教 | 言必有据 | 言必有中 | 言多必失 | 言过其实 | 言为心声 | 言若悬河 | 言犹在耳 | 言归正传 | 直言正论 | 直言正色 | 直言危行 | 危言危行 | 危言谠论 | 危言正色 | 正言厉色 | 巧言令色 | 甘言巧辩 | 忠言谠论 | 要言妙道 | 微言精义 | 微言大义 | 片言只字 | 疾言厉色 | 嘉言懿行 | 嘉言善行 | 矫言伪行 | 流言飞文 | 正言直谏 | 直言正谏 | 直言骨鲠 | 忠言逆耳 | 危言耸听 | 人言可畏 | 妖言惑众 | 片言断语 | 要言不烦 | 大言不惭 | 空言无补 | 轻言寡信 | 陈言务

去｜有言在先｜多言或中｜无言以对｜出言成章｜出言无状｜出言不逊｜名正言顺｜人微言轻｜身轻言微｜位卑言高｜交浅言深｜广开言路｜意在言外｜不可言传｜不可言喻｜溢于言表｜下笔千言｜倚马千言｜默默无言｜哑口无言｜沉默寡言｜以人废言｜啧有烦言｜自食其言｜言语妙天下｜前言不接后语｜听其言，观其行｜君子一言，驷马难追｜只可意会，不可言传

B. 语（150 个）

语言｜语音｜语素｜语词｜语汇｜语汇表｜语义｜语意｜语源｜语源学｜语序｜语句｜语段｜语文｜语法｜语气｜语气词｜语助词｜语调｜语流｜语态｜语感｜语病｜语库｜语料｜语料库｜语种｜语族｜语录｜语体｜语文｜语塞｜言语｜话语｜词语｜妙语｜软语｜豪语｜飞语｜蜚语｜快语｜谵语｜呓语｜诈语｜诳语｜妄语｜成语｜俗语｜谚语｜俚语｜土语｜短语｜仿语｜熟语｜古语｜书面语｜口语｜口头语｜术语｜用语｜标准语｜略语｜行业语｜歇后语｜哑语｜谜语｜暗语｜隐语｜谶语｜赞语｜评语｜批语｜断语｜考语｜韵语｜按语｜案语｜标语｜跋语｜引语｜结语｜结束语｜私语｜絮语｜套语｜分析语｜综合语｜黏着语｜主语｜谓语｜表语｜定语｜状语｜宾语｜补语｜英语｜法语｜德语｜日语｜俄语｜汉语｜华语｜母语｜国语｜本国语｜外来语｜外国语｜世界语｜千言万语｜三言两语｜片言只语｜一言两语｜豪言壮语｜甜言蜜语｜花言巧语｜好言好语｜冷言冷语｜风言风语｜殊言别语｜直言谠语｜流言蜚语｜闲言碎语｜空言虚语｜污言秽语｜不言不语｜语意深长｜语感灵敏｜话语不多｜言语粗鲁｜用语不当｜悲愤之下，一时语塞｜语无伦次｜语言无味｜语不惊人｜语妙绝伦｜语妙天下｜语重心长｜一语道破｜一语破的｜一语中人｜妙语惊人｜妙语双关｜妙语解颐｜恶语中伤｜冷语冰人｜言来语去｜言高语低｜快人快语｜言语妙天下｜前言不接后语

（2）说（共 107 个）

A. 言（84 个）

言说｜言谈｜言声｜言欢｜言笑｜言和｜声言｜美言｜直言｜昌言｜讳言｜胡言｜妄言｜开言｜倡言｜申言｜畅言｜断言｜预言｜代言人｜言之有理｜言之成理｜言之凿凿｜言之过甚｜言之不尽｜言之不预｜言之有物｜言之无物｜直言不讳｜直言无讳｜直言无隐｜直言尽意｜直言取祸｜倡言改革｜畅言别情｜美言

几句｜难以言说｜不善言谈｜总而言之｜言三语四｜言十妄九｜言而有信｜言而无信｜言而不信｜言不践行｜言不顾行｜言无二价｜言笑嘻怡｜言笑晏晏｜言笑自若｜言笑自如｜言归于好｜言归和好｜言事若神｜难言之隐｜正言不讳｜自言自语｜胡言乱语｜不言不语｜不言而喻｜妄言妄听｜能言善辩｜姑妄言之｜不苟言笑｜不堪言状｜握手言欢｜语四言三｜指小言大｜畅所欲言｜正色敢言｜妙不可言｜不可胜言｜不可讳言｜毋庸讳言｜一概而言｜有口难言｜相机而言｜不幸而言中｜勿谓言之不预｜顾左右而言他｜敢怒而不敢言｜言者无罪，闻者足戒｜知无不言，言无不尽｜桃李不言，下自成蹊

B. 语（23 个）

低语｜细语｜私语｜絮语｜妄语｜耳语｜妄语有病｜喁喁低语｜窃窃私语｜叨叨絮语｜呢喃细语｜私下耳语｜语不投机｜语不择人｜语焉不详｜语四言三｜语笑喧哗｜鸟语花香｜燕语莺啼｜胡言乱语｜自言自语｜不言不语｜不可同日而语

2. 道、路、径（共 252 个）

A. 道（96 个）

道路｜道口｜道岔｜道砟｜道钉｜要道｜黑道｜远道｜半道｜中道｜盆道｜熟道｜街道｜车道｜走道｜跑道｜坑道｜地道｜巷道｜隧道｜墓道｜神道｜铁道｜轨道｜索道｜通道｜甬道｜夹道｜过道｜马道｜栈道｜盘道｜迂道｜孔道｜便道｜人行道｜林荫道｜间道｜东道主｜东道国｜取道｜就道｜抄道｜绕道｜转道｜顺道｜改道｜开道｜喝道｜清道｜遮道｜挡道｜通衢大道｜光明大道｜康庄大道｜金光大道｜阳关大道｜羊肠小道｜林荫小道｜山间小道｜街道行人｜远道来客｜交通要道｜地下铁道｜秘密地道｜飞机跑道｜海底隧道｜空中通道｜登山盘道｜山间索道｜砖石甬道｜煤矿巷道｜绕道而行｜抄道回家｜顺道访友｜取道武汉去北京｜束装就道｜道听途说｜道不拾遗｜道尽途穷｜背道而驰｜分道扬镳｜问道于盲｜打道回府｜夹道欢迎｜倍道兼行｜任重道远｜筑室道谋｜鸣锣开道｜怨声载道｜饿殍载道｜饿莩载道｜打家劫道｜老熊当道｜豺狼当道｜明修栈道，暗度陈仓

B. 路（144 个）

路面｜路基｜路堑｜路堤｜路口｜路程｜路途｜路段｜路径｜路线｜路轨｜路灯｜路标｜路牌｜路徽｜路签｜路条｜路障｜路政｜路规｜路风｜路况｜路费｜路

人｜路警｜路局｜路祭｜路劫｜路过｜生路｜熟路｜远路｜近路｜弯路｜半路｜通路｜公路｜马路｜铁路｜航路｜陆路｜旱路｜水路｜岔路｜歧路｜退路｜后路｜末路｜绝路｜来路｜去路｜上坡路｜下坡路｜冤枉路｜回头路｜电路｜开路｜筑路｜养路｜护路｜带路｜领路｜引路｜探路｜觅路｜走路｜行路｜上路｜赶路｜过路｜指路｜让路｜拦路｜迷路｜顺路｜沿路｜同路｜养路工｜压路机｜指路牌｜引路人｜带路人｜行路人｜同路人｜电路图｜拦路虎｜指路灯｜买路钱｜笔直路｜弯曲路｜宽广路｜狭窄路｜平坦路｜高低不平路｜一条路｜公路路基｜十字路口｜单线路堑｜南北通路｜高速公路｜开路先锋｜过路客商｜筑路工人｜陆路交通｜开辟航路｜切断归路｜断绝后路｜面临绝路｜寻找回路｜学会走路｜走老路｜绕弯路｜兜远路｜抄近路｜打路条｜遭到路劫｜拦路抢劫｜中途迷路｜给老人让路｜顺路回家｜沿路游玩｜路径不熟｜路况不明｜路面平整｜道路平坦｜旱路通畅｜邮路不通｜路不拾遗｜路无拾遗｜路绝人稀｜路人皆知｜歧路亡羊｜狭路相逢｜一路平安｜半路出家｜冤家路窄｜视同路人｜必由之路｜穷途末路｜走投无路｜轻车熟路｜逢山开路｜视同陌路｜路见不平，拔刀相助

C. 径（12个）

径赛｜路径｜曲径｜山径｜田径｜田径赛｜田径运动｜路径不熟｜曲径通幽｜终南捷径｜独辟蹊径｜行不由径

3. 眼、目（共306个）

A. 眼（182个）

眼睛｜眼目｜眼点｜眼珠｜眼珠子｜眼球｜眼角｜眼眶｜眼圈｜眼睑｜眼皮｜眼皮子｜眼泡｜眼袋｜眼底｜眼窝｜眼睫毛｜眼帘｜眼眵｜眼线｜眼影｜眼泪｜眼力｜眼神｜眼色｜眼光｜眼波｜眼界｜眼福｜眼镜｜眼罩儿｜眼科｜眼压｜眼药｜眼药膏｜眼药水｜眼前亏｜眼中钉｜眼尖｜眼拙｜眼馋｜眼热｜眼红｜眼浅｜眼花｜眼晕｜眼生｜眼熟｜眼巴巴｜眼睁睁｜眼前｜眼底下｜眼看｜眼见｜肉眼｜单眼｜复眼｜左眼｜右眼｜花眼｜老花眼｜远视眼｜近视眼｜青光眼｜对眼｜斗眼｜斜眼｜瞎眼｜火眼｜沙眼｜针眼｜疤瘌眼｜青眼｜白眼｜红眼｜醉眼｜泪眼｜慧眼｜冷眼｜丹凤眼｜三角眼｜贼眼｜千里眼｜势利眼｜电眼｜满眼｜亲眼｜顺眼｜碍眼｜人眼｜招眼｜显眼｜惹眼｜过眼｜刺眼｜扎眼｜

耀眼｜晃眼｜睁眼｜开眼｜瞪眼｜起眼｜飞眼｜偷眼｜着眼｜揉眼｜走眼｜傻眼｜转眼｜黑眼珠｜肉眼泡｜双眼皮｜单眼皮｜遮眼法｜障眼法｜亮眼人｜着眼点｜转眼间｜红眼病｜独眼龙｜闭眼｜眯眼｜害眼｜眼科医生｜眼前利益｜偷眼觑人｜斜眼一瞥｜飞眼传情｜过眼不忘｜亲眼所见｜闭眼不看事实｜遭人白眼｜受人青眼｜眼目清亮｜眼力不错｜眼界开阔｜眼福不浅｜眼明手捷｜眼明手快｜眼疾手快｜眼高手低｜眼花耳热｜眼馋肚饱｜眼开眼闭｜眼穿肠断｜眼泪洗面｜眼花缭乱｜眼内无珠｜眼空四海｜肉眼凡夫｜火眼金睛｜过眼云烟｜有眼无珠｜有眼如盲｜望眼欲穿｜冷眼旁观｜另眼相待｜反眼不识｜眉眼传情｜眉眼高低｜睡眼惺忪｜眉高眼低｜眉开眼笑｜心明眼亮｜头晕眼昏｜头昏眼花｜头眩眼花｜手疾眼快｜手急眼快｜独具只眼｜别具只眼｜大处着眼｜挤眉弄眼｜直眉瞪眼｜张眉努眼｜眼不见为净｜慧眼识英雄｜杀人不眨眼｜有眼不识泰山｜眼中钉，肉中刺｜仇人相见，分外眼红｜以眼还眼，以牙还牙

B. 目（124个）

目光｜目力｜目疾｜目镜｜目击者｜目击记｜目见｜目睹｜目击｜目测｜目送｜目眩｜目语｜盲目｜眉目｜眼目｜耳目｜面目｜心目｜显目｜醒目｜炫目｜刺目｜举目｜过目｜寓目｜纵目｜骋目｜极目｜张目｜闭目｜瞑目｜侧目｜反目｜怒目｜注目｜瞩目｜满目｜悦目｜接目镜｜注目礼｜比目鱼｜目不见睫｜目不窥园｜目不忍睹｜目不识丁｜目不暇接｜目不给视｜目不邪视｜目不转睛｜目不知书｜极目远眺｜纵目四望｜侧目而视｜过目不望｜遮人耳目｜掩人耳目｜炫人眼目｜娱人心目｜盲目崇拜｜眉目清秀｜面目一新｜目大不睹｜目瞪口呆｜目断魂销｜目迷五色｜目盼心思｜目挑心招｜目成心许｜目眩神摇｜目披手抄｜目指气使｜目中无人｜目空一世｜鼠目寸光｜闭目塞听｜有目共睹｜触目惊心｜瞠目结舌｜怒目横眉｜反目成仇｜刮目相看｜拭目以待｜过目不忘｜过目成诵｜明目张胆｜举目千里｜举目无亲｜面目可憎｜面目全非｜眉目传神｜眉目不清｜耳目一新｜鱼目混珠｜众目睽睽｜众目昭彰｜眉清目秀｜头晕目眩｜耳聪目明｜耳闻目睹｜耳濡目染｜慈眉善目｜龙眉凤目｜獐头鼠目｜历历在目｜宛然在目｜疮痍满目｜道路以目｜赏心悦目｜爽心悦目｜伤心惨目｜琳琅满目｜光彩夺目｜艳丽夺目｜引人注目｜令人注目｜不堪入目｜掩人耳目｜死不瞑目｜耳闻不如目

见｜不见庐山真面目｜无面目见江东父老｜十目所视，十手所指｜一叶蔽目，不见泰山

4. 房、室、屋、宇（共 145 个）

A. 房（75 个）

房子｜房屋｜房基｜房檐｜房顶｜房架｜房梁｜房产｜房契｜房价｜房租｜房钱｜房贴｜房主｜房东｜房客｜房改｜房管｜瓦房｜毡房｜茅房｜危房｜楼房｜平房｜洋房｜公房｜民房｜私房｜营房｜厂房｜住房｜商品房｜买房｜卖房｜租房｜换房｜调房｜造房｜建房｜盖房｜修房｜拆房｜蹿房越脊｜穿房入户｜房间｜房舱｜房事｜正房｜厢房｜配房｜偏房｜下房｜客房｜卧房｜书房｜闺房｜绣房｜新房｜洞房｜仓房｜库房｜药房｜伙房｜栈房｜账房｜票房｜牢房｜禅房｜暖房｜暗房｜闹房｜圆房｜文房四宝｜洞房花烛｜独守空房

B. 室（30 个）

室内｜室外｜密室｜暗室｜内室｜卧室｜寝室｜教室｜课室｜宫室｜画室｜诊室｜温室｜浴室｜墓室｜地下室｜更衣室｜办公室｜茅室土阶｜筑室道谋｜筑室反耕｜十室九空｜同室操戈｜入室操戈｜暗室亏心｜瑶台琼室｜芝兰之室｜登堂入室｜引狼入室｜不安于室

C. 屋（35 个）

屋宇｜屋顶｜屋脊｜屋架｜屋面｜屋檐｜房屋｜茅屋｜草屋｜木屋｜书屋｜屋顶花园｜山间草屋｜世界屋脊｜屋檐滴水｜声震屋宇｜屋上架屋｜屋乌推爱｜茅屋土阶｜爱屋及乌｜仰屋著书｜蓬屋生辉｜高屋建瓴｜金屋藏娇｜落月屋梁｜叠床架屋｜生栋覆屋｜牵萝补屋｜燕雀处屋｜屋子｜里屋｜外屋｜堂屋｜海屋添筹｜不愧屋漏

D. 宇（5 个）

屋宇｜栋宇｜庙宇｜玉宇｜琼楼玉宇

5. 声、音（共 287 个）

A. 声（144 个）

声音｜声响｜声息｜声气｜声波｜声浪｜声场｜声速｜声障｜声频｜声幅｜声谱｜声部｜声乐｜声调｜声腔｜声情｜声色｜声学｜声韵学｜声门｜声带｜声

控｜响声｜欢声｜厉声｜曼声｜粗声｜浊声｜大声｜高声｜轻声｜细声｜悄声｜立体声｜呼声｜叫声｜喊声｜笑声｜哭声｜杀声｜回声｜和声｜掌声｜鼾声｜枪声｜炮声｜风声｜雨声｜钟声｜锣声｜鼓声｜木鱼声｜鸟声｜虫声｜人声｜男声｜女声｜童声｜心声｜相声｜先声｜尾声｜连声｜应（yīng）声｜出声｜作声｜吭声｜应（yìng）声｜失声｜吞声｜嚷声｜有声｜无声｜留声机｜有声片｜无声片｜原声带｜传声筒｜扬声器｜消声器｜超声波｜象声词｜应声虫｜百舌之声｜靡靡之声｜郑卫之声｜粗声粗气｜瓮声瓮气｜细声细气｜闷声闷气｜怯声怯气｜失声痛哭｜厉声斥责｜连声称赞｜应声而至｜不动声色｜悄无声息｜寂然无声｜诺诺连声｜不敢吭声｜声音笑貌｜声情并茂｜声如洪钟｜声气相投｜声气相求｜声应气求｜声泪俱下｜声嘶力竭｜声色俱厉｜声色犬马｜声色狗马｜先声夺人｜有声有色｜绘声绘色｜无声无臭｜无声无息｜唉声叹气｜低声下气｜死声活气｜随声附和｜人声鼎沸｜欢声雷动｜鼾声如雷｜风声鹤唳｜大声疾呼｜怨声载道｜销声匿迹｜屏声息气｜沉湎声色｜不动声色｜燕语莺声｜鸦雀无声｜异口同声｜饮恨吞声｜忍气吞声｜泣不成声｜吠形吠声｜吠影吠声｜走漏风声｜空谷传声｜掷地有声｜同声相应｜鸡犬之声相闻，老死不相往来

B. 音（143个）

音系｜音级｜音列｜音区｜音域｜音位｜音值｜音波｜音速｜音响｜音程｜音阶｜音频｜音强｜音势｜音高｜音长｜音量｜音色｜音品｜音质｜音名｜音准｜音变｜音韵｜音韵学｜音标｜音级｜音素｜音节｜音读｜音序｜音组｜音律｜音乐｜音符｜音带｜音叉｜音容｜音译｜音义｜音像｜声音｜标准音｜国音｜字音｜语音｜方音｜乡音｜土音｜读音｜重音｜口音｜单音｜复音｜元音｜介音｜辅音｜母音｜子音｜尾音｜谐音｜同音｜高音｜中音｜低音｜古音｜今音｜直音｜切音｜基音｜纯音｜泛音｜陪音｜颜音｜擦音｜摩擦音｜塞音｜滑音｜尖音｜团音｜响音｜清音｜池音｜沙音｜杂音｜噪音｜全音｜半音｜伴音｜回音｜余音｜乐音｜嗓音｜喉音｜鼻音｜唇音｜心音｜知音｜正音｜失隔音｜译音｜注音｜拼音｜正音法｜译音表｜回音壁｜播音员｜收音机｜录音机｜录音带｜扩音机｜拾音器｜微音器｜超音速｜八音盒｜定音鼓｜同音词｜语音学｜发音｜播音｜配音｜灌音｜录音｜收音｜绕梁之音｜靡靡之音｜亡国之音｜郑卫之音｜濮上之音｜弦外之音｜山谷回

音丨音容笑貌丨音容宛在丨音容凄断丨音声如钟丨余音袅袅丨余音缭绕丨余音绕梁丨足音跫然丨知音识曲丨空谷足音丨鹿死不择音

6.泥、土、尘、灰（共 175 个）

A.泥（48 个）

泥土丨泥土气丨泥浆丨泥地丨泥坑丨泥潭丨泥塘丨泥沼丨泥淖丨泥胎丨泥肥丨泥岩丨泥雨丨泥塑丨泥人丨泥鳅丨泥石流丨泥水匠丨泥瓦匠丨泥腿丨泥腿子丨泥墙丨泥垢丨泥泞丨稀泥丨烂泥丨污泥丨淤泥丨胶泥丨油泥丨河泥丨塘泥丨沾泥丨衔泥丨和泥丨泥塑木雕丨泥猪瓦狗丨泥足巨人丨泥沙俱下丨泥牛入海丨泥船渡河丨泥多佛大丨污泥浊水丨雪泥鸿爪丨拖泥带水丨判若云泥丨削铁如泥丨烂醉如泥

B.土（75 个）

土壤丨土地丨土堆丨土墩丨土埂丨土牛丨土坯丨土墙丨土炕丨土偶丨土肥丨土温丨土性丨土质丨土色丨土腥气丨土葬丨土木丨土黄丨土方丨土石丨壤土丨泥土丨黑土丨红土丨黄土丨黏土丨焦土丨熟土丨生土丨沃土丨瘠土丨冻土丨净土丨脏土丨秽土丨沙土丨瓷土丨陶土丨粪土丨水土丨铲土机丨推土机丨挖土丨掘土丨创土丨夯土丨出土丨入土丨动土丨破土丨培土丨壅土丨一抔土丨沃土良田丨土木形骸丨土牛木马丨土龙刍狗丨土崩瓦解丨卷土重来丨积土成山丨累土聚沙丨负土成坟丨灰头土面丨大兴土木丨水来土掩丨面如土色丨根生土长丨视如土芥丨西方净土丨皇天后土丨朽木粪土丨挥金如土丨半截入土丨太岁头上动土

C.尘（47 个）

尘土丨尘埃丨尘垢丨尘雾丨尘烟丨尘暴丨尘芥丨尘蟥丨尘肺丨尘拂丨尘封丨灰尘丨纤尘丨浮尘丨飘尘丨沙尘丨矿尘丨粉尘丨宇宙尘丨原子尘丨战尘丨征尘丨风尘丨后尘丨洗尘丨吸尘器丨除尘丨吸拂尘丨防尘丨积满尘垢丨设宴洗尘丨尘土飞扬丨尘烟四起丨尘雾弥漫丨满面尘埃丨尘垢秕糠丨尘饭涂羹丨一尘不染丨车尘马迹丨风尘表物丨风尘仆仆丨望尘莫及丨望尘不及丨蛛网尘封丨甚嚣尘上丨步人后尘丨吹影镂尘

D.灰（5 个）

灰尘丨灰土丨灰化土丨洋灰丨青灰

7. 人、民（共666个）

A. 人（548个）

人民｜人士｜人物｜人员｜人群｜人丛｜人流｜人海｜人们｜人氏｜人夫｜人丁｜人手｜人口｜人工｜人家｜人种｜人类｜人类学｜人身｜人身权｜人体｜人心｜人中｜人才｜人材｜人像｜人影｜人迹｜人烟｜人世｜人世间｜人寰｜人间｜人情｜人伦｜人道｜人缘｜人权｜人事｜人生｜人选｜人证｜人质｜人力｜人力车｜人文｜人品｜人望｜人性｜人性论｜人格｜人祸｜人声｜人意｜人样｜人杰｜人精｜人猿｜人头｜人次｜人数｜人份｜人马｜人均｜人和｜人造｜人为｜人贩子｜人尖子｜人行道｜男人｜女人｜妇人｜老人｜小人｜大人｜成人｜今人｜时人｜近人｜古人｜前人｜先人｜后人｜此人｜斯人｜吾人｜本人｜鄙人｜伊人｜个人｜众人｜私人｜丈人｜内人｜外人｜族人｜亲人｜国人｜华人｜汉人｜胡人｜洋人｜旗人｜白人｜黑人｜常人｜世人｜凡人｜庶人｜土人｜野人｜原人｜猿人｜雪人｜玉人｜铁人｜偶人｜面人｜泥人｜路人｜同路人｜行人｜游人｜来人｜邻人｜门人｜仆人｜下人｜主人｜客人｜巨人｜穷人｜苦人｜富人｜阔人｜活人｜死人｜活死人｜传人｜同人｜友人｜生人｜熟人｜故人｜雅人｜骚人｜快人｜明人｜贤人｜伟人｜要人｜名人｜闻人｜贵人｜完人｜全人｜红人｜恩人｜仇人｜敌人｜良人｜美人｜丽人｜佳人｜倩人｜情人｜新人｜狂人｜浪人｜愚人｜聪明人｜贱人｜庸人｜妄人｜好人｜坏人｜歹人｜强人｜乏人｜福人｜怪人｜浑人｜混人｜家人｜泪人｜山人｜上人｜圣人｜真人｜通人｜闲人｜乡人｜专人｜便人｜贼人｜罪人｜机器人｜植物人｜过来人｜老好人｜亮眼人｜明白人｜明眼人｜木头人｜未亡人｜心上人｜意中人｜圈内人｜何人｜谁人｜动人｜困人｜迷人｜惊人｜可人｜喜人｜宜人｜醉人｜吓人｜怕人｜超人｜拟人｜偷人｜为人｜害人精｜类人猿｜愚人节｜女人家｜疯人院｜美人蕉｜仙人掌｜仙人球｜小人书｜主人翁｜主人公｜唐人街｜方外之人｜斗筲之人｜人强马壮｜人困马乏｜人欢马叫｜人仰马翻｜人面桃花｜人面兽心｜人之常情｜人山人海｜人寿年丰｜人杰地灵｜人老珠黄｜人稠物穰｜人存政举｜人多口杂｜人多嘴杂｜人多势众｜人微言轻｜人穷志短｜人穷智短｜人急计生｜人急智生｜人怨神怒｜人来客往｜人来客去｜人来人往｜人去楼空｜人亡物在｜人死留名｜人财两

空｜人琴俱亡｜人神共愤｜人地生疏｜人烟稠密｜人事代谢｜人命关天｜人欲横流｜人非草木｜人非土木｜人定胜天｜人约黄昏｜人莫予毒｜人言可畏｜人言啧啧｜正人君子｜仁人君子｜仁人志士｜高人逸士｜通人达才｜骚人墨客｜雅人深致｜佳人薄命｜美人迟暮｜木人石心｜吉人天相｜万人空巷｜妇人之仁｜知人之明｜杞人之忧｜无人之境｜一人之交｜感人肺腑｜动人心弦｜扣人心弦｜沁人心脾｜发人深省｜耐人寻味｜引人入胜｜引人注目｜骇人听闻｜耸人听闻｜令人喷饭｜令人捧腹｜令人神往｜令人发指｜羞人答答｜以人废言｜因人而异｜任人唯贤｜任人唯亲｜出人意料｜出人头地｜高人一等｜顺人应天｜逢人说项｜知人料事｜知人论世｜知人善任｜择人而事｜千人所指｜神人共悦｜天人路隔｜达人知命｜哲人其萎｜郑人买履｜贵人多忘｜小人得志｜痴人说梦｜盲人摸象｜盲人把烛｜文人相轻｜杞人忧天｜庸人自扰｜贼人心虚｜矮人看戏｜路人皆知｜尽人皆知｜无人问津｜三人成虎｜天上人间｜天灾人祸｜各色人等｜惨无人道｜惨绝人寰｜灭绝人性｜差强人意｜大有人在｜不省人事｜游戏人间｜政通人和｜天怒人怨｜地广人稀｜夜深人静｜夜阑人静｜春归人老｜家破人亡｜家给人足｜杳无人烟｜尽如人意｜事在人为｜位极人臣｜天从人愿｜面无人色｜狗仗人势｜达官贵人｜迁客骚人｜才子佳人｜月下老人｜泥足巨人｜市井小人｜孤家寡人｜下里巴人｜醇酒妇人｜平易近人｜推贤任人｜息事宁人｜悲天悯人｜怨天尤人｜用非其人｜一鸣惊人｜一语中人｜先声夺人｜不乏其人｜中馈乏人｜强作解人｜前无古人｜后继有人｜后继无人｜判若两人｜旁若无人｜阒无一人｜妙绝时人｜两世为人｜成败论人｜忧能伤人｜语不惊人｜文如其人｜庸医杀人｜造化弄人｜春风风人｜夏雨雨人｜秋水伊人｜飞鸟依人｜人和百事兴｜人生面不熟｜人不可貌相｜人不知鬼不觉｜盲人骑瞎马｜明人不做暗事｜情人眼里出西施｜众人拾柴火焰高｜三人行必有我师｜慷他人之慨｜不食人间烟火｜日久见人心｜墙倒众人推｜天无绝人之路｜如入无人之境｜不足为外人道｜解铃还须系铃人｜人无远虑，必有近忧｜前人种树，后人乘凉｜一人传虚，万人传实｜一人得道，鸡犬升天｜二人同心，其利断金｜救人一命，胜造七级浮屠｜谋事在人，成事在天｜金无足赤，人无完人｜鹬蚌相争，渔人得利｜十年树木，百年树人｜即以其人之道，还治其人之身｜卧榻之侧，岂容他人鼾睡｜工人｜军人｜商人｜贾人｜学人｜士人｜牧人｜猎人｜匠人｜艺人｜文人｜武人｜官人｜诗人｜词人｜报人｜党人｜道人｜仙人｜妖人｜冰人｜媒人｜阉人｜征人｜证人｜中人｜保人｜保证人｜调人｜犯人｜头人｜介绍人｜中间人｜经纪人｜候选代言人｜当事人｜发言人｜人云亦云｜人弃我取｜欺人之谈｜助人为乐｜与人为善｜仰人鼻息｜听人穿鼻｜代人说项｜代人捉刀｜遮人耳目｜掩人耳目｜拒人千里｜拖人下水｜看人行事｜强人所难｜误人子弟｜损人利己｜先人后己｜待人接物｜拾人牙慧｜步人后尘｜为人师表｜为人作嫁｜寄人篱下｜贻人口实｜授人口实｜授人以柄｜成人之美｜掠人之美｜乘人之危｜急人所急｜诲人不倦｜害人不浅｜欺人太甚｜杀人如麻｜杀人越货｜好为人师｜善与人交｜耻居人下｜枉己正人｜舍己救人｜治病救人｜济世救人｜睹物思人｜金针度人｜审己度人｜以貌取人｜以理服人｜以力服人｜拱手让人｜咄咄逼人｜祸福惟人｜祸福由人｜俯仰由人｜假手于人｜嫁祸于人｜迁怒于人｜先发制人｜后发制人｜肝胆照人｜盛气凌人｜锋芒逼人｜恶语伤人｜暗箭伤人｜自欺欺人｜仗势欺人｜血口喷人｜含血喷人｜借刀杀人｜目中无人

B. 民（118个）

民众｜民族｜民事｜民政｜民权｜民主｜民法｜民庭｜民心｜民情｜民意｜民智｜民气｜民力｜民风｜民生｜民瘼｜民命｜民兵｜民警｜民团｜民夫｜民工｜民女｜民房｜民居｜民宅｜民校｜民贼｜民愤｜民怨｜民变｜民间｜民营｜民办｜民选｜人民｜全民｜国民｜公民｜平民｜黎民｜庶民｜居民｜市民｜侨民｜流民｜游民｜贫民｜饥民｜灾民｜难民｜良民｜贱民｜蒸民｜选民｜移民｜汉民｜回民｜藏民｜农民｜渔民｜牧民｜盐民｜股民｜贫民窟｜居民证｜居民点｜公民权｜人民性｜殖民地｜民脂民膏｜富国强民｜民殷国富｜民殷财阜｜民穷财尽｜民安物阜｜民和年丰｜民胞物与｜民淳俗厚｜民为邦本｜民不聊生｜民不堪命｜民生涂炭｜安民告示｜救民水火｜仁民爱物｜残民害物｜劳民伤财｜吊民伐罪｜为民请命｜为民除害｜与民同乐｜与民同仇｜爱民如子｜一民同俗｜国计民生｜独夫民贼｜国泰民安｜家给民足｜地瘠民贫｜神怒民怨｜官逼民反｜广土众民｜小国寡民｜无方之民｜保境息民｜保国安民｜治国安民｜忧国忧民｜为国为民｜节用裕民｜省方观民｜应天从民｜畏天恤民｜束杖理民｜祸国殃民｜民以食为天

8. 晚、夜、宵（共 146 个）

A. 晚（20 个）

晚上丨晚间丨晚饭丨晚餐丨晚宴丨晚会丨晚报丨晚车丨晚场丨晚景丨晚霞丨晚礼服丨晚安丨夜晚丨傍晚丨当晚丨今晚丨明晚丨昨晚丨早晚

B. 夜（106 个）

夜里丨夜间丨夜晚丨夜来丨夜半丨夜阑丨夜空丨夜色丨夜光丨夜幕丨夜景丨夜雾丨夜班丨夜工丨夜作丨夜校丨夜大学丨夜课丨夜车丨夜场丨夜戏丨夜市丨夜餐丨夜饭丨夜宵丨夜壶丨夜莺丨夜游神丨夜明珠丨夜光表丨夜生活丨夜总会丨夜盲症丨夜来香丨夜袭丨夜行军丨黑夜丨星夜丨初夜丨半夜丨午夜丨子夜丨深夜丨夤夜丨漏夜丨清夜丨整夜丨通夜丨彻夜丨长夜丨终夜丨竟夜丨今夜丨当夜丨连夜丨明夜丨隔夜丨昨夜丨前夜丨除夜丨除夕夜丨年夜丨元夜丨月夜丨白夜丨日夜丨昼夜丨夙夜丨消夜丨小夜曲丨午夜场丨隔夜茶丨年夜饭丨入夜丨值夜丨巡夜丨查夜丨守夜丨过夜丨熬夜丨起夜丨彻夜不眠丨清夜自思丨夜月花朝丨夜阑人静丨夜深人静丨夜静更长丨夜静更阑丨夜静更深丨夜长梦多丨夜雨对床丨夜以继日丨夜以继昼丨夜不闭户丨半夜三更丨夙夜匪懈丨夙夜不懈丨长夜难明丨晓行夜宿丨昼伏夜游丨昼伏夜出丨夙兴夜寐丨深更半夜丨日以继夜丨一夜夫妻百夜恩丨一夜夫妻百日恩

C. 宵（20 个）

宵禁丨宵小丨夜宵丨良宵丨元宵丨春宵丨通宵丨良宵美景丨春宵一刻丨元宵之夜丨宵小行径丨通宵丨吃夜宵丨共度良宵丨实行宵禁丨宵衣旰食丨宵旰图治丨宵旰忧劳丨宵旰焦劳丨通宵达旦

9. 黑、暗、昏、阴、幽（共 93 个）

A. 黑（30 个）

黑暗丨黑黢黢丨黑魆魆丨黑黝黝丨黑幽幽丨黑洞洞丨黑沉沉丨黑蒙蒙丨黑茫茫丨黑糊糊丨黑乎乎丨黑咕隆咚丨黑夜丨黑道丨漆黑丨黢黑丨黝黑丨昏黑丨天黑丨傍黑丨擦黑丨摸黑丨发黑丨黑灯瞎火丨漆黑一团丨月黑风高丨昏天黑地丨乌天黑地丨熏天黑地丨起早摸黑

B. 暗（28 个）

暗沉沉丨暗淡丨暗弱丨暗中丨暗里丨暗处丨暗影丨暗房丨暗室丨暗间儿丨暗

转｜微暗｜渐暗｜黑暗｜昏暗｜阴暗｜幽暗｜灰暗｜阴暗面｜若明若暗｜忽明忽暗｜暗无天日｜暗中摸索｜暗室亏心｜暗香疏影｜柳暗花明｜明珠暗投｜天昏地暗

C. 昏（14个）

黄昏｜黄昏恋｜昏定晨省｜人约黄昏｜昏暗｜昏沉｜昏黑｜昏黄｜昏花｜昏天黑地｜昏镜重磨｜昏镜重明｜天昏地黑｜天昏地暗

D. 阴（18个）

阴暗｜阴沉｜阴沉沉｜阴森｜阴森森｜阴郁｜阴冷｜阴凉｜阴天｜阴云｜阴霾｜阴雨｜阴雨天｜阴风｜阴影｜阴云密布｜阴风惨惨｜阴雨连绵

E. 幽（3个）

幽暗｜幽冥｜幽幽

10. 明、亮、耀、辉、光（共209个）

A. 明（69个）

明闪闪｜明晃晃｜明亮｜明净｜明朗｜明澈｜明丽｜明艳｜明秀｜明媚｜明锐｜明黄｜明眸｜明月｜明星｜明珠｜明灯｜明火｜明镜｜明鉴｜明间儿｜明处｜光明｜通明｜透明｜清明｜鲜明｜晦明｜照明｜失明｜复明｜照明弹｜夜明珠｜长明灯｜指路明灯｜照明器材｜明澈的湖水｜明锐的刀锋｜明丽的山川｜明秀的江南景色｜明闪闪的灯光｜明晃晃的勋章｜通明的灯火｜透明的玻璃｜鲜明的色彩｜清明的泉水｜大放光明｜风光明艳｜星光明灭｜双目失明｜左眼复明｜明眸皓齿｜明镜高照｜明珠暗投｜明珠弹雀｜明月入怀｜若明若暗｜山明水秀｜月明星稀｜月明千里｜月明如昼｜月明如水｜掌上明珠｜仙露明珠｜清风明月｜弃暗投明｜柳暗花明｜春和景明｜长夜难明

B. 亮（41个）

亮堂｜亮堂堂｜亮闪闪｜亮光光｜亮晶晶｜亮锃锃｜亮铮铮｜亮度｜明亮｜豁亮｜光亮｜瓦亮｜雪亮｜白亮｜银亮｜锃亮｜透亮｜通亮｜敞亮｜乌亮｜黑亮｜红亮｜油亮｜晶亮｜清亮｜亮得耀眼｜亮得刺眼｜亮得光可鉴人｜亮闪闪的启明星｜亮堂堂的大吊灯｜清亮的湖水｜雪亮雪亮｜油光瓦亮｜高风亮节｜明光闪亮｜明光瓦亮｜明光锃亮｜晶光锃亮｜金光闪亮｜通明透亮｜通明锃亮

C. 耀（6个）

耀眼｜耀斑｜照耀｜炫耀｜闪耀｜光耀

D. 辉（9个）

辉煌｜光辉｜余辉｜斜辉｜增辉｜光辉灿烂｜顾盼生辉｜蓬荜增辉｜桃李争辉

E. 光（84个）

光线｜光波｜光束｜光柱｜光焰｜光环｜光斑｜光源｜光速｜光刀｜光针｜光缆｜光栅｜光谱｜光谱仪｜光圈｜光能｜光压｜光电池｜光通量｜光子｜光学｜光芒｜光辉｜光彩｜光照｜光耀｜反光｜逆光｜折光｜采光｜容光｜色光｜日光｜阳光｜月光｜火光｜烛光｜灯光｜焚光｜激光｜发光｜闪光｜放光｜露光｜漏光｜曝光｜背光｜曝光表｜夜光表｜反光镜｜回光镜｜聚光镜｜聚光灯｜闪光灯｜反光灯｜弧光灯｜日光灯｜荧光灯｜荧光屏｜激光器｜日光浴｜光线充足｜光芒四射｜光耀夺目｜光彩夺目｜光彩照人｜容光焕发｜火光烛天｜金光闪亮｜灯光通明｜电光闪闪｜光芒万丈｜光焰万丈｜光怪陆离｜珠光宝气｜湖光山色｜刀光剑影｜五光十色｜回光返照｜浮光掠影｜韬光养晦｜韬光敛迹｜暗淡无光

11. 嘴、口（共197个）

A. 嘴（23个）

嘴角｜嘴巴｜嘴唇｜嘴皮子｜嘴脸｜鸭嘴兽｜鸭嘴笔｜打嘴｜掌嘴｜努嘴｜抿嘴｜张嘴｜闭嘴｜堵嘴｜烫嘴｜噘嘴｜忌嘴｜亲嘴｜尖嘴猴腮｜驴唇马嘴｜龇牙咧嘴｜磕牙料嘴｜牛头不对马嘴

B. 口（174个）

口腔｜口器｜口角｜口头｜口条｜口舌｜口齿｜口腹｜口形｜口型｜口水｜口罩｜口布｜口味｜口才｜口语｜口音｜口气｜口风｜口吻｜口信｜口号｜口令｜口诀｜口技｜口哨儿｜口疮｜口红｜口琴｜口碑｜口香糖｜口实｜口惠｜口福｜口谈｜口述｜口译｜口称｜口传｜口谕｜口授｜口试｜口算｜口供｜口感｜口紧｜口松｜口讷｜口臭｜口误｜口吃｜亲口｜海口｜苦口｜利口｜信口｜顺口｜随口｜绝口｜嚷口｜矢口｜可口｜爽口｜适口｜交口｜糊口｜开口｜张口｜松口｜吐口｜改口｜住口｜闭口｜缄口｜夸口｜失口｜借口｜忌口｜口令｜绕口

令｜顺口溜｜对口词｜开口饭｜一口气｜缄口不语｜闭口不说｜矢口否认｜随口答应｜交口称誉｜借口推辞｜夸口吹牛｜开口说话｜破口大骂｜掩口而笑｜一时失口｜连忙改口｜迟不吐口｜不肯松口｜养家糊口｜生病忌口｜口授机宜｜口占一绝｜口述毕生经历｜口碑载道｜口角春风｜口蜜腹剑｜口若悬河｜口是心非｜口说无凭｜口诛笔伐｜口中雌黄｜口燥唇干｜口尚乳臭｜口诵心惟｜口吐珠玑｜口吻生花｜口含天宪｜口无择言｜口不应心｜口口声声｜黄口小儿｜虎口余生｜金口玉言｜苦口婆心｜笨口拙舌｜轻口薄舌｜出口成章｜脱口而出｜冲口而出｜空口无凭｜有口无心｜有口皆碑｜有口难言｜有口难分｜张口结舌｜钳口结舌｜虎口拔牙｜众口难调｜众口铄金｜百口莫辩｜异口同声｜守口如瓶｜心口如一｜心口不一｜信口雌黄｜信口开河｜血口喷人｜哑口无言｜杜口裹足｜苦口逆耳｜搬口弄舌｜人多口杂｜目瞪口呆｜心服口服｜心直口快｜贻人口实｜枉费口舌｜病从口入｜祸从口出｜血盆大口｜良药苦口｜三缄其口｜赞不绝口｜反咬一口｜免开尊口｜郎朗上口｜羊落虎口｜脍炙人口｜杀人灭口｜口服心不服｜空口说白话｜口惠而实不至｜宁为鸡口，毋为牛后｜宁为鸡口，无为牛后

附三　《现代汉语词典》（第 7 版）体点规则义位表

（共 1304 个义位）

人体场（215 个）

背脊｜鼻翅｜鼻窦｜鼻尖｜鼻疽｜鼻孔｜鼻梁｜鼻牛儿｜鼻腔｜鼻翼｜臂膀｜臂膊｜鬓发｜脖梗儿｜脖颈儿｜脖领儿｜疮口｜唇线①｜胆管｜胆囊｜胆汁｜肚皮｜肚脐｜额角｜耳垂｜耳根①｜耳垢｜耳鼓｜耳郭｜耳环｜耳孔｜耳廓｜耳轮｜耳轮｜耳膜｜耳屎｜耳蜗｜耳穴｜耳坠｜发际｜肺叶｜腹膜｜腹腔｜肛道｜肛管｜肛门｜宫颈｜股骨｜骨刺｜骨干①｜骨骼｜骨鲠①｜骨骺｜骨灰｜骨节｜骨科｜骨龄｜骨膜｜骨盆｜骨髓｜鼓膜｜关节①｜喉结｜脊髓｜脊柱｜脊椎①｜肩膀｜肩胛①｜肩胛②｜肩头｜肩窝｜脚板｜脚背｜脚底｜脚跟｜脚根｜脚尖｜脚面｜脚心｜脚癣｜脚掌｜脚爪｜脚趾｜颈椎｜口角｜口器｜

口腕｜口吻①｜胯裆｜脸蛋｜脸颊｜脸面①｜脸皮①｜颅腔｜卵泡｜毛发｜眉端①｜眉峰｜眉毛｜眉梢｜眉心｜面皮¹｜母乳｜奶疮｜奶头｜奶嘴｜男子｜脑干｜脑浆｜脑疽｜脑壳｜脑颅｜脑门儿｜脑膜｜脑桥｜脑勺｜脑髓｜胚层｜胚芽｜胚珠｜皮肤｜皮脂｜人身｜人手｜人体｜人头①｜人心②｜肉皮儿｜乳头｜乳汁｜舌尖｜舌苔｜舌头｜尸骨①｜尸骸｜尸身｜尸首｜手板①｜手背｜手腕①｜手心①｜手癣｜手掌｜手指｜胎毛｜胎膜｜胎盘｜胎衣｜童心｜头顶｜头发｜头脸｜头颅｜头面｜头目｜头皮①｜头皮②｜头癣｜腿裆｜腕骨｜尾骨｜胃腺｜心包｜心房①｜心肌｜心尖①｜心坎①｜心口｜心里①｜心室｜胸骨｜胸口｜胸膜｜胸椎｜胸椎｜须疮｜血浆｜血清｜血脂｜牙床｜牙根｜牙垢｜牙关｜牙花①｜牙花②｜牙石¹｜牙龈｜眼白｜眼袋｜眼底①｜眼睑｜眼角｜眼眶｜眼泪｜眼帘｜眼泡｜眼皮｜眼球｜眼圈｜眼窝｜眼珠｜腰眼①｜腰椎｜掌骨｜掌心｜指骨｜指甲｜指头｜指纹｜趾骨｜趾甲｜肘窝｜椎骨｜嘴唇｜嘴角

注："鼻头、耳屏"也属于,《现代汉语词典》(第7版)未收。

动物场（67个）

贝壳｜背鳍｜表皮①｜表皮②｜鳖边｜鳖裙｜翅脉｜蛋白①｜蛋黄｜蛋清｜鹅毛｜鹅绒｜腹鳍｜羔皮｜狗宝｜龟板｜龟甲｜鸡冠｜鸡肋｜脊鳍｜口吻①｜龙骨①｜龙骨②｜鹿角①｜鹿茸｜卵白｜卵黄｜马蹄①｜马掌①｜马鬃｜貉绒｜牛痘｜牛犊｜牛毛｜牛腩｜牛排｜牛皮①｜犬牙②｜肉皮｜蛇胆｜蛇足｜蹄筋｜驼峰①｜驼绒①｜驼绒②｜尾鳍｜象牙｜蟹黄｜胸鳍｜鸭绒｜羊羔①｜羊毛｜羊绒｜蚁后｜蝇头｜鱼白¹①｜鱼白¹②｜鱼鳔｜鱼翅｜鱼唇｜鱼刺｜鱼肚｜鱼胶②｜鱼鳞｜鱼子｜羽绒｜爪尖儿

注："熊掌"也属于,《现代汉语词典》(第7版)未收。

植物场（95个）

菜心｜草皮｜茶花｜茶叶｜茶油｜稻草｜稻谷｜稻米｜灯草｜豆花｜豆荚｜豆秸｜豆蓉｜豆油｜豆渣｜豆汁｜根冠｜根瘤｜根毛｜瓜子①｜瓜子②｜桂皮②｜果皮｜果肉｜果汁｜猴头｜花瓣｜花苞｜花萼｜花粉｜花梗｜花冠¹｜花茎｜花蕾｜花蜜①｜花蕊｜花丝｜花托｜花轴｜花柱｜鸡头｜荆条｜橘络｜莲

花①｜莲藕①｜莲心①｜莲心②｜莲子｜莲座①｜林冠｜柳丝｜柳条｜柳絮｜马蹄②｜麦秸｜麦糠｜梅花①｜棉花②｜棉铃｜棉桃｜棉絮①｜棉子｜棉籽｜蒲茸｜蒲绒｜芡实｜桑葚｜树墩｜树干｜树冠｜树胶｜树种②｜树桩①｜松球｜松仁｜松塔儿｜松香｜松针｜松脂｜松子①｜松子②｜桃仁①｜桃仁②｜桃子｜杏仁｜烟叶｜叶柄｜叶脉｜叶片①｜叶鞘｜叶腋｜叶轴｜竹笋｜柱头②｜棕毛

注："稻秆、稻糠、花杈、树疤、树杈、树疮、树巅、树顶、树耳、树肤、树瘤、树皮、树身、树头、树心、树衣、栓皮、枝头"也属于,《现代汉语词典》(第7版)未收。

建筑场（188个）

鳌头｜岸标｜岸炮｜碑额｜碑记｜碑刻｜碑铭｜碑首｜碑头｜碑文｜碑阴｜碑志｜碑座｜壁橱｜壁柜｜边关｜边卡｜匾额｜城堡｜城雕｜城垛｜城根｜城关｜城郭｜城壕｜城隍①｜城郊｜城楼｜城墙｜城阙①｜城市｜城厢｜城垣｜道岔①｜道床｜道钉①｜道钉②｜道口｜道牙｜堤岸｜堤围｜堤堰｜地板①｜地堡｜地道｜地灯｜地洞｜地宫①｜地宫②｜地沟｜地基①｜地基②｜地脚｜地窖｜地牢｜地漏｜地面②｜地盘②｜地皮②｜地铁①｜地头¹①｜地砖｜店面｜顶板②｜顶楼｜垛堞｜垛口｜房基｜房栊｜房檐｜坟山②｜坟山③｜坟头｜港埠｜港汊｜港口｜宫掖｜关隘｜关口①｜关门²｜关卡｜关塞｜关厢｜闱门｜轨枕｜海堤｜海港｜海塘｜河防①｜街心｜井台｜井筒①｜井筒②｜矿井｜矿坑｜矿苗｜矿柱｜廊檐｜垄沟｜楼板｜楼道｜楼梯｜路标①｜路标②｜路灯｜路堤｜路轨①｜路轨②｜路基｜路肩①｜路肩②｜路口｜路面｜路牌｜路堑｜路椅｜路障｜门板①｜门板②｜门鼻儿｜门匾｜门钹｜门道｜门钉｜门洞儿｜门斗｜门墩｜门垛｜门额｜门扉｜门岗｜门户①｜门环｜门镜｜门槛①｜门坎｜门口｜门框｜门廊｜门帘｜门铃｜门楼｜门楣①｜门面｜门牌｜门扇｜门闩｜门栓｜门厅｜门限｜墓碑｜墓表｜墓道｜墓室｜墓穴｜墓志｜内景｜墙壁｜墙根｜墙角｜墙脚①｜墙裙｜墙头①｜桥洞｜桥墩｜桥孔｜桥梁①｜桥头｜桥堍｜田塍｜田埂｜田坎｜田垄①｜田垄②｜屋脊｜屋架｜屋面｜屋檐｜屋宇｜校舍｜校园｜寓邸｜闸口｜闸门｜宅基｜宅

门①｜宅院｜柱头①

注："椽头、河堤、墙面、墙皮、墙眼、墙腰、墙衣"也属于,《现代汉语词典》(第 7 版)未收。

空间场（195 个）

隘口｜边岸｜边陲｜边疆｜边界｜边境｜边塞｜边线｜边沿｜边缘①｜边寨｜边镇｜川地｜地板②｜地标｜地表｜地层｜地磁｜地带｜地核｜地极｜地幔｜地面①｜地皮①｜地壳｜地热｜地峡｜地域①｜地域②｜地震｜地质｜地轴｜地段｜地府｜地埂｜地界①｜地脉｜地盘①｜地铺｜地区①｜地摊｜地物｜地下①｜地狱①｜地狱②｜地域①｜地域②｜峰巅｜顶点①｜顶点②｜顶端｜顶峰｜顶尖①｜顶尖②｜顶心｜洞穴｜沟沿儿｜谷底｜海岸｜海滨｜海岛｜海沟｜海疆｜海口①｜海口②｜海岭｜海面｜海盆｜海区｜海滩｜海涂｜海湾｜海峡｜海啸①｜海洋｜海域｜海路｜海内｜海外｜河槽｜河床｜河道｜河段｜河谷｜河口｜河曲｜河身｜河滩｜河套①｜河网｜河沿｜湖滨｜垓心｜界碑｜界标｜界河｜界面①｜界山｜界石｜界线①｜界线③｜界桩｜境界①｜厩肥｜矿层｜脉金²｜城镇｜村寨｜村庄｜地面③｜地区②｜地区③｜国道｜国都｜国家｜国界｜国境①｜国境②｜国土｜河套②｜市井｜县城｜乡村｜乡井｜球面｜球心｜陆桥①｜内河｜泉眼｜山坳｜山包｜山巅｜山顶｜山峰｜山冈｜山岗｜山根｜山沟①｜山谷｜山脊｜山涧｜山脚｜山结｜山口｜山岚｜山梁｜山林｜山陵｜山路｜山麓｜山脉｜山坡｜山墙｜山泉｜山水①｜山头①｜山头②｜山洼｜山坞｜山峡｜山崖｜山腰｜山嘴｜山沟②｜山金｜山窝｜山乡｜山庄①｜山庄②｜塔灰｜豁口｜决口｜缺口｜滩头｜岩洞｜岩浆｜洋盆｜灶膛｜江北｜江东｜关里｜关内｜关东｜关中｜关外｜江南｜南疆｜华北｜华东｜华中｜口北｜口外｜岭南｜塞外｜塞北

注："江岸、江边、江唇、江腹、江口、江面、江身、江头、江尾、江心、圹穴、山洞、山额、山肤、山腹、山骨、山角、山毛、山眉、山容、山身、山首、山胁、山心、山眼、山足"也属于,《现代汉语词典》(第 7 版)未收。

机具场（87 个）

靶标｜靶点｜靶心｜舱位｜车把｜车帮｜车标｜车筐｜车门①｜车牌｜车

篷｜车皮｜车圈｜车容｜车身｜车胎｜车条｜车头｜车厢｜车辕｜车照｜车罩｜船帮｜船舱｜船篷｜船艄｜船身｜船台｜船体｜船头｜船尾｜船舷｜刀把儿｜刀背｜刀锋｜刀口｜刀片｜刀刃｜地铁②｜顶灯①｜舵轮｜舵盘｜阀门｜帆樯｜房舱｜锋芒①｜锋镝①｜辐条｜海轮｜鹄的｜机舱｜机芯｜舰艇｜箭头①｜箭镞｜江轮｜栏杆｜犁铧｜犁镜｜龙骨③｜龙头①｜龙头②｜鹿角②｜鹿寨｜履带｜罗口｜轮带｜轮辐｜轮毂｜轮机｜轮胎｜轮辋｜马鞍｜马鞭｜马灯｜马镫｜炮膛｜炮眼｜炮衣｜枪杆｜枪机｜枪口｜枪栓｜枪膛｜膛线｜尾灯｜舷窗

用品场（155个）

案头｜棒槌｜贝雕｜笔杆儿｜笔架｜笔尖｜笔帽｜笔头｜笔心｜笔芯｜壁布｜壁灯｜壁挂｜壁画｜壁饰｜壁毯｜壁纸｜壁钟｜秤锤｜秤杆｜秤钩｜秤毫｜秤花｜秤纽｜秤盘｜秤砣｜秤星｜橱窗｜橱柜｜窗洞｜窗格子｜窗花｜窗口｜窗棂｜窗扇｜窗台｜窗屉子｜窗沿｜床板｜床铺｜床头｜床沿｜蛋雕｜灯花｜灯苗｜灯伞｜灯丝｜灯台｜灯头①｜灯头②｜灯心｜灯芯｜灯罩｜地膜｜地毯｜顶珠｜钉帽｜顶灯②｜鼎足｜发卡｜凤冠｜幅面｜斧头｜宫灯｜鼓槌｜桂冠｜棍棒｜锅盖｜海盐｜壶盖｜脚扣｜脚蹼｜脚镣｜脚镯｜街灯｜镜框｜镜片｜镜台｜镜匣｜镜箱｜锯齿｜锯条｜蜡花｜蜡泪｜蜡扦｜蜡台｜莲座②｜领主｜炉衬｜炉台｜炉膛｜炉条｜炉瓦｜马鞍｜马掌②｜面皮²｜庙主②｜篾片｜篾条｜墨线①｜磨盘｜磨扇｜木雕｜木刻｜瓶胆｜瓶颈①｜漆皮｜墙纸｜扇骨｜扇骨｜扇面｜扇头｜扇坠｜上衣｜手表｜手钏｜手链｜手镯｜梳齿｜塔钟｜台布｜头盔｜头饰｜头套｜腿带｜腕饰｜王冠｜网目｜网眼｜箱底①｜项圈｜胸花｜胸卡｜牙雕｜烟头｜眼镜｜腰鼓｜椰雕｜玉雕｜玉玺｜针鼻儿｜针管｜针脚｜针筒｜针头｜针眼①｜指环｜轴线｜轴心｜竹雕｜竹刻｜烛花｜烛泪｜烛台｜砖雕

衣物场（73个）

被单｜被里｜被面｜被套｜被头｜被罩｜臂章｜布头｜窗幔｜窗纱｜窗帷｜床单｜床帏｜床罩｜冠冕｜肩章｜绢本｜裤裆｜裤兜｜裤管｜裤管｜裤脚｜脚①｜裤脚②｜裤口｜裤腿｜裤腿｜裤线｜裤腰｜领带｜领钩｜领花①｜领花②｜领结｜领巾｜领口①｜领口②｜领章｜帽翅｜帽耳｜帽花｜帽徽｜帽舌｜帽檐｜面罩｜乳罩｜鞋帮｜鞋底｜鞋口｜鞋脸｜鞋面｜鞋头｜胸章①｜胸

章② ｜胸罩｜袖标｜袖管②｜袖口｜袖章｜靴鞈｜眼罩①｜眼罩②｜腰包｜
腰带｜衣摆｜衣袋｜衣兜｜衣服｜衣襟｜衣衫｜衣裳｜枕套｜枕芯

文体场（82个）

板书｜板刷｜板眼｜版画｜版口｜版心｜榜首｜榜尾｜壁报｜边款｜边框｜
匾文｜灯光｜笛膜｜地脚｜地头²｜典籍｜典章｜扉画｜扉页｜封底｜封口｜封
面｜封皮｜锋线｜卦辞｜刊头｜篮板①｜篮圈｜眉端②｜眉批｜眉题｜门对｜
门联｜门神｜谜底｜谜面｜面额｜内画｜牌匾｜篇目①｜篇目②｜片头｜片
尾｜票额｜票根｜票面｜铺面｜棋盘｜棋子｜钱眼｜墙报｜声部｜书背｜书脊｜
书脊｜书口｜书眉｜书目①｜书皮①｜书皮②｜书签①｜书签②｜书套｜
书页｜题花｜体坛｜天头｜尾花｜文坛｜崖壁画｜崖画｜崖刻｜岩画｜页心｜艺
坛｜印纽｜印钮｜印绶｜章节｜章句①｜账目

时间场（21个）

年根｜年岁｜年头｜年尾｜年尾｜年夜｜年月｜年中｜年终｜时代｜时期｜
岁初｜岁末｜岁暮①｜岁首｜岁月｜旬日｜月初｜月末｜月中｜月终

其他场（126个）

（1）自然物类

波段｜波峰｜波幅｜波谷｜波谱｜波长｜声音｜火星｜锋面｜冷锋｜日冕｜
暖锋｜火焰｜光焰｜火光｜火苗｜火花｜火头｜山岚｜涟漪｜秋波｜秋风｜日
斑｜日珥｜日光｜日冕｜日色｜日晕｜水花①｜水门①｜水面①｜霞光｜星
光｜星火²｜阳光①｜月光｜月华①｜月色｜月晕｜云端｜震源｜震中｜天
边②｜天窗①｜天际｜天井①｜天井②｜天门｜天棚｜天轴｜天宇

（2）语言文字类

韵头｜韵腹｜韵尾｜词素｜语素｜词头｜词尾｜词缀｜笔锋｜笔划｜笔画｜
笔迹｜笔形｜笔意

（3）其他类

尺寸｜百十｜时点｜时段｜财帛｜餐点②｜酬金｜宦官｜圆心｜村妇｜村
姑｜村民｜村塾｜村学｜基础｜基本｜虎口①｜虎牙｜犬牙①｜犬齿｜官宦｜
官吏｜官僚｜国歌｜国花｜国魂｜国籍｜国脚｜国教｜国剧｜国君｜国库｜国

力｜国脉｜国门｜国民｜国戚｜国球｜国人｜国史①｜国史②｜国手｜国书｜国术｜国帑｜国王｜国文｜国务｜国学｜国宴｜国语｜国运｜国葬｜国贼｜国债｜家庭｜人民｜市树｜根底｜根基①｜根脚①

后　记

　　时光飞逝，不知不觉已经快 40 岁了，博士毕业开始工作后真正体会到了时间如流水飞奔一样快。

　　非常感谢培养我的河北师范大学和鲁东大学，一路走来遇到了众多好老师，在老师们的指导和帮助下，我一步步走进词汇语义学、辞书学的天地。从本科期间听王军老师的古代汉语、训诂学课开始，就对词义现象产生了浓厚的兴趣。读研期间，听了三遍张志毅老师的"词汇语义学"和陈淑梅老师的"训诂学"、王东海老师的"词典学"等课，才渐渐从懵懂的了解、浓厚的兴趣转为学术的萌芽和疯狂的爱，老师们把我这个学术门外汉领进了学术大门。博士期间，苏宝荣老师的《词汇学和辞书学专题研究》、郑振峰老师的《说文学》，进一步打开了我的视野，使我真正确定了研究领域，学术上逐渐有了一些自己的思考，在研究方法和研究理论上有了新的收获。

　　非常荣幸成为苏宝荣老师的关门弟子。苏老师以研究训诂学、文字学起家，拥有深厚的传统词汇学功底，能够从汉语词义自身的特点出发，又不断吸收现代语言学理论，具有现代语言学研究的视野。认识苏老师是在 2006 年读本科时，有一次刘丹青老师来学院做讲座，苏老师主持。后来读研后经常参加词汇学、辞书学的会议，母校鲁东大学也经常举办学术会议，和苏老师接触的机会越来越多，而且是自己母校的老师，感觉很亲切，经常冒昧请教苏老师问题。后来有幸回师大读博，苏老师为我一人专门开设了一学期的课程，或者在老师的办公室，或者去老师的家里。苏老师严谨的治学态度和沟通古今的治学方法对我影响很大，很多现代汉语词汇、语义的问题，苏老师告诉我都可以从古汉语里去找答案。苏老师对自己、对学生要求都比较严格，跟着苏老师读书的博士师兄师姐们很害怕苏老师，而我从未有过，苏老师和陈师母在学习和生活上特别照顾我这个没有工作经历、年龄最小的学生，有种集万千的爱于一身的感觉。后来跟着苏老师读博士后，更是经常去"骚扰"苏老师，苏老师有时一讲就是好几个小时，非常怀念苏老师讲课聊天滔滔不绝、思路清晰的日子。最近苏老师的身体有点不舒服，谨以这部尚不完善的书稿献给敬爱的苏老师，愿老师早日康复！

衷心感谢张志毅老师，老师虽然已经离开我们整整十年了，但音容笑貌仍如昨日，非常清晰。每次想到张老师，眼眶都会红红的。郑老师为我们调剂的时候就提到了张老师的大名，叮嘱我们要好好跟张老师学习。怀念听张老师"词汇语义学""中国语言学史"等课程的日子，每次我们几个一起去接送张老师，一路的欢声笑语！冬天下再大的雪，张老师也坚持给我们上课，烟台的道路高低起伏，校内也是如此，有的坡虽然不是很高，但是雪后年轻的学生们即使再小心翼翼，也常有滑倒的现象，2008 年的那场雪尤其大，张老师没有因此耽误过一次课。听了张老师三年的"词汇语义学"课程，收获无法衡量。义位组合的题目正是张老师建议我去深入挖掘的一块天地。老师的很多话经常萦绕在我的耳边，"应该有广阔的学术视野""要多读外文文献""多用定性定量分析法，少用或不用简单有限枚举法"。老师性情温和，风趣幽默，胸怀宽广，谈吐儒雅。愿张老师和师母在天堂一切安好！

衷心感谢敬爱的郑振峰老师。我考研失利后，郑老师牵线联系到鲁东大学，经过三年研究生学习，蒙老师不弃，回来继续跟郑老师读博。郑老师胸怀豁达宽广，做事坦然磊落。充分尊重比自己年纪大的老师，满心爱护比自己年轻的老师，遇到事情总是先考虑别人，荣誉利益都是让给他人，至今也没有为自己争取任何应得的荣誉称号和专家称号，全都让出去。郑老师站位高远，再复杂的事情到老师那里都能化繁为简。郑老师不仅为我打开了汉字学、训诂学视野，让我多了一条腿走路，更多的是在老师身上学会了如何更好地为人处事，淡泊名利，一心为公，踏踏实实做人、做学问。

衷心感谢王东海老师，王老师不仅有扎实的古汉语功底，也有前沿的学术视野，而且计算机水平和中文信息处理能力也很强，跟王老师读研期间收获很大。王老师知识渊博，思维敏锐，读研期间的精神鼓励和学术指导，增强了我在学术道路上不断迈进的信心和勇气。读研期间有幸在语言学核心期刊发表论文并被《中国社会科学文摘》转载，与老师手把手的指导密不可分。王老师学术视野开阔，在指导某个问题的时候，又常常能生发出很多研究的点来。在王老师那儿，科研是一件非常愉悦的事情。感谢陈淑梅老师、张绍麒老师、亢世勇老师等给我的指导，感谢鲁东大学众多师友们的帮助。

衷心感谢王宁老师，非常荣幸博士答辩和博士后出站都是由王老师主持的，由于我在同门里算是比较年轻的，又比较欢实，王老师有次开玩笑说："我是倚老卖老，你是倚小卖小。"王老师的《训诂学原理》和《汉字构形学导论》是我学习的经书，常读常新，每一次读都有新的收获。衷心感谢李志江老师、徐正考老师、王立军老师、杨宝忠老师、华学诚老师，在我博士后出站时给予的评价并提出的宝贵修改意见。衷心感谢李运富老师、李小平老师、晁继周老师、韩敬体老师、周洪波老师、徐祖友老师、周荐老师、李宇明老师、谭景春老师、苏新春老师、章宜华老师、孟蓬生老师、赵学清老师、宋文辉老师、万艺玲老师、王慧敏老师、杜翔老师、李智初老师、余桂林老师、于屏方老师、侯瑞芬老师等学界前辈，在硕博士答辩或参加学术会议时经常得到老师们的指导。我是一个幸运的人，一路走来，得到了众多老师的指导和帮助。还有一帮志同道合的同龄朋友们，虽在天南海北，但每次见面都有说不完的话、聊不完的天。衷心感谢语言教研室的众多师友，语言教研室是一个温暖的大集体！感谢学院领导们对我的支持和帮助。

感谢父母和妻儿，工作后感觉自己一直很忙，没时间照顾家里。母亲在家做饭、洗衣服，照顾着一家的生活起居。妻子读博期间白天去学校做实验，晚上回家等孩子们都休息了再分析实验数据，常常熬夜到三四点。妻子工作后，孩子们的学习、辅导功课也都是由妻子负责。每次给孩子们打电话时，袁泽樾问得最多的一句话就是"爸爸你什么时候回来啊？我和弟弟都想你了！"。回到家后，两个小家伙争先恐后跑过来又抱又亲的，一天的劳累都没了。对父母和妻儿，除了愧疚还是愧疚。感谢家人对我的理解、爱和包容！

感谢中国语言学会副会长、教育部长江学者特聘教授、吉林大学徐正考教授拨冗为本书作序，徐老师睿智宽容、风趣幽默。徐老师在2009年"庆祝张志毅先生科学研究与辞书工作50年学术研讨会"上的精彩发言，我记忆犹新。从读研时认识徐老师开始，徐老师一直关心着我的成长。感谢郑州大学博士后郭佳兴、吉林大学博士研究生苟经纬通读、校对了书稿。感谢硕博士研究生邵文辉、李镜源等协助制作同义、反义单位组合能力表，因字数过多，校对时不得不选择部分附于书后，其余删除。感谢商务印书馆编辑张鹏女士的辛苦校对、修改。

义位组合的问题虽然已经关注了十几年，从2008年跟张志毅老师学习《词汇语义学》时就比较喜欢组合问题，到后来跟苏宝荣老师学习《词汇学与辞书学专题研究》时继续挖掘，陆续在《辞书研究》《汉语学习》《语文研究》《河北师范大学学报》《民俗典籍文字研究》等发表了一些相关成果，但组合问题有待研究的空间非常大。我会带着老师们的期盼和家人的爱，继续前行，处理好科研、教学与行政的关系，做一个积极乐观的人，将义位组合的问题深入挖掘下去。限于学识和水平，本书还存在一些不足之处，敬请学界专家同仁批评指正。

图书在版编目（CIP）数据

汉语义位组合研究 / 袁世旭著. -- 北京：商务印
书馆，2024. -- ISBN 978-7-100-24063-5

I. H1

中国国家版本馆 CIP 数据核字第 2024AE8676 号

汉语义位组合研究

袁世旭 著

商 务 印 书 馆 出 版
（北京王府井大街36号　邮政编码100710）
商 务 印 书 馆 发 行
北京顶佳世纪印刷有限公司印刷
ISBN 978 - 7 - 100 - 24063 - 5

2024 年 7 月第 1 版　　　开本 710×1000　1/16
2024 年 7 月北京第 1 次印刷　印张 14½
定价：88.00 元